职业教育

新型活页式、工作手册式、融媒体教材

系统设计与开发指南

王亚盛　张传勇　于春晓　著

化学工业出版社

·北京·

内容简介

本书是研究、指导职业院校教师开发编写"新型活页式、工作手册式、融媒体教材"的融理论、方法于一体的专著，主要内容包括职业院校教师、教法、教材改革内涵要求，新型活页式、工作手册式、融媒体教材基本特征与定义，新型教材开发指南及学习成果设计，组建开发团队开展新型教材的系统策划工作，新型教材结构与内容设计及其案例分析，1+X复合模式的课证融通方法与新型教材编写，新型教材评价标准及规划教材申报要点分析。全书通过大量案例、图和表对相关理论、方法进行详细说明，便于教师学习、理解和借鉴应用。

本书可供中职学校、高职专科和本科院校教师学习、应用，同时又可作为职业教育领域相关人员的参考书或学习用书。

图书在版编目（CIP）数据

职业教育新型活页式、工作手册式、融媒体教材系统设计与开发指南/王亚盛，张传勇，于春晓著. —北京：化学工业出版社，2021.10（2023.1重印）

ISBN 978-7-122-39513-9

Ⅰ.①职… Ⅱ.①王… ②张… ③于… Ⅲ.①职业教育-教育研究-中国 Ⅳ.①G719.2

中国版本图书馆CIP数据核字（2021）第135826号

责任编辑：潘新文　　　　　　　　　　　文字编辑：温月仙　陈小滔
责任校对：杜杏然　　　　　　　　　　　装帧设计：韩　飞

出版发行：化学工业出版社（北京市东城区青年湖南街13号　邮政编码100011）
印　　刷：三河市航远印刷有限公司
装　　订：三河市宇新装订厂
787mm×1092mm　1/16　印张17¾　字数330千字　2023年1月北京第1版第5次印刷

购书咨询：010-64518888　　　　　　　　售后服务：010-64518899
网　　址：http://www.cip.com.cn
凡购买本书，如有缺损质量问题，本社销售中心负责调换。

定　价：86.00元　　　　　　　　　　　　　　　　　　　版权所有　违者必究

序言一

在 2021 年 4 月全国职业教育大会召开之际，习近平总书记对职业教育做出了重要指示，强调在全面建设社会主义现代化国家新征程中，职业教育前途广阔、大有可为。要优化职业教育类型定位，深化产教融合、校企合作，深入推进育人方式、办学模式、管理体制、保障机制改革，增强职业教育适应性。这不仅进一步凸显了职业教育在党中央和国家工作全局中的重要战略地位，也为我国职业教育今后高质量发展指明了方向，提出了要求。

当前，我国职业教育正处在重要的战略机遇期。2019 年 1 月，国务院颁发的《国家职业教育改革实施方案》对职业教育给出了类型教育的定位，职业教育顺势而为，迎来了有史以来最好的发展期。2019 年、2020 年我国高职持续扩招，目前我国职业院校有 1.13 万所，在校生 3088 万，已经建成了世界上最大规模的职业教育体系，我国职业教育实现了真正意义上的历史性跨越。

在当前职业教育蓬勃发展的黄金时期，需要有高水平的师资队伍来培养更多高素质技术技能人才，职业院校教师的教学水平和职业能力也要与时代的发展相适应。2019 年 9 月教育部颁发了《职业教育提质培优行动计划（2020—2023 年）》，提出为实现我国职业教育的高质量发展，把"教师、教材、教法"三教改革作为职业教育改革发展的切入点和突破口。教师改革、教材改革、教法改革有一个共同的目的，就是"以学生为中心、以成果为导向开展改革工作，有效提高教育教学质量和人才培养质量"。我们习惯把教材视为课程内容的主要载体，但职业教育类型特征决定了职业教育新型教材不仅是课程内容的载体，还是行动导向的教学模式、学习与工作过程程序的载体，并且在功能上进行了扩充、升级。"三教"改革，教材是基础，方法是手段，教师才是关键，才是"三教"改革的抓手。

令人欣喜的是，近些年来，职业院校的师资得到了有益的补充和发展，一大批年轻教师投身到职业教育事业，他们有朝气、有干劲、热爱职教，不断学习职业教育的新理念、新思想。在这条探索之路上，他们需要职教专家的指导，更需要经验丰富的"职教老法师"的引领，这本由王亚盛教授团队开发编写的《职业教育新型活页式、工作手册式、融媒体教材系统设计与开发指南》专著，就是这样一本很好的指导手册。

这部书的出版非常及时，能够很好地系统指导中青年骨干教师开展职业教育新型教材开发编写工作。自《国家职业教育改革实施方案》正式提出"新型活页式、工作手册式教材"至今 2 年多的时间内，国内专家学者对职业教育教材定位与定义、内涵要求和特征等方面的研究不断深入，但相对零散，且缺乏系统性研究成果。王亚盛教授及其团队从多角度、职业教育类型特征和目前职业教育现状入手，进行系统的理论研究、方法研究和实证研究，提出职业教育教材应该是彰显职业教育类型特征的新型教材，不是在普通教育学科体系教材框架内的修修补补，而是应该从职业教育类型特征和职业岗位需求出发，对新型教材开发编写的原则、路径、方法、质量等方面进行重构；新型教材开发编写是一项系统工程，不能对"新型活页式、工作手册式、融媒体教材"进行孤立地拆分、研究和编写，需要有完整的职业教育类型特征和教材理论、系统方法进行指导。但目前能够有效指导教师开发编写高质量职业教育新型教材的专著少之又少，而这本《职业教育新型活页式、工作手册式、融媒体教材系统设计与开发指南》适逢其时。

该书以新型教材开发编写为落脚点，从职业教育教材的改革背景、发展历史、理论依据、现实和发展要求、开发思路与方法等多角度、多领域进行系统研究和指导。因此它不仅仅是一本职业教育新型教材开发的系统指导书，更是一本以教材改革为出发点，系统阐述职业教育作为类型教育下的构成特征、基本理念和方法的学习宝典。该书针对开发编写新型教材过程中遇到的难点、重点问题，采用丰富的案例、图表，生动形象地进行相关理论、方法和应用案例的阐述，并开发了新型教材质量评价标准，有助于学习者的理解和掌握。

王亚盛教授是国家级高等学校教学名师，二级教授，工程技术应用研究员。他"退而不休"，不辞辛劳，持续进行职业教育改革研究，带领团队，编写专著，为职业教育改革发展贡献力量，这本身正是精益求精、脚踏实地、持之以恒工匠精神的体现。《礼记·学记》中曰："善教者使人继其志"，"前辈"对青年教师的谆谆教导和殷切希望充满本书的字里行间；"莫道桑榆晚，为霞尚满天"，非常感谢一大批像王亚盛教授这样的一线"职教老法师"在新时代职教事业发展中持续发光发热，也期待职教战线的青年教师尽快成长，承上启下，继往开来，成为新一代职教教学与科研的骨干。

当前中国教育正处于一个高质量发展期，而职业教育作为一种类型教育，已经进入提质培优、增值赋能、构建完整体系的新时代。相信本书的出版，能为我国职业教育，尤其是高等职业教育高素质技术技能人才的培养，以及"三教"改革的探索和实践做出贡献。

华东师范大学终身教授、国家教材
建设重点研究基地（职业教育教材
建设和管理政策）学术委员会主任
2021 年 7 月 6 日于上海

序言二

21世纪是一个充满机遇与挑战的时代，高等职业教育也正在经历着一场深刻的变革。2019年1月24日国务院发布《国家职业教育改革实施方案》，对职业教育给出了类型教育的定位，提出"倡导使用新型活页式、工作手册式教材并配套开发信息化资源"的教材建设要求，国家政策始终引领着职业教育的发展，推动职业教育持续反思与改革、创新，2019年12月，教育部印发《职业院校教材管理办法》，提出"要倡导开发活页式、工作手册式新形态教材"，职业教育活页式教材开发是一项开拓性、改革性的工作。

值得欣喜的是，目前在国家大力扶持下，职业教育师资力量有很大的提升，许多教师都深入到职业教育的改革中，不断为职业教育改革提供新思路。但在探索过程中，除了需要有勇于探索的年轻人，还需要有可以领路的专家。王亚盛教授团队编写的《职业教育新型活页式、工作手册式、融媒体教材系统设计与开发指南》专著，是省部共建国家职业教育改革创新发展高地建设工程中，威海海洋职业学院阶段性建设成果之一，为职业教育新型教材高质量、高水平开发建设提供了指导和引领。

这本书的出版恰逢职业教育新型教材开发热潮。自《国家职业教育改革实施方案》正式提出"新型活页式、工作手册式教材"至今2年多时间内，虽然很多学者都从各个角度对职业教育教材进行论证，提出了很多不同的思路，但从整体上而言，缺乏系统性、理论性与实践性的有机结合。王亚盛教授团队的这本专著，在多角度研究、探索基础上做到了三者的有机融合。

国家第一批示范院校建设期间，在2007年山东省暑假师资培训班上，我与王亚盛教授相识，并一直保持职业教育教学研究方面的联系。王亚盛教授是国家级高等学校教学名师，二级教授，工程技术应用研究员，国家示范院校建设中国家财政重点支持建设专业带头人。他大学毕业后先后在国营威海无线电一厂、威海北洋电气集团股份有限公司、山东三星（中韩合资）通信设备有限公司、威海康威通信技术集团公司等企业工作23年，历任车间技术员、车间主任、质量科长、集团公司管理部经理、企业副总经理等职务，在技术研发、质量管理、生产管理等企业岗位积累了丰富的实际工作经验，具有较高职业能力和电子信息行业知名度、影响力。2005年他到职业院校担任专职教师后，曾多次主持省级课题，编著多本职业教育相关理论研究、实践应用方面的专著，曾获得二十多项国家级教学成果奖、省级教学成果奖和发明专利等教育教学、专业研究成果。王亚盛教授虽然已经退休近两年了，但还积极活跃在高职教育教学改革的前沿阵地上，充分发挥余热，并持续探索、研究，带领教师团队不断推进职业教育创新高地建设发展，充分展现大国工匠、精益求精和勇于探索的精神，正所谓：有志不在年高，无志空活百岁。王亚盛教授以他对于职业教育发展的满腔热血，率领团队在长期理论研究、实践探索的基础上，编写了这本具有高水平、适用性和先进性的专著。

该书在对彰显职业教育类型特征的新型教材进行全新、系统性研究的基础上，提出在目前国内职业教育转型升级、双高建设背景下，新型教材建设是一项系统工程，涉及专业（群）建设、课程体系重构、课程建设与课程标准，以及"教师、教法、教材"改革。

这本书既是研究职业教育新型教材开发相关理论、方法的专著，又是指导开发编写新型教材的指导手册。它通过大量案例，对新型教材的设计开发理论、方法进行诠释、指导。一方面，从职业教育新型教材的改革背景、发展历史、理论依据、现实和发展要求、开发思路与方法等多个角度展开论述，为广大教师提供了编写新型教材的思路、步骤，系统性提出了在新型教材编写过程中的常用术语、逻辑过程和组建团队等内容与方法；另一方面，它以具体的模块化案例为依托，通过图标、案例等形式进行阐述，同时结合专业群、模块化课程、课程标准等密切关联内容开展系统论述，从教师、企业和学生三个主题出发进行研究和说明，方便读者理解、应用。另外，该书结合职业教育发展趋势，就编写新型教材与开展1+X课证融通工作中存在的各种主要问题及产生原因进行分析，提出了解决措施和建议；同时本书对今后申报国家"十四五"规划教材、国家优秀教材奖等工作也进行了诠释和解读。

该书正值新型活页式、工作手册式教材兴起之时编写而成，现在推出恰逢其时，它是王亚盛教授及其团队的心血与智慧的结晶，既具有积累之深厚，又具有改革之创新，同时也是高等职业教育教材改革的一个全面落实和推进。目前，新型活页式、工作手册式教材的编写还处于探索阶段，该书也难免有不足之处，还需要各位专家和教师提出宝贵意见，一起发展完善。我相信，随着这本《职业教育新型活页式、工作手册式、融媒体教材系统设计与开发指南》的推广与应用，本书将会成为职业院校广大教师编写新型活页式、工作手册式、融媒体教材的重要参考指南和教科书。

淄博职业学院副院长、二级教授：
国家级"万人计划"教学名师： 曾照香

2021年7月8日于山东淄博

前言

职业教育"新型活页式、工作手册式、融媒体教材"(以下简称新型教材)开发是当前职业教育教材改革的方向,也是各职业院校和教师考核的重要指标之一。2019年1月24日国务院发布《国家职业教育改革实施方案》,对职业教育教材改革提出了"建设一大批校企'双元'合作开发的国家规划教材,倡导使用新型活页式、工作手册式教材并配套开发信息化资源"的要求,随后教育部等九部门联合印发《职业教育提质培优行动计划(2020—2023年)》,对加强职业教育教材改革建设提出了"根据职业学校学生特点创新教材形态,推行科学严谨、深入浅出、图文并茂、形式多样的活页式、工作手册式、融媒体教材"的要求。根据文件要求,国内各职业院校掀起新型教材改革的热潮,各学校积极组织教师学习、研讨、探索新型教材的开发建设。本人自2019年起应邀到国内各高职院校、专题培训班和网课开展职业教育新型教材开发讲座、培训,在培训中发现,由于"新型活页式、工作手册式、融媒体教材"是一个具有崭新理念、内涵的全新教材类型,无论学校还是教师,都是首次认识,没有成熟经验参考,在开发新型教材方面长期缺乏理论指导,因此一直以来普遍对其感到迷茫;加上部分教师缺乏专业建设、课程建设的经验,对职业教育类型特征、成果导向教学方法、校企"双元"合作等方面了解不多,就更不知如何下手编写出职业教育高质量、高水平的新型教材。因此,广大职业院校和教师迫切希望能得到一本有关新型教材开发方面的指南,找到新型教材开发的途径,提升教学质量水平。

早在2011年,我们教学团队就尝试将立德树人、职业素养和创新能力培养有机融合进专业课程教材中,并采用典型工作任务式、工作手册式设计模式,进行专业教材改革,对传统教材的结构、内容进行全新规划设计,使用效果非常好,深受师生欢迎。其中《质量检验与质量管理》及教学应用成果获得山东省教学成果二等奖,《表面贴装工艺设计与管理》被评为"十二五"职业教育国家规划教材,获得国家级教学成果二等奖。此后我们持续深入研究创新、探索试验、改进完善,取得丰硕成果,到目前,学院已经成功组织开发了三批近百套新型教材,反响效果良好。基于多年来对职业教育类型特征、专业群建设、课程标准建设以及新型教材改革的系统研究,我们认为,作为职业教育"三教"改革内容之一,职业教育新型教材改革是一项系统工程,需要在专业群构建、专业课程体系重构、课程标准开发的基础上进行,而不是孤立地针对已有教材进行简单改编;开发新型教材，首先学校、教师必须从根本上转变职业教育教学思维理念，彻底跳出普通教育学科体系的框架束缚，然后才能开展好下一步工作。基于多年研究成果，我们认为，能够同时具备"立德树人根本任务""活页装订方式""行动与成果导向""融媒体信息化资源""以学生为中心""高于企业的载体"六大基本特征的教材，就是"新型活页式、工作手册式、融媒体教材"，本书也正是基于这六大基本特征而研究探讨职业教育新型教材的策划设计和编写方法。

为了帮助广大职业院校教师快速学习如何开发"新型活页式、工作手册式、融媒体教材"，在探索征程上少走弯路，我们决定将多年来的研究成果和成功经验分享给大家，共同促进新时代中国特色职业教育蓬勃发展，于是我们团队于2020年暑期正式启动本书的编写。

本书对教师在编写新型教材、开展1+X课证融通工作中存在的各种主要问题及其原因进行了系统分析，从职业院校层面、教师层面分别提出了相应的改进措施和建议，并对与新型教材编写相关的"项目""模块""学习成果"等关键术语进行了内涵解读，指导教师准确理解和应用好这些关键术语，为保证新型教材开发质量奠定基础。全书对职业教育新型教材的特征与定义、新型教材系统策划与设计、新型教材特征设计与编写、教材质量评价标准及规划教材申报等进行了深入阐述、探讨，并提供了大量新型教材开发样例，具有较强的指导意义和学习价值。

本书由王亚盛教授负责总体策划、组织，并负责模块3、5、6的编写，张传勇副教授负责模块1、4的编写，于春晓副教授负责模块2、7的编写。全书由王亚盛统稿。本书编写得到了威海职业学院党委书记吴永刚、威海海洋职业学院院长张宗军的大力支持与指导；在编写过程中，我们参考了中国职业技术教育学会会长鲁昕教授、华东师范大学石伟平教授和徐国庆教授、四川工程职业技术学院武友德教授、青岛职业技术学院齐洪利教授、威海职业学院刘慧教授、烟台汽车工程职业学院祝政杰副教授等专家学者的专题报告，同时也引用了相关学者的期刊论文。在此，特向各位提供帮助、支持和信息分享的专家、学者表示衷心的感谢！同时非常感谢家人的理解与大力支持！

由于笔者经验、水平所限，书中一些新的观点、判断和理论创新难免存在一些偏差或不足，恳请广大读者、专家批评指正。

王亚盛

2021年4月6日

于威海海洋职业学院职教高地建设办公室

目 录

模块 1　职业院校教师、教法、教材改革内涵要求　　　1

  1.1　职业院校"三教"改革的背景 …………………………………… 2
    1.1.1　《国家职业教育改革实施方案》与职业教育转型升级要求 … 2
    1.1.2　"三教"改革是实现职业教育转型升级的突破口 …………… 11
  1.2　职业院校"三教"改革内涵和路径 ……………………………… 12
    1.2.1　职业院校"三教"改革的内涵要求 ………………………… 12
    1.2.2　职业院校"三教"改革的实施路径 ………………………… 17
  1.3　职业院校"三教"之间逻辑关系及其在新型教材中的应用 …… 21
    1.3.1　职业院校教师、教法、教材之逻辑关系 …………………… 21
    1.3.2　"三教"改革系统策划应在新型教材中予以体现 ………… 24
    1.3.3　新型教材编写要系统考虑"三教"改革的新要求 ………… 25
  参考文献 …………………………………………………………………… 26

模块 2　新型活页式、工作手册式、融媒体教材基本特征与定义　　27

  2.1　新型教材产生的背景和意义 ……………………………………… 28
    2.1.1　职业教育教材建设发展历程与分析 ………………………… 28
    2.1.2　职业教育现有教材主要存在的缺陷与不足 ………………… 30
    2.1.3　《职业院校教材管理办法》提出新要求 …………………… 32
    2.1.4　职业教育教材改革之目的与意义 …………………………… 33
    2.1.5　提升职业教育新型教材的适应性水平 ……………………… 34
  2.2　学习借鉴德国活页式、工作手册式教材的有益经验 …………… 37
    2.2.1　德国职业教育课程体系与结构 ……………………………… 37
    2.2.2　德国工程教育教学 PPT 课件与讲义 ……………………… 48
    2.2.3　德国职业教育活页式教材 …………………………………… 50
  2.3　新型教材的基本特征与定义 ……………………………………… 53
    2.3.1　"新型"的内涵理解及特征要求 …………………………… 53
    2.3.2　活页式、工作手册式、融媒体之间的关系分析 …………… 57
    2.3.3　活页式中"活"的八大内涵体现 …………………………… 59

2.3.4　新型教材的六大基本特征及定义 ……………………………… 60
2.4　常用关键术语的内涵理解及应用 …………………………………… 63
　　2.4.1　课程、教材、学材的内涵理解与关系 ……………………………… 63
　　2.4.2　任务与项目的内涵理解及应用 ……………………………………… 64
　　2.4.3　模块与单元的内涵理解及应用 ……………………………………… 67
　　2.4.4　新型教材及项目、任务、模块、单元的命名方法 ………………… 69
参考文献 …………………………………………………………………………… 71

模块3　新型教材开发指南及学习成果设计　　72

3.1　新型教材开发工作指南 ……………………………………………… 73
　　3.1.1　新型教材开发研究与编写工作的隐形主线（宏观编写步骤）…… 73
　　3.1.2　基于隐形主线开展新型教材开发编写工作 ……………………… 73
3.2　学习成果内涵理解与课程学习成果设计 …………………………… 74
　　3.2.1　学习成果的定义与内涵理解 ………………………………………… 74
　　3.2.2　学习成果的四种类型 ………………………………………………… 75
　　3.2.3　模块化课程、模块课程学习成果设计与案例 …………………… 76
3.3　学习成果测评标准与测评方法 ……………………………………… 80
　　3.3.1　学习成果测评标准 …………………………………………………… 80
　　3.3.2　学习成果测评方法 …………………………………………………… 82
参考文献 …………………………………………………………………………… 83

模块4　组建开发团队开展新型教材的系统策划工作　　84

4.1　新型教材分类选题与编写条件保障 ………………………………… 85
　　4.1.1　组建新型教材校企双元合作编写团队 …………………………… 85
　　4.1.2　新型教材选题的规划 ………………………………………………… 91
　　4.1.3　新型教材开发的条件与保障 ………………………………………… 93
4.2　新型教材设计的思路 ………………………………………………… 98
　　4.2.1　新型教材建设指导思想 ……………………………………………… 98
　　4.2.2　新型教材系统策划的设计思路 ……………………………………… 99
4.3　职业教育专业类型与确认 …………………………………………… 100
　　4.3.1　高职专科五种专业类型与人才培养目标 ………………………… 100
　　4.3.2　不同专业类型对知识、技能和能力的要求特点 ………………… 102
4.4　专业群课程体系与新型教材系统设计方法 ………………………… 102
　　4.4.1　企业调研与典型工作任务设计 ……………………………………… 102
　　4.4.2　专业群课程体系构建（中观编写步骤）…………………………… 111

  4.4.3 学习成果体系设计与教材编写要求 …………………… 118
  4.4.4 模块化课程、模块课程与教材系统策划 ……………… 121
  4.4.5 教师分工协作开展模块化课程教学与编写教材 ……… 126
  4.4.6 模块化课程标准及学习目标 …………………………… 129
 4.5 新型教材融媒体教学资源库系统设计 ……………………………… 133
  4.5.1 配套教学资源库系统设计及融媒体要求 ……………… 134
  4.5.2 微课视频设计要点 ……………………………………… 136
  4.5.3 三段递进式职业能力训练设计要点 …………………… 138
 4.6 教师在开发新型教材时的常见问题及改进建议 …………………… 139
  4.6.1 缺乏专业建设与课程建设基础 ………………………… 139
  4.6.2 对职业教育类型特征及相关新理念、新理论理解不到位 … 140
  4.6.3 喜欢急于求成、照猫画虎的学习模式 ………………… 142
  4.6.4 教师没有教材编写经验，导致无从下手 ……………… 143
  4.6.5 缺乏相关职业岗位、企业工作经验 …………………… 145
  4.6.6 企业调研走马观花，缺乏发现问题的能力 …………… 146
  4.6.7 不会将课程思政、创新创业与教材融合 ……………… 147
  4.6.8 不能及时增加新知识、新技术等内容 ………………… 149
参考文献 ………………………………………………………………………… 150

模块 5 新型教材结构与内容设计及其案例分析 151

 5.1 新型教材开发流程及设计原则 ……………………………………… 152
  5.1.1 新型教材的开发流程及方法步骤（微观编写步骤） …… 152
  5.1.2 新型教材的设计原则及策划的关注点 ………………… 153
  5.1.3 模块化课程与新型教材之关系与活页装订要点 ……… 155
 5.2 新型教材中观结构设计编写及其案例分析 ………………………… 156
  5.2.1 不同类型课程的新型教材中观结构设计 ……………… 156
  5.2.2 新型教材内容呈现模式及页面布局 …………………… 167
  5.2.3 基于职业能力清单进行新型教材中观结构设计 ……… 170
 5.3 新型教材微观结构设计编写及其案例分析 ………………………… 173
  5.3.1 新型教材的六大功能域设计 …………………………… 173
  5.3.2 基于综合能力训练设计新型教材微观结构 …………… 174
  5.3.3 "做中学"的学习路径与模式 …………………………… 177
  5.3.4 行动导向教学方法融入新型教材微观结构中 ………… 180
 5.4 新型教材内容序化与三类知识的选用 ……………………………… 184
  5.4.1 新型教材内容序化原则 ………………………………… 184
  5.4.2 不同课程新型教材中三种知识的关系与比例 ………… 185

  5.4.3 选取"必需、够用、适度"知识点的方法 …………………… 186
 5.5 新型教材特征内容编写及其案例分析 ……………………………… 189
  5.5.1 工作手册式内容编写与评价及其案例 ……………………… 189
  5.5.2 立德树人与课程思政内容编写及案例 ……………………… 197
  5.5.3 创新创业能力培养与内容设计及案例 ……………………… 205
  5.5.4 从学生角度组织语言编写教材及案例 ……………………… 207
参考文献 …………………………………………………………………………… 210

模块 6 1+X 复合模式的课证融通方法与新型教材编写 211

 6.1 选择适宜的 X 标准设计模块化课程群 ……………………………… 212
  6.1.1 目前 1+X 证书制度实施过程中的主要问题分析 …………… 212
  6.1.2 培养复合型技术技能人才的三种复合模式 ………………… 213
  6.1.3 按专业群系统设计策划 $1+X_B+nX$ 复合模式 ……………… 215
  6.1.4 复合型与创新型专业模块化课程群设计 …………………… 217
 6.2 实施 1+X 课证融通方法与新型教材编写 …………………………… 220
  6.2.1 实施课证融通的目的与作用 ………………………………… 220
  6.2.2 实施 1+X 课证融通的五种方法与应用案例 ………………… 222
  6.2.3 新型教材编写中融合 X 证书标准要求 ……………………… 228
参考文献 …………………………………………………………………………… 230

模块 7 新型教材评价标准及规划教材申报要点分析 231

 7.1 新型教材质量评价标准与聚焦点 …………………………………… 232
  7.1.1 新型教材质量评价的理论依据 ……………………………… 232
  7.1.2 新型教材质量评价的 20 个聚焦点 …………………………… 234
  7.1.3 研读文件制定教材评价标准及要点解读 …………………… 237
  7.1.4 新型教材编写的组织管理与评审 …………………………… 246
  7.1.5 新型教材试用与改进完善 …………………………………… 249
 7.2 优秀教材奖和规划教材申报及要点分析 …………………………… 250
  7.2.1 《职业院校教材管理办法》要点解读 ……………………… 250
  7.2.2 优秀教材奖相关文件解读与申报要点分析 ………………… 254
  7.2.3 规划教材申报要点及评审结果分析 ………………………… 257
 7.3 优秀教材奖和规划教材申报准备工作 ……………………………… 263
  7.3.1 优秀教材奖申报选题与申报准备工作 ……………………… 263
  7.3.2 规划教材申报选题与申报准备工作 ………………………… 267
参考文献 …………………………………………………………………………… 270

模块 1

职业院校教师、教法、教材改革内涵要求

导语：《国家职业教育改革实施方案》将双师型教师教学创新团队建设、新型教材建设作为职业教育改革实施的重要举措进行部署；《教育部 财政部关于实施中国特色高水平高职学校和专业建设计划的意见》（教职成〔2019〕5号）对师资队伍建设、新型教材工作进行了具体安排，并提出"组建高水平、结构化教师教学创新团队，探索教师分工协作的模块化教学模式，深化教材与教法改革，推动课堂革命"。在职业教育各个过程中，提高职业教育教学质量和水平最关键的过程是学生的"学"与教师的"教"融合为一体的过程。对职业院校而言，教师自身职业能力水平是关键要素，编写使用适合职业教育类型特征和职业院校学生基础的新型教材，以及选择适宜的教学方法，是衡量教师职业能力水平的重要标志。

教师、教法、教材三者都是课程中的重要构成要素，他们之间存在密切关联的逻辑关系，不能简单、孤立地抛开双师型教师教学创新团队建设、行动导向教学方法改革去研究新型教材的开发与编写工作。应该将教师、教法、教材"三教"改革作为一个有机整体进行系统化、完整化和逻辑化的研究，在此基础上再研究编写新型教材，这样编写的新型教材才可能适合职业教育类型特征要求，才能取得预期教学成效。

目前，在职业院校及教师中有一种错误的理念与倾向，认为新型教材编写不需要系统考虑教学方法、教师能力基础，也不需要考虑专业群、专业和课程建设。还有一部分拟编写新型教材的教师基础薄弱，对专业群、专业、课程建设工作参与不多甚至不参与，对学习成果导向教学方法的研究和应用很少，对企业相应岗位（群）工作模块、职业能力要求也知晓不多，这些问题应引起职业院校的重视和关注。

为此，模块1将围绕职业院校"三教"改革的背景、职业院校"三教"改革内涵与路径、职业院校"三教"改革之间逻辑关系及其在新型教材中的应用3方面进行分析和说明，使教师明确新型教材开发编写工作不是一项孤立的工作，而是一项系统性工作，教师、教法、教材三位一体，是系统性工作中的关键子系统，为后续学习新型教材的系统策划设计、体例结构设计、内容设计等奠定思想和理论基础。

1.1 职业院校"三教"改革的背景

1.1.1 《国家职业教育改革实施方案》与职业教育转型升级要求

1.1.1.1 职业教育类型确立及社会地位

(1) 职业教育是一种教育类型

2019年1月24日国务院印发实施《国家职业教育改革实施方案》，在方案中全面、高水平、高要求地提出了职业教育改革的20项主要举措，并在文件第一句话中提出"职业教育与普通教育是两种不同教育类型，具有同等重要地位"，从国家层面首次将职业教育确定为一种教育类型，使其从普通教育类型中分离出来，不再是普通教育中的一个较低层次。

职业教育作为一种教育类型，必然有其固有的类型特征。以前的职业教育是在普通教育框架内的一个层次，职业教育类型特征不显著、不完整、不成体系，还带有很多普通教育的类型特征。因此，职业教育改革的首要任务是转变思想理念，进行转型升级，按照职业教育应有的规律、特征、路径和目标开展职业教育，并根据产业转型升级要求，对人才培养目标、人才培养质量进行升级，构建完整的职业教育体系。

(2) 职业教育的社会地位有待尽快提升

职业教育以培养高素质劳动者和技术技能人才为使命。在40年的曲折发展历程中，我国的职业教育虽然取得了一定的办学成就，形成了与普通教育各占半壁江山的办学规模，但是与建设中国现代化经济技术体系、建设制造业强国、实施国家"一带一路"倡议，以及建设教育强国的要求相比较，还存在一些不尽如人意的地方，在以往示范院校建设、优质校建设等几次重大建设工程项目中，仍然存在以下亟待解决的问题：

- ◆ 重硬件与条件建设，轻管理与软件建设；
- ◆ 重外延与外显建设，轻内涵与特质建设；
- ◆ 重师资培训与路径，轻能力提升与业绩；
- ◆ 重标志性成果塑造，轻标志性成果应用；
- ◆ 重社会宣传与自信，轻内部挖掘与自立；
- ◆ 重定量指标与考核，轻定性指标与建设。

另外，我们之前一直将职业教育作为普通教育中一个较低层次，虽然早已认识到这个问题及其严重性，但在思想理念转变、工作方法和教学方法改革、教学条件建设等方面，改革起来困难较多。在一些高职院校仍然将高职教育作为普通本科教育的压缩版，教师职业能力发展动力不足，教材不改革、不更新，以教师为中心、以理论为主体的教学模式不改变；职业院校师资力量、办学经费、办学条件、生源质量、毕业生质量等方面，与普通教育比较还存在较大差距，导致社会上形成一种基本固化的认知，即职业教育地位低，办学质量差，社会贡献和吸引力低。要改变以上状况，仅仅依靠国家政策调控、政策支持是远远不够的，必须从职业教育内部查找问题形成的原因，制定自我革命、自我改革的强力措施，真正提升职业教育办学质量和水平，实现社会经济技术发展、产业转型升级对高素质技术技能人才的需求，实现学生职业发展预期和家长对孩子未来幸福生活和工作的期望。只有这样，才能提高职业教育的社会地位，真正实现职业教育与普通教育地位平等的目标。

1.1.1.2 职业教育转型升级与新理念

(1) 职业教育为什么要转型升级

中国经济技术发展是世界经济技术发展格局中的主要组成部分，世界经济技术发展离不开中国的参与和贡献，世界经济技术发展也会对中国产生深刻的影响。随着我国行业企业转型升级步伐的加快，今后行业企业稳健、高速发展将成为新常态，这对各新兴产业领域高素质、高水平技术技能人才的培养提出了更高要求。而目前我国大部分职业院校基本沿用普通高校人才培养模式，培养的毕业生在职业素养、技术技能水平方面还不能满足行业企业转型升级后对人才的需求。因此职业教育必须进行自我革命性改革，尽快进行转型与升级，快速转变为真正的职业教育类型，形成职业教育类型特征和优势，不要总是在普通教育轨道上修修补补地爬行；并且在专业人才培养目标、相关教育教学标准、人才质量标准和师资能力水平等方面进行大幅度升级，否则不仅不能为行业企业转型升级、高速发展提供高质量服务和输送高水平人才，提升职业教育社会信誉和地位，而且还可能会适得其反。

《教育部 财政部关于实施中国特色高水平高职学校和专业建设计划的意见》（教职成〔2019〕5号）中，将"以习近平新时代中国特色社会主义思想为指导，牢固树立新发展理念，服务建设现代化经济体系和更高质量更充分就业需要，扎根中国、放眼世界、面向未来，强力推进产教融合、校企合作，聚焦高端产业和产业高端，重点支持一批优质高职学校和专业群率先发展，引领职业教育服务国家战略、融入区域发展、促进产业升级，为建设教育强国、人才强国作出重要贡献"作为双高建设工作的指导思想。在双高建设工作中，职业教育转型是基础，不转型就不可能实现升级。建设高水平高职学校和专业是升级的目标，培养大批"服务区域发展的高素质高水平技术技能人才，重点服务企业特别是中小微企业的技术研发和产品升级"是升级的目的。

(2) 牢记职业教育转型升级的初心

不忘初心，砥砺前行。忘记职业教育改革的初心，就可能在改革前进的道路上迷失方向，前功尽弃，误入歧途。

自 2006 年国家实施职业教育示范性院校建设至今，我国职业教育经历过示范院校、骨干院校、优质校、质量诊断与改进等重大改革工程，其初心都是提升职业教育办学水平，提高人才培养质量，满足社会发展和行业企业经济技术发展对高素质、高水平技术技能人才的迫切需求。

自 2019 年 1 月国务院将职业教育确定为一种教育类型以来，教育部首先启动了高职院校双高建设计划工程。双高建设计划工程与以往几次重大质量建设工程的重大差异是，真正按照职业教育类型特征开展高水平高职院校和专业群建设，而不是以往的作为普通高等教育中的低层次办学进行质量建设。但是，囿于传统理念意识及以往在普通高等教育低层次办学建设中形成的惯性和习惯，再加上职业院校教师大多是普通高等教育培养出来的，普通教育的思想理念在教师们心中根深蒂固，大多数人对职业教育的新理念、新思想、新要求理解不到位，甚至产生误解。这样就很容易将普通教育理念延伸到双高建设计划工程中，导致双高建设计划工程难以取得预期成效，这是必须予以重视的问题。综上，开展职业教育转型升级工作是职业教育改革的首要任务和切入点，也是职业教育改革取得成功的基础。职业教育转型升级和双高建设计划工程的初心，就是要真正培养出大批满足行业企业转型升级需要的高素质、高水平技术技能人才，重点服务企业特别是中小微企业的技术研发和产品升级。

要实现这个初心，首先，要根据职业需求，制定不同职业岗位（群）对人才的定义和人才标准，然后再制定毕业生质量标准和测评规程，严格规范地对毕业生质量进行评价，实现严把教学标准和毕业学生质量标准两个关口。其次，应真正围绕人才培养目标和毕业生质量标准，开发设计各类教学资源和教学保障条件、设施，提升教师的职业能力。再次，应制定标准体系和目标体系，建立教育教学质量保证体系和运行机制。最后，实施教育教学活动评价和质量监控，确保教育教学过程质量、毕业生质量和人才培养质量达到预期要求。

在双高建设计划工程实施过程中，如果一个学校、一个专业群的各项建设指标普遍完成得很好，标志性成果也获得了很多，但是毕业生质量标准与职业岗位要求差距较大，毕业生质量达不到职业岗位标准要求，毕业生工作 5 年左右的业绩和能力不突出，达不到专业人才标准要求，则说明这个学校、这个专业群的双高建设计划没有实现预期目标。

(3) 职业教育作为一种教育类型的新理念

职业教育作为一种与普通教育同等重要且有明显差异性的教育类型，其新理念主要包括以下几个方面。

- ◆ 学校办学核心理念：立德树人为根本，促进学生和教师身心健康、全面发展。

- ◆ 学校办学目标明确：高质量服务区域经济发展，特别是服务中小微企业转型升级和产品研发。

- ◆ 大众化教育新理念：职业教育是提升普通劳动者技术技能水平的大众化教育，不是选拔性的普通高等教育、研究生教育。生源多元化是大众化教育的特征之一，因此应基于因材施教原则，实施人才培养模式、培养方案、教学方法、评价方法多元化。

- ◆ 终身教育新理念：职业教育是大众化教育，也必然是终身教育，不仅要培养学生自主学习能力、终身学习能力和职业发展规划能力，还要向社会提供职业培训和继续教育服务。

- ◆ 专业群办学定位准确：对接产业转型升级，调整优化专业群办学资源和办学水平，提升服务产业群、产业链的能力。由在产业后边跟跑尽快升级为并跑、领跑，引领产业发展。

- ◆ 专业来源于职业的新理念：普通教育的专业来源于二级或三级学科，并以学科名称为主进行专业命名。职业教育的专业来源于职业，可根据《中华人民共和国职业分类大典》（2015年版）中434个职业小类确定专业名称，根据区域经济发展需要，分别选择小类中的多个职业作为学生的专业。

- ◆ 双师型教师内涵明确：《国家职业教育改革实施方案》对双师型教师给出了国家层面的权威定义，即双师型教师是同时具备理论教学能力和实践教学能力的教师。判断双师型教师的主要标准应该是明确的教学业绩，而不是具备双证书、到企业实践多少天、有多少横向研究课题等。

- ◆ 专业人才培养目标清晰，实现度可测评：按照行业企业不同岗位（群）对人才的定义和需求特点，精准、清晰地确定专业类型与人才培养目标内涵标准、测评规程，通过测评与改进，持续满足职业岗位（群）对高素质高水平技术技能人才的需求。

- ◆ 课程建设新理念：职业教育的模块课程来源于职业岗位（群）的工作模块。每一门模块化课程、模块课程都明确对应着职业岗位。目前，大多数职业教育课程是在学科体系课程中修修补补、增加几个应用案例，这是职业教育课程开发与改革中存在的重要问题，是职业教育理念没有转变导致的。

- ◆ 新型教材建设新理念：职业教育新型活页式、工作手册式、融媒体教材和数字教材中隐含着很多新理念，活页式、工作手册、融媒体、数字化是从教材不同角度定义的新要求，新型是职业教育类型特征在教材中的新体现，既有别于普通教育的教材，也不同于以往职业教育的教材。职业教育转型升级，教材也必须转型升级，使教材的功能增加，内容升级。

◆ 成果导向评价新理念：以学习成果为主导考核评价学生学业成绩，以学习成果考核评价教师培养效果，以工作成果为导向考核评价教师工作业绩。注重过程的规范实施、检查、指导与持续改进。

◆ 体系运行与持续改进新理念：学校层面的质量管理体系、教育教学体系、服务支持与管理体系，以及专业群、专业层面的质量保证体系、教育教学运行体系，每个体系都应有起骨架、主线作用的体系标准，并配套子体系标准、操作层面标准，确保体系高质量运行。各种体系在运行过程中，可基于PDCA循环、8字螺旋等模式产生螺旋上升的闭环结果；应持续改进，追求卓越，永无止境。

◆ 职业教育发展新理念：要按照"普职关系定类型、产教关系定供求、校企关系定模式、师徒关系定方法、中外关系定特色"的理念，构建整合、多元、开放的职业教育发展新格局，使职业教育更好更快地"长入"经济、"汇入"生活、"融入"文化、"渗入"人心、"进入"议程。

（4）职业教育转型升级的基本路径

在职业教育类型特征和转型升级方面，教育部职业技术教育中心研究所姜大源研究员提出：职业教育作为一种教育类型，具有"跨界、整合、重构"三大特征[1]。这三大特征也是实施职业教育转型升级工作的基本路径，其逻辑关系如图1-1所示。

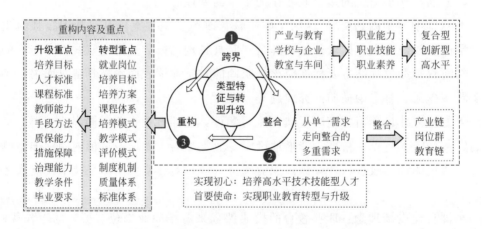

图1-1　职业教育转型升级之跨界、整合、重构路径关系

◆ 实施转型升级的首要路径是跨界。第一个跨界是宏观层面的跨界，即跨越产业领域和教育领域之间的界限，实现产业和教育多方面、多角度的深度融合，从教育领域本身的一元结构跨界构建教育和产业融合的双元结构。第二个跨界是中观层面的跨界，是学校与企业跨界合作，共同开展职业教育，构建学校和企业共赢的命运共同体。第三个跨界是微观层面的跨界，即跨越学校教室与企业车间之间的界

限，建立理论实践一体化的教学条件和环境，基于企业工作环境、条件和职业规范开展教育教学，这是实现工作结合、理论实践一体化教学的必备条件。

在职业教育领域，大多院校对开展"产教融合、校企合作、工学结合"的深远意义理解得比较透彻，也开展了一些工作，但总体而言，还缺乏深度，没有形成命运共同体，在广度方面也存在一些不足，导致职业教育人才培养质量难以提升。因此，职业教育必须通过上述三个跨界进行深度融合，并形成命运共同体，重点培养学生的职业能力、职业技能和职业素养。只有从宏观、中观和微观三个层面都进行跨界、有机融合，才能有效地培养高素质高水平的复合型、创新型技术技能人才。

◆ 实施转型升级的第二个路径是整合。职业教育作为一种类型，其类型特征之一是职业教育面临职业教育链、产业链和岗位链的多重需求，不是普通教育的教育链的单一需求。因此，在职业教育转型升级过程中，必须将原来的单一需求转变为多重需求，实现各种需求的社会价值。必须从教育链、产业链、岗位链方面对不同类型的人才需求进行系统整合，整合以后才能有效解决三个层面跨界中存在的问题，才能实现职业教育改革的初心和使命，满足对职业教育不同类型的需求。

◆ 实施转型升级的第三个路径是重构。职业教育作为一种教育类型，其制度创新的逻辑工具在于由单维度思维转向多维度思维[1]，即从传统普通教育的只关注对知识认知与理解的单维度，转向现代职业教育的关注知识认知、知识应用内化为职业行动，并进行技术技能积累的多维度，知识与技能、能力并重。因此，要实现职业教育的这种多维度转向，就必须对以往单维度体系内的人才培养目标、课程体系、课程标准和教学模式等方面进行重新设计、构建。如图 1-1 所示，重构包括转型和升级两个内容，转型是基础，升级是目标，二者相互关联，相互促进，缺一不可。从普通教育转型为真正具有中国特色的职业教育，其重点应该从毕业生就业岗位、人才培养目标、专业（群）人才培养方案、质量保证体系等方面入手，进行系统性改造与转型；基于行业企业转型升级对高水平技术技能人才的需求，不仅要对专业（群）人才培养目标进行升级，还要对课程标准、新型教材质量、教师职业能力、毕业要求等进行系统策划和升级，以确保人才培养目标升级的实现。

国务院和教育部从国家层面将职业教育与普通教育定义为两种不同类型，且具有同等重要的地位。但是，目前社会上普遍认为职业教育是低于普通教育的低等级教育。因此，要真正提升职业教育在社会的地位，真正实现与普通教育的地位平等，必须靠自身的努力，努力提高毕业生的质量水平，从而得到社会的认可。

1.1.1.3 高等职业教育转型升级的特征

高等职业教育既不是普通高等教育，也不是高级技工教育，在培养学生高水平职业技能方面，需要向高级技工教育学习，在培养学生高水平技术应用与创新能力方面需要，需要向普通高等教育学习；高等职业教育在转型过程中，不能因为需要强化技能学习训练而转变成高级技工教育，也不能在普通高等教育类型中基本不变、原地踏步。为此，国务院在《国家职业教育改革实施方案》中明确指出了三个转变，即"经过5—10年左右时间，职业教育基本完成由政府举办为主向政府统筹管理、社会多元办学的格局转变，由追求规模扩张向提高质量转变，由参照普通教育办学模式向企业社会参与、专业特色鲜明的类型教育转变，大幅提升新时代职业教育现代化水平，为促进经济社会发展和提高国家竞争力提供优质人才资源支撑"。

要开发编写高等职业教育新型教材，必须了解、理解高等职业教育类型特征，并在新型教材编写过程中予以相应的体现。高等职业教育类型的宏观特征主要体现在四个方面：面向人人的终身教育，面向市场的就业教育，面向能力的实践教育，面向社会的跨界教育[2]，目前职业教育还不能很好地体现上述四个宏观特征。在微观层面上，高等职业教育主要有以下八个基本特征。

(1) 基于职业岗位（群）构建模块化课程体系和课程内容

模块化课程体系和课程内容都是在行业企业实地调查基础上，基于行业企业工作过程系统化中的各工作模块而对应构建的，不是基于学科体系构建或在原有学科体系基础上进行修修补补。因此，职业教育的模块化课程体系对应的工作过程具有完整性、系统性，而需要学习的知识点则具有零散性，不成体系，这与普通教育是不同的，在普通教育课程体系中，对应的是完整的学科，学科知识具有完整性、系统性，与职业岗位没有明确的对应关系。也就是说，按照企业岗位工作任务对员工的技术技能要求，确定开设课程的种类和课程内容。部分教师在这方面缺乏清醒的认识，没有职业工作过程系统化思维和理念，始终跳不出学科体系的框架和束缚，导致职业教育课程体系、课程改革难以取得预期成效。

(2) 学生学习的主体内容是复合、创新的技术技能

学生学习的主体内容是复合、创新的技术技能，不是理论知识；教师传授的主体内容也是复合、创新的技术技能。理论知识以足够支撑职业技能、职业能力为限度，满足"必需、够用、适度"之原则。在学生学习过程中，通过实践训练将知识内化为技能、能力和职业素养。

培养高素质复合型、创新型技术技能人才，这种复合可能是跨行业、跨岗位、跨工种的复合。比如电子工程技术类专业，学生要学企业管理基础、基本成本核算、基本人力管理等，因为毕业后到电子类企业，无论在产品开发岗位还是在产品市场营销岗位工作，都要具备基本成本核算能力、合理调配和调动员工工作积极性的能力。

在对学生进行技术技能学习训练过程中，应在不同环节、不同过程加入必需的知识点，以支撑相应能力、技能的实现。在整个新型教材设计和教学实施过程中，以"做中学"为主线，按照"做→学→再做→再学"这种基本循环路径进行学习训练，使学生在做的过程中发现问题，然后进行理论学习，学习理解完后再去实践；遇到问题再深入学习，逐步取得预期成果，加深对理论知识的内涵理解，提高知识应用能力。经过3～4次学习与实践的循环，学生的实践能力、自学能力会大幅度提高，所学知识和理论也在实践当中得到了应用。

(3) 学生在规范的职业氛围和环境中学习

职业教育不是仅仅在教室里学习，更多的是在真实职业岗位环境条件、职业文化和职业氛围中进行理论实践一体化学习和职业熏陶。职业院校应该按照真实的职业条件、职业环境、职业文化和职业规范建设实训室、实训基地、实习车间等学习场所，使学生按照企业员工要求进行实践训练。通过职业环境、文化潜移默化地长期熏陶学生，使学生的职业素养、职业道德水平在学习实践当中得到不断提升，这种氛围熏陶的作用是非常大的，德国职业教育双元制的做法在这方面做得非常好，其育人效果和技术技能培养水平得到国际社会的普遍认可。

(4) 采用行动导向教学方法实现"做、学、教"一体化

"以学生为中心"开展教育教学活动对于职业教育尤为重要。职业教育生源来源多元化，在生源质量不高的基础上又增加了生源质量的复杂性和分层性。如果不系统研究生源特点和适宜的教学方法，就很难培养出高素质、高水平的技术技能人才。国内外理论与实践证明，以做中学为主导实施行动导向教学方法，是有效提升职业教育教学质量的法宝。学生是学习的主体，教师是教练、导演和导师，要通过教师的示范、引领、启发、指导和纠偏开展教学，放手让学生成为教学过程中的主角，不能采取传统的满堂灌教学模式。教师示范不仅是技能、能力的示范，还有职业道德、职业素养、职业规范方面的示范引领，教师的一言一行都会对学生产生重要影响。

(5) 开发并使用满足职业教育特征要求的新型教材

在原有学科体系框架内修修补补的教材，根本不能满足职业教育对新型教材的要求，必须彻底转变教材开发的起点、路径、方法和标准，开发并采用新型活页式、工作手册式、融媒体等具备科学性、先进性、适用性的新型教材，及时纳入企业新技术、新技能等，实现新型教材在功能方面的扩展、升级；并将教师、教材和教法作为一个有机整体进行系统策划，在教材中内含教师改革、教法改革的成果和

要求，并将立德树人、创新教育融合到教材中，为完成职业教育立德树人根本任务提供载体和保障。

（6）基于技术技能关联与递进逻辑建设教学条件与组织实施

基于专业群和专业的技术技能培养需求，建设"基本技术技能、单项技术技能、复合技术技能与能力、岗位综合技术技能与能力"递进式学习训练基地、实训室和车间。基本和单项技术技能培养训练应在实训室、实训基地完成，复合、综合技术技能与职业能力的培养与训练可以在合作企业完成。

职业院校在宏观排课、中观排课和微观排课方面，应基于宏观、中观和微观层面的技术技能点之间的并联、递进、串联、包含等逻辑关系，科学、合理地排课。只有基于各门课程中重要技术技能点之间的逻辑关系和金字塔理论、遗忘曲线原理、人体生物钟原理综合考虑排课，才能在不增加时间、成本和疲劳度前提下系统提高学习成效。目前多数院校每个学期内各个周的课程安排都是重复的，一门课从第1周到18周，课时都是平均分配到每周、每天，根本就不考虑这样排课是否符合职业教育特征和学习成效。德国职业教育在每天、每周的微观排课方面做得特别科学、实用，同样的教学方法、教学时间和学习强度，教学效果提高很多[3]。

（7）应由真正双师型教师承担职业教育教学工作

国务院在《国家职业教育改革实施方案》文件中明确指出，双师型教师是指"同时具备理论教学和实践教学能力的教师"。双师型教师这个概念在职业教育领域中并不是新概念，但始终没有权威性、法理性的明确定义和内涵解析，导致职业教育双师型教师演变成"双证教师""双经历教师"等，将持有教师资格证书等同于具备理论教学能力，持有工程师技术职务证书等同于具备实践教学能力。职业院校应该针对不同专业、不同类型课程，制定"同时具备理论教学和实践教学能力"的标准，这个标准可分为初级、中级、副高级、正高级四个等级的门槛标准和持续工作业绩目标两部分。

教育部、财政部《关于实施中国特色高水平高职学校和专业建设计划的意见》（教职成〔2019〕5号）文件对双师型教师又提出了进一步的要求，高水平专业群负责人应在行业中有权威、国际上有影响。骨干教师应能改进企业产品工艺、解决生产技术难题，如果做不到这一点，那就不是真正的双师型教师。双师型教师应能承担一些理论和实践难度大、复杂度高的一体化教学任务，在理论与实践一体化教学工作中发挥应有的作用。

（8）将企业工作和质量管理的基本方法应用到教学中

在优秀企业中，8S现场管理、5W2H工作方法、零缺陷质量管理和IE工作效率方法得到普遍应用，并取得预期成效，这些方法在职业院校教育教学组织管理工作中也应该进行应用，系统培养学生的零缺陷质量工作方法、高效率学习与工作方法。这不仅能够提高学生的职业素养和学业成就，还有助于实现学校与企业、毕业生与企业员工零距离接轨。在实施过程中，应明确制定相应标准、规程和评价办法，设计相应的学习成果，系统培养学生的职业核心能力和职业能力。

1.1.2 "三教"改革是实现职业教育转型升级的突破口

《国家职业教育改革实施方案》中第一项改革措施，为今后职业教育改革指明了方向：把握好正确的改革方向，按照"管好两端、规范中间、书证融通、办学多元"的原则，严把教学标准和毕业学生质量标准两个关口。其中，规范中间的关键措施是严把教学标准关口，以此为基础确保毕业生质量标准关口得到有效实施，提升职业教育人才培养质量水平。要严把教学标准关口，教师、教法、教材之"三教"改革是关键要素。如果"三教"不按照职业教育类型特征要求系统、科学、规范地改革，就不可能实现严把教学标准关口，也不可能实现严把毕业生质量标准关口，职业教育改革的方向就会产生偏离，职业教育改革的预期成果就难以实现。

职业教育改革的首要任务是转型升级，而"三教"改革是转型升级工作的突破口和切入点，其理由有以下几点。

① 职业教育转型升级，首先应从教学内容和教学方法上进行改革，而教材又是教学内容的主要载体，因此需要基于职业教育类型特征系统策划、设计和编写职业教育新型教材，并通过行动导向教学方法开展职业教育教学工作；同时，教材改革和教学方法改革不能离开教师而独立进行，只有以教师为主体承担新型教材改革、教法改革的工作，才能实现"三教"改革。

② 教师、教材和教法是一个有机整体，三者密不可分，相互关联，相互促进，相互制约。新型教材是课程内容和行动导向教学方法的载体，教法是应用新型教材完成人才培养工作的路径和方法，教师通过教法改革、新型教材改革实现人才培养工作。教师改革、教材改革和教法改革的共同目的是"以学生为中心，以学习成果为导向，以人为本，提高教育教学质量和人才培养质量"。

③ 实现职业教育转型升级，培养出高素质、高水平技术技能人才最关键、最核心的要素是学生和教师之间开展学与教的各项活动。其他辅助性工作过程都围绕这一核心过程而开展。在学与教这个关键过程中，学生起主要作用，教师起启发、引领和鞭策的辅助作用。只有学生愿意学，才能在教师的辅助下实现"学与教"过程的预期输出成果。教师高质量、有效的辅助作用能够促进学生学习欲望、学习主动性和积极性的提高。

④ 高水平高职院校建设是系统推进职业教育转型升级的重大举措，在高水平

高职院校建设的九大实施任务中，打造技术技能人才培养高地、打造技术技能创新服务平台、打造高水平专业群和打造高水平双师队伍的"四项打造"任务，都需要教师全过程参与才能完成。而"三教"改革贯穿于"四项打造"任务之中，是完成"四项打造"任务不可缺少的工作内容之一。搞好"三教"改革工作，并取得预期业绩，是高等职业教育"双高计划建设"工程中的重要组成部分和关键工作。

1.2 职业院校"三教"改革内涵和路径

职业教育"三教"改革作为转型升级工作的突破口和切入点，不仅因为"三教"改革工作具有重大意义和特殊作用，而且因为其复杂性、难点和顽疾等导致转型升级存在一定阻力和较大难度。为此，教育部将聚焦"三教"改革作为国家职业教育2021年度十大重点工作之一，予以高度重视。

"三教"改革是针对解决职业教育"谁来教、教什么、如何教"三个基本问题而进行的系统性改革。既然将"三教"改革作为职业教育改革和转型升级的突破口，就说明这三个基本问题目前还没有解决好，在理论研究、实践方法、结果成效等方面还存在不足、缺陷，甚至是严重问题。如果这些问题不彻底解决好，突破口没有被打开、切入点没有被进入，则职业教育转型升级改革就难以持续进行下去。

另外，职业教育在"三教"改革方面还普遍存在一些现实困境，如：在教师改革工作中的"教师专业技能水平不高、技术研究能力水平不高、双师型教师没有认定标准"等问题；教材改革工作中的"编写人员结构单一、教材时效性不高、审核与使用没有制度规定"等方面的问题；教法改革工作中的"方法单一、手段落后、实践不足、理论过多、启发创新育人不足"等问题，都对"三教"改革产生不利影响。

1.2.1 职业院校"三教"改革的内涵要求

高等职业教育实施"三教"改革，有一条容易被忽略的主线，也是职业教育改革、职业教育转型升级和"三教"改革的主要目的之一，即提高职业院校高素质高水平技术技能人才的质量标准，以强化提升职业技术教育的适应性。《中华人民共和国高等教育法》第三十一条规定：高等学校应当以培养人才为中心，开展教学、科学研究和社会服务，保证教育教学质量达到国家规定的标准。因此，高等职业教育"教学、科学研究、社会服务"三大任务非常明确，都是围绕培养人才这个中心任务而开展工作，三大任务之间关系密切，相互促进，相互制约，缺一不可。而

"三教"改革则以教育教学任务为主体,同时还与教师开展技术研究、社会服务工作密不可分,带领并指导学生参与到相关技术研究、社会服务工作中,将立德树人作为根本任务,系统培养高素质创新型、复合型技术技能人才。

"三教"改革与教师三大任务之间的关系如图1-2所示。

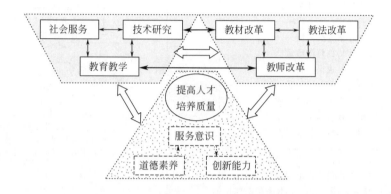

图1-2 "三教"改革与教师三大任务之关系图

(1)职业院校教师应以"三教"改革为契机依法完成三大任务

目前,有一种观点认为高等教育法中规定的"教学、科学研究、社会服务"三大任务是针对一所高校整体而言的法定任务,不是对职业院校每一位教师规定的三大任务,因此,职业院校根据每一位教师的特长和兴趣分别选择教学或科学研究或社会服务作为自己的工作任务,不一定同时完成三大任务。因此有一些职业院校出台了"教学型教师、科研型教师、社会服务型教师"相关标准和激励政策,并将没有开展科研工作、社会服务工作,而教学工作业绩突出的教师破格晋升为教授。显然,这种观点和做法是对高等教育法第三十一条及其他相关条款和三大任务之间密不可分的逻辑关系之误解。

职业院校和研究型普通高校有所不同,职业院校教师主要以人才培养为中心,从事教育教学、技术研究和社会服务。学校应根据每一位教师的特长和岗位工作要求,对教育教学、技术研究、社会服务工作的时间比重进行适当调整,但不可偏废、忽视教育教学或技术研究、社会服务。

各职业院校应依据《中华人民共和国高等教育法》第三十一条及其他规定,结合学校"十四五"发展规划、教师职业能力水平等情况,按照表1-1给出的框架要求,设计不同特长和兴趣的教师完成三大任务的时间比重和业绩目标。要求在完成三大任务、且将相关成果转化为人才培养质量提升的基础上,对人才培养质量水平和工作业绩进行测量、确认和评价。不能忽视人才培养质量这个中心目的而独立评价技术研究、社会服务工作业绩。

表 1-1　高职院校教师完成三大任务与人才培养质量要求

教师分类	任务及测评要点	工作量占比/%	工作业绩测评要求
研究型教师	1. 技术研究与教研成果 2. 成果转化为人才培养的成效 3. 成果转化为社会效益	20～30	人才培养质量未达到预期目标 人才培养质量下降或质量事故 对三大任务工作业绩打折扣 ↑ 人才培养质量测评 ↑ 学期课程学习成果实现度测评 年度专业毕业要求实现度测评 专业人才培养目标实现度测评
教学型教师	1. 人才培养高质量 2. 人才培养整体质量 3. 标志性成果	40～60	
服务型教师	1. 服务学生工作量与质量 2. 服务社会和企业工作量与质量 3. 服务学校及其他工作量与质量	20～30	
说明	教学型、研究型、服务型三种类型的教师，可以在规定工作量比重范围内，分别确定自己完成教学、研究、服务三大工作任务的具体比重		

（2）职业院校"三教"改革的主要内涵要求

◆ 职业院校进行教师改革解决"谁来教"的问题，其问题的核心是目前职业院校，特别是高职院校现有教师队伍中的多数教师不具备相应的职业能力，其中实践教学能力、技术研究能力和对行业企业开展服务能力普遍达不到标准要求，且这个问题在十多年前就已经出现，虽然教育部门也采取了很多改进措施，但成效不显著，问题依然不同程度地存在于各个高职院校师资队伍中，这是制约高水平高职院校和高水平专业群建设的瓶颈问题。为此，高职院校教师改革主要内涵要求包括以下几个方面，高职院校应根据校情和教师情况进行决策，研究改革方法和措施。

① 图 1-2 告诉我们，教师改革不是孤立性的工作，必须与教育教学、技术研究、社会服务、教材改革、教法改革等工作密切配合，在实际改革创新工作中通过实践进行改革，通过参与相关改革项目将理论内化为职业能力，实现教师改革之目标。

② 以"同时具备理论教学和实践教学能力"为核心，制定每个专业的双师型教师职业能力和年度业绩标准以及测评规程，有效引导教师围绕"持续提升专业人才培养质量"这一核心目标，自觉行动，并采取措施提升自身职业能力。

③ 以学习成果为导向，组织相关师资学习与培训工作，强化学习和培训成效，将教师的培训学习成果进行应用，并取得预期成效，对教师实际职业能力水平增量进行定期测评，对测评结果进行统计，分析存在的不足、缺陷等，并制定持续改进的措施。

④ 应将教师职业道德与新思想、职业教育类型特征与新理念、"三教"改革工

作思路与科学方法等作为教师改革的重点内容，从思想理念转变入手，促进教师自觉参与"三教"改革相关工作。目前，教师普遍对产业链、职业岗位（群）工作内容不熟悉，缺乏在企业相应岗位群的实际工作训练，对职业能力理解不到位，只看到表面现象，缺乏细节观察和深层次系统分析能力，导致专业群、专业、课程体系、课程建设工作难以转型，始终在学科体系框架下进行思维分析和修修补补。

⑤ 提升教师职业能力需要理论与实践相结合，按照"转变 → 学习 → 实践 → 再转变 → 再学习 → 再实践"的循环路径进行下去，每次循环使职业能力提升一个高度。因此，教师改革工作必须将思想理念转变作为前提，在理论学习与培训之后开展实践应用训练，在实践中提升职业能力。职业院校相关部门的系统策划、安排应与教师自我职业能力发展规划相结合，使改革成效最佳、最快。

◆ 职业院校进行教材改革解决"教什么"的问题，其核心问题是按照职业教育类型特征要求开发设计新型教材。包括职业教育类型特征、新思想、新理念、立德树人、创新创业教育、新技术和新要求等在新型教材中如何体现，以及新型教材的理论依据、编写方法、内容选择依据和三教改革成果如何在教材中体现等。而目前职业教育使用的教材多数不适合职业院校学生学习使用，存在很多问题，需要进行系统性的彻底改造，重新策划编写。

◆ 职业院校进行教法改革解决"如何教"的问题，其核心问题是如何根据课程内容选择适宜的行动导向教学方法，正确有效使用任务驱动、团队合作、项目教学、角色扮演等行动导向的具体教学方法开展教学，以确保取得最佳教学成效。教法改革在职业院校推广实施近20年了，为什么现在还在强调教法改革，且作为职业教育改革、职业教育转型升级的突破口呢？这个问题值得深思和研究解决。教法改革的主要内涵要求包括如下4个方面。

① 教师教学团队分工协作开展模块化课程教学。基于职业教育类型特征要求，职业教育模块化课程中每个模块课程都与职业岗位中的工作模块相对应，完成工作模块中的工作任务需要学习的知识点通常来源于不同学科（包括一级学科、二级学科、三级学科），需要的技能点和能力差异也很多。职业院校的教师基本上是学科体系框架下培养的硕士、博士，一位教师很难同时高质量地承担模块化课程中多学科知识点、技能和能力的教学工作，必须使团队中多个教师分工协作，才能确保模块化课程教学质量。

② 行动导向教学方法中至少有18种具体的教学方法可供选择使用。需要研究课程中每一个模块课程、典型工作任务的特征以及不同生源学习特征，并结合实践教学条件情况等进行综合分析设计，选择最佳的1种或2~3种教学方法开展教学。

③ 以学生为中心、学习成果为导向组织教学活动，提高学生学习兴趣，提升学习成就感，逐步培养学生的自主学习能力。根据不同学生的兴趣点、基础能力等

情况，设计多个具体学习成果供学生选择训练，严格按照标准进行学习业绩测评。根据生源多元化情况设计三级测评标准，确保学习成果含金量，禁止放水式考评，避免恶性循环情况发生。

④ 完善实践教学条件，增加培养学生创新学习、探索和研究能力的教学项目、环境条件与设施。结合实践教学需求，师生合作共建实践教学设备、设施研究生产团队，做中学、学中做、研中学、创新训练相结合。

(3) 职业院校"三教"改革的基本特征

职业院校及其教师开展"三教"改革工作应先明确"三教"改革工作具有科学性、前瞻性、规范性和系统性基本特征，这也是开展"三教"改革工作应该遵循的内涵要求。这四个基本特征相互关联，相互依存，在"三教"改革中的侧重点不同。

◆ 科学性。"三教"改革具有一定的理论依据，应在新理论、新思想指导下开展改革研究与改革创新工作，理论与实践应该相统一。"三教"改革作为社会科学、教育科学领域中的一项具体研究与改革工程，在理论研究、试验研究、应用研究及改革过程中，应按照社会科学、教育科学相关理论模型、理论方法开展研究工作。

◆ 前瞻性。伴随着信息技术、生物技术等各领域科学技术的研究与发展，社会对职业教育教师职业能力、教材内容更新、教学方法改进等提出了更高的新要求和前瞻性要求，特别是高等职业教育，应该在行业企业后边跟进基础上，尽快实现与行业企业并跑，甚至引领行业企业在技术技能方面的高速发展，职业院校要实现这一目标，必须具备超前的策划、智慧和研究能力。在教师专业能力、专业技术研究水平等方面，必须制定前瞻性的研究目标和研究方向，为引领行业企业的技术技能发展奠定坚实基础。

◆ 规范性。职业教育与普通教育有着多方面的差异性，职业教育的课程来源于职业岗位和工作模块，必须基于职业规范、标准和职业道德等开展教育教学工作。因此，职业教育教学工作是一项具有严格规范性、职业性、标准性的职业与教育相结合的复杂活动。教育部等九部委在《职业教育提质培优行动计划（2020—2023年）》中将"标准先行，试点突破"作为基本原则之一，并将"健全职业教育标准体系"作为实施职业教育治理能力提升行动的重点工作任务予以实施。

◆ 系统性。"三教"改革不仅是职业教育改革系统工程中的一个核心和枢纽，它自身也是一个子系统，具有完整性、系统性和逻辑性。教师、教材、教法是连接受教育者、教育实施者的桥梁、纽带，将教师和学生紧密联系在一起，构成了实现职业教育目的、目标的最关键子系统。教师、教材、教法改革必须作为一个有机整体，同时学生也应作为改革的重要参与者，而不应该仅仅作为改革的受益者被排除在改革工作之外。学生只有和教师共同参与"三教"改革，才能体验、理解并接受"三教"改革的实施措施，主动与教师合作，这样才能快速提升教育教学质量和人才培养质量水平。

1.2.2 职业院校"三教"改革的实施路径

职业院校"三教"改革的实施路径，与其逻辑起点、终点密切相关。不同的逻辑起点、终点，其实施路径有所不同，不能在没有确定逻辑起点、终点的情况下，统一制定"三教"改革实施路径，因为这样做是难以高效率、高质量实现"三教"改革之目标的。而"三教"改革实施的逻辑起点坐标值是由教师、教材和教法的现状与基础水平所决定的，不同职业院校、不同教师团队和不同教师，在实施"三教"改革过程中的逻辑起点坐标值有一定差异。"三教"改革实施的逻辑终点是由职业教育类型特征、高水平职业院校办学目标、高水平专业群建设目标和人才培养目标所决定的。因此，不同职业院校、不同教师团队和不同教师的"三教"改革实施终点也有一定差异性。

"三教"改革的系统性特征决定了不能孤立地研究职业教育新型教材的开发路径、逻辑起点和逻辑终点，必须将"三教"改革作为一个子系统进行综合研究。为了便于不同基础和目标的各职业院校、教师团队和教师能够正确选择适合自身特征和需求的"三教"改革实施起点和终点，应在广泛调研、分析基础上，以教师为核心，按照较低基础水平确定逻辑起点，按照国家双高建设院校和专业群建设目标确定逻辑终点，以此研究制定具有普适性、科学性和可行性的"三教"改革实施基本路径。职业教育"三教"改革实施基本路径如图1-3所示。

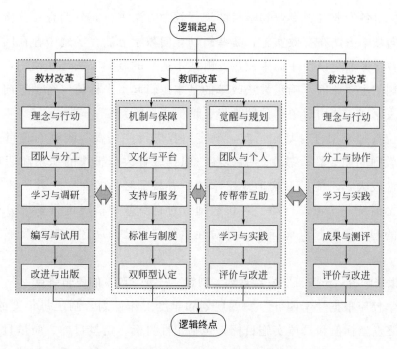

图1-3 "三教"改革实施基本路径

在图 1-3 中，虽然将教师改革、教材改革和教法改革的基本路径分别作为三个模块进行考虑，但这三个模块之间存在密切的关系，通过双向箭头予以表示。在教师改革实施路径中分为两个支路，一个是教师团队和教师本身改革实施路径，另一个是学校层面的师资管理与服务改革实施路径，两者相互作用，必须有机融合才能确保教师改革取得预期成效。在基于"三教"改革实施路径策划设计相关工作过程中，应注意以下 6 项重点工作和内容要求。

（1）调研分析学校现状和基础，确定"三教"改革的逻辑起点

◆ 分析教师职业能力平均水平，确定学校教师改革基本起点坐标值。分别对学校老、中、青教师进行系统调查，确定不同年龄段、不同专业群和专业的教师在职业道德与职业素养水平、专业教学能力、教育教学改革能力、职业发展规划及水平、工作主动性水平等方面的实际能力水平，确定教师改革的逻辑起点三维坐标值（专业能力、方法能力、社会能力），为制定学校"三教"改革逻辑终点坐标值和目标值，以及制定"三教"改革基本路径奠定基础。

◆ 分析学校使用教材质量情况，确定教材改革基本逻辑起点坐标值。调查分析学校各专业群、各专业教材质量水平和学校教师参与编写教材的质量与基础水平，以及教师参与专业群建设、专业建设、课程建设业绩及能力水平，综合确定编写新型教材的逻辑起点坐标值（专业群建设、专业课程体系、课程标准、新型教材标准、企业调研等）。

◆ 分析学校各专业群、专业教学方法改革实施现状，确定教法改革基本逻辑起点坐标值。对各专业群、专业和学科的现行教学方法进行充分调查、分析，确定哪些行动导向教学方法在有效实施，哪些行动导向教学方法在实施中存在问题，哪些行动导向教学方法应该使用而未使用，哪些不适宜的教学方法还在使用，等等。分析产生问题的主要原因，确定教法改革的基本逻辑起点坐标值（行动导向教学具体方法、方法原理、使用对象、预期效果、培训指导等）。

◆ 各位教师根据自身基础情况，确定自我进行"三教"改革的逻辑起点坐标值。每位教师的职业教育教学经验、参与职业教育改革工作的积累和职业能力等方面差异性较大，不能一刀切地规定学校所有教师必须按照"三教"改革基本逻辑起点坐标值统一学习、行动。各位教师应对自身基础情况进行系统分析，参照学校制定的基本逻辑起点坐标值，针对性地制定自己开展"三教"改革的起点坐标值。

（2）根据学校"十四五"发展规划，制定"三教"改革的逻辑终点

◆ 各学校应根据"十四五"发展规划和年度工作计划，制定每年度的"三教"改革逻辑终点坐标值和具体实施目标，包括定性目标、定量目标、质量目标和测评规程等；制定双师型教师职业能力等级标准、新型教材数量与质量标准、行动导向教学方法应用与学习成果测评规范、学习成果体系与标准，以及标志性教育教学成果等等。

◆ 各专业群、专业和教师应该根据学校制定的"三教"改革逻辑终点坐标值和实施目标，基于"最近发展区理论"模型，研究确定自己的年度终点坐标值和师生目标。通常情况下，教师自己确定的终点坐标值和师生目标应在量力而行的基础上适当拔高一点，并对接学校的终点坐标值和师生目标。

(3) 系统性开展"三教"改革论坛，唤醒教师改革雄心并付诸行动

◆ 学校应根据基本逻辑起点坐标值、逻辑终点坐标值和不同教师的逻辑起点坐标值，制定分期、分类的启发引导性集中培训、论坛和交流研讨会计划等，使教师转变沉睡、迷糊的心态，从内心深处理解、接受教师职业道德、高职教师三大任务及内涵关系、立德树人根本任务，以及职业教育新理论、新理念和新思想，激起教师积极主动参与"三教"改革的雄心和信心，并内化为自觉行动。

◆ 各专业群、专业应根据"三教"改革规划情况，了解教师们在"三教"改革实施过程中存在的疑惑、难题和理念意识误差等情况，主动邀请相关专家有针对性地开展培训、指导和研讨。

◆ 教师应根据自身理论基础和"三教"改革实施项目需求，参加校内外相关培训学习和研讨，在深入理解相关理论、理念、方法基础上，完成新型教材开发编写、行动导向教学方法试验探索、教育教学改革项目等工作，在做中学、学中做，持续提升自身职业能力水平。

(4) 以教师和学生为中心改革，以学习成果为导向进行评价

◆ 学校应以人为本组织开展"三教"改革工作。以人为本包括以教师、学生的个人成长成才和职业发展为根本，将教师、学生个人职业发展、职业期望与学校"三教"改革基本逻辑重点、实施目标结合起来，促使教师、学生在完成"三教"改革实施任务过程中实现自己的职业发展规划和期望。

◆ 按照四段闭环学习成果导向师资培训模式组织教师参加校内外各种培训活动，将教师通过培训学习后完成的学习成果及其应用推广作为重点考核评价内容，充分调动教师自主学习和参加培训学习的积极性，快速提升教师职业能力水平和工作业绩、成效。

(5) 以教师创新团队建设为核心，整体推进教材与教法改革

◆ 优化专业群、专业教师教学创新团队建设，以团队建设为核心，将"三教"改革及相关建设任务作为团队建设的载体。协助教师制定职业发展规划和"三教"改革逻辑终点坐标值、实施目标和有效实施路径等，高效提升教师职业能力水平。

◆ 根据专业群、专业教师教学团队现状，实施一对一或一对多的"传帮带"工

程。聘请团队内高水平优秀教师或团队外、校外教育教学名师、大师、卓越工匠等作为导师，通过组建大师工作室、名师工作室、"传帮带"工程等模式，帮助、指导教师有计划、有目标、有措施地参与新型教材编写、教学方法改革及职业教育改革相关工作，系统提升教师职业能力和工作业绩。

◆ 专业群负责人、专业带头人通过境内外优秀院校、专业群挂职交流学习，到合作企业兼职，以及牵头承担校企合作技术技能开发创新课题等方式，系统提升职业岗位决策能力、研究成果转化能力和技术技能创新能力，逐步实现引领产业技术创新发展。骨干教师以解决行业企业生产技术难题为目标，加强技术研发和横向课题研究，提升服务产业发展能力。

◆ 在开展纵向、横向技术创新课题和教育教学改革研究课题工作中，应吸收学生团队参与研究工作。一是培养学生创新研究能力，二是通过参与研究创新工作，学生可深度理解"三教"改革的目的，提升学习兴趣、成就感和自主学习能力。

◆ 将信息化技术应用与教材改革、教法改革有机结合，与时俱进，系统提升"三教"改革成效。构建由职业教育专家、一线教师、企业专家、工匠大师等组建的新型教材开发编写团队，开展新型教材编写工作。新型教材编写中应充分考虑相关教法改革需求，在教材体例结构中体现出不同行动导向教学方法、线上线下教学方法、泛在学习、移动学习、个性化学习等方面的需求，系统策划设计纸质教材内容和配套的数字化学习资源库内容，将VR技术、虚拟工厂等新技术应用于职业教育教学中，高质量实现融媒体的新型教材体系。

(6) 完善改革机制与服务措施，保障"三教"改革高质量实施

◆ 学校应完善、制定与"三教"改革、职业教育改革密切相关的制度、标准和考评规程，建设高水平职业院校、高水平专业群的质量管理体系、行政运行绩效体系和高质量高效率运行机制，将"放、管、服"落到实处，科学制定好管理、服务的范围、力度和职责权限，避免"一放就乱，一管就死"的现象发生。

◆ 学校在制定教师职称、聘任和业绩考评等相关制度过程中，要深度理解上级有关文件和"破五维"的内涵要求，不要望文生义、照猫画虎、机械地执行政策（特殊要求除外），应以激励教师积极投身职业教育改革、"三教"改革和高质量培养人才工作为主导，建立容错机制，鼓励教师大胆开拓、创新研究与探索。

◆ 完善、制定双师型教师职业能力等级标准、专业群建设及运行标准、专业建设及运行标准、课程标准、新型教材质量保证标准、学习成果体系与学习成果标准、专业毕业要求标准、教学指导与监督工作标准，以及专业质量保证体系标准等，规范实施各项教育教学相关工作，逐步建立依法治校、依法执教的现代职业教育治理体系。

1.3 职业院校"三教"之间逻辑关系及其在新型教材中的应用

1.3.1 职业院校教师、教法、教材之逻辑关系

图 1-2 不仅告诉我们"三教"改革与高职教师教育教学、技术研究、社会服务三大任务和人才培养工作密切相关,还告诉我们:教师改革、教材改革、教法改革是课程建设与改革的重要内容之一,它们之间也存在密切的相互关系。2006 年启动的国家示范性高职院校建设工程十五年的改革经验、教训告诉我们,"三教"改革必须系统策划并整体改进才有可能取得显著成效,任何孤立的改革都难以促使教育教学质量显著提升,并取得预期成效。因此,在双高建设计划实施、职业教育改革和"三教"改革过程中,应遵循"三教"之间的逻辑关系,抓住关键点、重点进行系统研究策划,并强力组织实施,否则还会重蹈覆辙。

(1) 课程与教师、教材、教法之内在关系

关于课程,至今比较权威、有影响力的论述和定义就有 16 种之多,在此不做解读。姜大源研究课程多年后认为[4],对于课程界定,基本分为基于目标与内容、基于范畴和领域、基于层次和功能三种方法。课程是在目标、内容、范畴、领域、层次和功能多个时空的有序积分,而不是基于某一角度、某一侧面进行理解和定义。

在研究职业教育新型教材设计、"三教"改革之内在关系过程中,为了便于我们理解和应用好课程这一专业术语,我们定义课程是"有规定要求的课业及其进程之总和",在课程定义中包含"要求、课业、进程"三个基本显性要素和起点、教师、学生、过程、目标、内容、方法、条件 8 个隐性要素。图 1-4 是课程各要素结构关系简图。

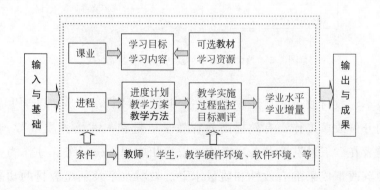

图 1-4 课程各要素结构关系简图

从图 1-4 中可以明显看出，课程是教师、学生、教材、教学方法、学生学业增量之间持续交互作用的动态情境，是一种动态、发展和交互的系统，是满足学生学习、学业发展的有序活动总和。教师、教材和教法是课程实施的三个密切相关、不可分割的要素，在基于生源多元化和课程学习基础较低的情况下，实现预期课程学习目标和学习成果，教师起到重要作用，学生的主动积极参与也是关键要素。

（2）教师、教材、教法之间的逻辑关系

传统的职业教育教材是课程内容的主要载体，但职业教育类型特征决定了职业教育新型教材不仅是课程内容的载体，还是行动导向教学模式、学习与工作过程程序的载体，并且在功能方面进行了扩充、升级。教法是教师与学生之间充分交流沟通、有效实现课程学习目标的主要路径，教师改革和教材改革最终都要通过教法改革实施予以完整实现。教师是教材改革、教法改革实施的主体和关键，学生必须与教师密切配合，主动积极参与改革，才能更好地实现"三教"改革之逻辑终点坐标值和目标。因此，教师改革是"三教"改革的关键和核心，教师改革的成效对实施教材改革、教法改革起到至关重要的决定性作用。然而，由于学校人事部门负责教师改革的主体工作，教务部门负责教材改革、教法改革工作，两个行政部门往往对"三教"改革之间的逻辑关系认识不统一或有差异，各自以自己部门利益和业绩为重，导致"三教"改革不协调、不同步，难以发挥相互促进、相互制约的作用。"三教"之间的逻辑关系如图 1-5 所示。

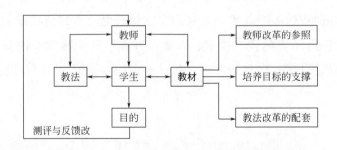

图 1-5 教师、教材、教法之间的逻辑关系

教师改革、教材改革、教法改革有一个共同的目的，就是"以学生为中心、以成果为导向开展改革工作，有效提高教育教学质量和人才培养质量"，学生必须作为改革参与者在"三教"改革各项工作中承担相应职责、任务，并作为主要试验者验证"三教"改革成果的有效性和质量水平。教材改革及新型教材的功能、内容等必须能够实现"三教"改革之目的，为实现人才培养目标、专业毕业要求提供重要支撑。新型教材中的体例结构、内容结构、实践训练等应与适宜有效的教学模式、

行动导向教学方法相匹配。新型教材中的内容深度、广度来源于职业岗位（群）对员工职业能力的需求，同时为教师职业能力水平提升提供参照和依据。

(3) 教师、教材、教法改革工作之侧重点、关键点

"三教"改革是一个有机整体，涉及的具体改革任务比较多、比较复杂，同时，还涉及教师、学生以及学校教务处、人事处、学生处等多个业务主管处室。在实施改革策划、决策过程中，要进行系统分析、梳理，确定关键点和重点、难点，要集中力量抓住关键点、重点和难点，并将其彻底解决好，以点带面，取得事半功倍的改革成效，切忌眉毛胡子一把抓、均匀分配职责任务，什么都重要、都严格要求，最终导致不良后果。

"三教"改革工作之侧重点、关键点是有效推进教师改革。因为教师改革是"三教"改革、职业教育转型升级的突破口和切入点，也是推进"三教"改革有效实施的枢纽。如果教师改革不能有效推进，教材改革、教法改革可能会流于形式、迫于压力而被动进行改革。教师主动进行改革和被动参与改革，其内生动力、质量标准和实施目标是不同的。

◆ 教师改革工作中的关键点是制定以人为本的制度、机制，充分挖掘教师内心深处的正能量、闪光点，扬长避短，充分发挥每个教师的优势、特长和兴趣，给教师以充分选择、发挥作用的机会和空间，原则上不宜制定各种一刀切的政策、制度，可借鉴因材施教理念和方法，做好教师改革的制度保障、服务支持和激励工作。

针对性、系统性地组织教师改革、教材改革、教法改革中新理论、新理念、新思想和新技术方法的相关主题培训，将真正转变教师和学生的思想理念作为首要任务和重点工作。理念决定行动，自觉主动参与改革才能取得成效。

专业群负责人、专业带头人的火车头作用固然重要，不可忽视或弱化，但更应该将团队特征之一的"动车组牵引"理论方法应用到专业群、专业教学创新团队建设和新型教材开发编写团队、教师分工协作开展模块化教学工作中，减少内部摩擦、内耗、衔接不佳、空隙重叠等不良缺陷和问题，按照计划快速高质量提升"三教"改革工作成效和质量水平。

◆ 教材改革的侧重点、关键点：一是从学科体系框架内彻底跳出来，按照职业行动体系的思维方式、理念方法开展企业调研、系统策划等工作；二是促进教师真正理解职业教育新型教材建设是一项系统工程，不是孤立地对某一门课程的教材进行改革编写；三是建立符合要求的、企业工程技术人员真正参与的新型教材编写团队，并有效开展相关工作；四是学校应制定新型教材开发编写相关制度、政策和新型教材质量保证体系，保障新型教材开发编写工作有效进行。

◆ 教法改革的侧重点、关键点：一是教师思想理念真正转变，并主动积极参与

相关改革、试验工作；二是建设、改进实践教学条件、环境和运行机制，开放实践性设施和实训室，给学生更多的时间、条件进行自主学习与创新研究；三是以学习成果为导向，对学生完成的各级学习成果的含金量、质量和学术规范进行抽查、评价，以此作为评价教师教学质量的主要依据；四是将学校督导工作重点转移到指导、咨询和服务教师进行教法改革与试验工作上。

1.3.2 "三教"改革系统策划应在新型教材中予以体现

彰显职业教育类型特征的新型教材开发编写是一项系统工程，需要编写团队成员进行系统策划、设计和编写，这样才能高质量高效率地完成。同理，因为教师、教材和教法之间存在密不可分的逻辑关系，三者改革相互影响、相互促进和相互制约。因此，"三教"改革的实施成果必然在新型教材中得到相应体现。如果在新型教材策划设计与编写过程中，没有将教师改革、教法改革的成果纳入新型教材中，这样的教材基本上不是具备职业教育类型特征的教材，多数是在学科体系框架下修修补补完成的学科体系教材的改进版。图1-6给出了职业教育"三教"改革系统策划在新型教材中所体现的逻辑关系和重点内容要求。

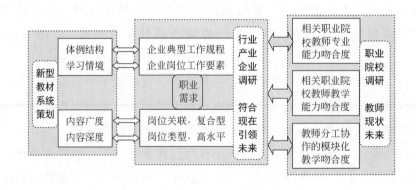

图1-6 "三教"改革系统策划在新型教材中所体现的逻辑关系

① 新型教材开发以对应的职业岗位（群）为核心，确定逻辑起点、逻辑终点。在新型教材开发之初，教师团队应进行广泛的行业、产业和企业调研，对职业岗位现状、未来发展进行系统调研分析，完成如下4项基本任务。

◆ 策划设计新型教材的体例结构模式，应来源于企业典型工作任务及其规程、步骤和程序，并结合学习规律、职业成长规律和先易后难规律，设计具有普适性、科学性的新型教材宏观、中观和微观体例结构。

◆ 通过对5~7个企业相同、相近岗位调研，获取完整信息，并进行综合分析，设计具有规范性、科学性和适用性的典型工作任务六要素（也称为"参照系"），据此结合院校实践教学条件设计学习情境。

◆ 基于行业企业对关联岗位职业能力拓展和新技术发展需求,设计新型教材内容的广度范围和内容重点,为培养复合型技术技能人才奠定基础。

◆ 基于行业企业对职业岗位高水平职业能力和新技术发展需求,设计新型教材内容的深度要求和内容重点,为培养创新型技术技能人才奠定基础。

② 新型教材开发还应充分考虑职业院校教师职业能力现状和未来发展需求。新型教材编写团队不仅要对行业企业进行调研,还应该对全国、全省内相同、相关专业使用本教材的教师职业能力情况进行调研或抽查。通过对三个吻合度分析,在满足职业岗位要求前提下,适当调整教材内容的深度要求、广度范围。必要时,应策划开展师资培训工作,以提升使用本新型教材教师的职业能力水平,使其能够满足教育教学任务要求。

◆ 新型教材的技术技能、立德树人和创新创业相关内容的深度、广度和职业岗位需要的技术技能等级水平,应该与国内、省内相关职业院校教师的职业能力水平相吻合,教师应能按照课程标准要求使用本新型教材,高质量开展教育教学活动,使学生能够获得预期课程学习成果、课程单元学习成果。

◆ 新型教材中,企业典型工作任务的实施规程、工作六要素等应与国内、省内相关职业院校教师具备的行动导向教学方法、线上线下结合教学能力、实践教学条件等相吻合,使教师和学生能够有效使用配套的融媒体数字化学习资源,高水平、高效率完成教学任务,学生的预期学习目标和学习成果能够有效达成。

◆ 新型教材中各模块(或项目)课程与职业岗位应具有正确对应关系,符合模块化课程规范要求。各模块课程中涉及的不同学科知识点(陈述性知识点、程序性知识点、策略性知识点)应与教学团队中相关教师专业学科特长相吻合,以便能够有效组建分工协作的模块化教学团队,组织模块化课程教学。

1.3.3 新型教材编写要系统考虑"三教"改革的新要求

教师、教材和教法之间存在密切的逻辑关系,新型教材的体例结构、内容的编排,应系统考虑"三教"改革之间的逻辑关系和对新型教材提出的新要求,这是职业教育类型特征所决定的,与学科体系框架内的教材有所不同。在进行新型教材系统策划、设计过程中,应充分考虑并融合如下几方面的新要求。

① 基于职业岗位工作模块和模块课程学习的职业性、关联性要求,应将最佳、最适宜的具体某种或几种行动导向教学方法(如项目教学法、案例教学法、角色扮演法、任务驱动法、翻转课堂法、引导课文教学法、试验学习法等18种具体方法),从学的角度融合到新型教材中观、微观体例结构和内容中,减少学生学习阻

力和难度，提高学生学习兴趣和成就感，进而提升学习质量和人才培养水平。

② 基于职业道德和立德树人要求，在设计"源于企业高于企业"的典型工作任务案例、训练题目和创新训练课题中，将技术标准与职业标准、预期学习成果和具体学习成果、职业道德与职业规范、安全与环保、工匠精神与精益生产、8S与以人为本、质量文化与零缺陷、创新探索与迎难而上等内容，有机适宜地融合到教材内容中，可以通过人物、事件、标准、规程、过程、结果等不同载体进行融合，以起到潜移默化、润物细无声的育人成效。

③ 基于职业岗位关联需求设计新型教材内容广度（包括$1+n$X）时，应与全国、各省（区市）相关职业院校教师的企业岗位熟悉程度、企业实践与工作能力水平以及职业道德、职业素养能力进行对接。在设计成果导向的课程标准中，应对教师企业实践的岗位关联和职业能力、专业技术水平和职业道德等提出明确要求。

④ 基于职业岗位高水平职业能力和技术发展需求设计新型教材内容深度时，应与全国、各省（区市）相关职业院校教师从事专业领域内的技术研发、横向与纵向课题、发明专利、参与行业企业技术攻关等方面的技术水平、生产与质量管理能力、自主学习与创新研究能力进行系统对接。在设计成果导向的课程标准中，应对教师企业专业技术水平、技术研究与创新业绩、技术成果转移与效益，以及企业技术技能与创新探索实践学习等提出明确要求。

参考文献

[1] 姜大源.跨界、整合和重构：职业教育作为类型教育的三大特征[J].中国职业技术教育，2019（7）：9-12.

[2] 教育部："十四五"期间将建立职教考高制度[EB/OL].http://www.moe.gov.cn/fbh/live/2020/52735/mtbd/202012/t20201209_504273.html.

[3] 王亚盛.中德职业教育课程微观教学计划对比分析与建议[J].中国职业技术教育，2016（14）：54-61.

[4] 姜大源.职业教育：课程与教材辨[J].中国职业技术教育，2008（19）：1.

模块 2

新型活页式、工作手册式、融媒体教材基本特征与定义

导语：《国家职业教育改革实施方案》正式将"新型活页式、工作手册式教材"作为职业教育主体教材，为职业教育转型升级和"三教"改革、新型教材建设工作指明了方向。只有真正理解职业教育转型升级后应当成为具有中国特色的职业教育，同时对适合于职业教育类型特征要求的新型教材定义、内涵特征彻底搞清楚，才能开发出高质量的新型教材，提高教育教学质量。

中国职业教育发展历程、发展轨迹和职业教育转型升级决定了新型教材开发编写不是一项独立工作，而是一项与职业教育转型升级、专业群建设、课程体系建设、课程标准建设和"三教"改革等密切相关的工作。因此，只有在清晰理解新型教材开发背景、意义基础上，才能完整系统地研究明白新型教材的定义、内涵特征和开发编写路径、方法，以及制定职业教育新型教材评价质量标准等。

从 2019 年 10 月开始至今，我们一直在研究新型教材相关理论、特征、定义、教材系统策划方法、教材开发路径和步骤等工作，同时还应邀到广东、湖南、河南、陕西、江西、浙江和山东等地的高职院校、培训班开展专题培训讲座，并多次通过网络平台开展网课培训。先后有 21200 多名高职院校、本科院校领导和教师参加培训和交流、互动，培训成效显著。但是，也发现了一些问题，如有些教师对与新型教材开发编写密切相关的职业教育转型升级、专业群与专业建设、课程体系重构、课程标准等不感兴趣，认为这些内容不重要，只想学习新型教材开发步骤、方法和案例，想照猫画虎、走捷径，不想苦练基本功和技能、能力，急于出版新型教材，这样做很难开发编写出高质量新型教材。

为此，模块 2 将围绕"新型教材产生的背景和意义，学习借鉴德国活页式、工作手册式教材的有益经验，新型教材的基本特征与定义，常用关键术语的内涵理解及应用"等 4 方面进行分析和说明，使教师在研究开发新型教材之前，先明确理解与开发编写新型教材密切相关的当前职业教育教材存在的问题、职业教育对新型教材的新要求，再学习借鉴德国职业教育教材的有益经验，为后续学习新型教材的相关术语应用、系统策划、开发编写等工作奠定基础。

2.1 新型教材产生的背景和意义

2.1.1 职业教育教材建设发展历程与分析

职业教育教材建设经历了普通教育教材压缩版、工作过程系统化教材、立体化教材、新形态（数字化）教材、数字教材和新型活页式、工作手册式、融媒体教材六个发展历程。这六个历程只有起点不同，但其终点还没有明确时间点，只是在目前职业教育教材总量中所占的比例不同而已。了解这六个发展历程和基本特点，对开发编写新型活页式、工作手册式、融媒体教材有着一定的借鉴作用。

(1) 普通教育教材压缩版

在 2006 年国家示范性高职院校建设工程启动以前，职业教育教材多数是在普通教育教材基础上进行难点内容删减的压缩版，以理论为主导或者全部都是理论知识内容；课程设置和教材编写都是基于普通教育学科体系构建，不能反映出职业教育对实践教学的要求。

到目前为止，职业教育课程建设、教材建设虽然经历了 15 年的不断改革，但仍有部分教材还是普通教育学科体系教材的压缩版，只是在学科体系教材基础上增加了几个应用案例、删减难度大的内容而已。

(2) 工作过程系统化教材

2007 年开始，在学习德国职业教育教学方法、学习领域课程和学习情境课程单元基础上，姜大源教授及其研究团队提出了工作过程系统化课程建设理念和方法，基于企业工作过程提炼出典型工作任务，设计工作六要素，按照六步骤实施行动导向教学，并据此开发编写工作过程系统化教材进行推广应用。

2019 年，以闫智勇教授为主导的团队对工作过程系统化课程和教材进行了改进，将学习领域改为学习场，工作六要素（工作对象、工作内容、工作手段、工作组织、工作环境、工作产品）改为参考系，取消典型工作任务，增加典型工作过程，并将其划分为多个典型工作环节（步骤），将学习的六个步骤改为"资讯、计划、决策、实施、检查、评价"[1]。目前，这种教材还在坚持推广中。

(3) 立体化教材

大约从 2011 年底、2012 年初开始，职业教育立体化教材建设理念和要求被提出。相对以往纸质教材单一形式，立体化教材基于企业典型工作任务或项目，强调按照"必需、够用、适度"原则设置知识，建立课程教材配套网站，网站中建设配套题库、拓展性知识、视频图像等立体化资源，满足网络学习要求。

2012 年，我们在系统研究工作过程系统化教材、美国社区学院汽车维修类教材基础上,结合企业典型工作任务或项目,增加了安全、环保知识和"做一做""动脑筋"等多种功能栏目,开发设计了《表面贴装工艺设计与管理》《机械制图》等系列立体化教材,并成功入选国家"十二五"规划教材,该项目获得2014年国家教学成果二等奖。目前,立体化教材得到不断完善改进,还在继续应用。

(4) 新形态(数字化)教材

大约从2015年开始,随着微课的普及和在教学中的应用,一种新形态或数字化教材新理念被提出,它是在立体化教材基础上,强调教材资源中要配套课程的全部微课视频、颗粒化内容,构建完善的数字化、多形态的教学资源库,并在纸质教材中通过二维码链接,满足移动学习、泛在学习等需求。

新形态教材的提出,推动了职业教育教材形态的多样化、创新性发展。在这个阶段,新形态教材还没有形成完整的理论基础,只是将每门课程中关键、重要的知识点、技能点全部以微课方式形成颗粒化内容,在纸质教材单一形态基础上增加了微课这种视频形态。这一点与立体化教材中的课堂录像、实践操作录像是不一样的,微课的教学特征更显著,教学效果更好。这种教材目前还在努力推广中。

(5) 数字教材

大约从2015年开始,伴随着新形态教材的出现,数字教材成为一种教材类型而相对独立发展。这种教材最早源于中学教育,为开展泛在学习、移动学习,提供全套数字教材和作业训练等,并逐步在职业教育领域得到局部应用与推广。

数字教材是数字化教材的简称,它利用多媒体技术,将传统纸质内容进行数字化处理,转化为适用于各类电子终端的互动性教材。数字教材充分发挥信息技术优势,融合了文字、音频、视频、图片及动画等元素,具有表达更加生动形象、有利于互动交流、有利于分层施教、有利于修订完善等优越性。数字教材分为纸质教材数字化、多媒体数字教材、互动式数字教材和集聚式数字教材四个层次,每个层次的特点、内容、优势和教学方式不同。在职业教育领域内,集聚式数字教材是今后数字教材发展的重点,其教学效果显著,能够与新型教材在信息化、数字化资源方面得到共享。

(6) 新型活页式、工作手册式、融媒体教材

自2019年1月份《国家职业教育改革实施方案》出台,新型活页式、工作手册式教材开始进入研究阶段,后来经过不断解读与完善,到2020年9月,形成了相对稳定、完整的"新型活页式、工作手册式、融媒体教材"新类型,也开启了真正彰显职业教育类型特征的新型教材开发、使用之征程。

新型教材是在新形态(数字化)教材基础上,强调教材的四新内容要求、活页式装订与多功能结构设计要求、工作手册式内容与微观结构设计要求,以及纸质教材与各种媒体资源有机融合为一体的系统性要求。同时，新型教材中还要体现出"教师、教材、教法"关系与"三教"改革成果，配套完备、必需的数字化/信息化教学资源库，构建融媒体教材系统。

新型教材涵盖了前面5种类型教材的优势、特点，摒弃了它们所存在的问题，是在前面5种类型教材建设成就基础上的职业教育新型教材。所以，如果没有前面5种教材的建设开发基础和经验，直接学习新型教材开发编写就必然存在一定的困难和阻力。

2.1.2 职业教育现有教材主要存在的缺陷与不足

《国家职业教育改革实施方案》中为什么要求职业教育应使用"新型活页式、工作手册式教材并配套开发信息化资源"呢？自2006年国家示范性高职院校建设、骨干院校、优质校建设启动至2019年1月国家职业教育改革实施方案发布，近15年的高职教育改革，没有对教材改革提出这么细致明确的要求。研究分析后认为，其主要原因有以下几方面。

（1）职业教育现有教材存在相关缺陷、不足

目前，中等、高等专科、高等本科职业教育教材在质量方面存在一些不足，不符合职业教育类型特征要求，主要有如下几个方面。

◆ 一些教材编写仍然采用学科体系。职业教育教材经过近20年的改革，一些教材依然是在普通教育学科体系教材基础上进行删减、修补，如增加了一点实训案例，变章节为项目、任务等。改来改去，本质上还是没有脱离学科体系，更多的只是换了一种说法而已。由于有些职业院校教师没有深入生产一线进行系统、深度的调查研究，缺乏对完成职业岗位工作所需的职业能力、技能和知识的科学分析和具体认知，编写出来的职业教育教材容易出现体系不明、内容交叉或重复、脱离职业岗位实际需求、针对性不强等问题。职业教育改革一直强调基于职业岗位、工作模块对应设计教材，教材内容一定要来源于企业工作岗位，但改革成效没有达到预期目标。

◆ 部分教材内容比较陈旧，不能满足行业企业转型升级和新技术发展的需要。传统教材的编写往往周期较长，各个出版社又难以做到及时更新教材，行业企业转型升级、技术发展需要的新知识、新技术、新内容、新工艺、新材料、新标准等不能及时地在教材中体现出来，教材内容落后于行业企业需求，培养的技术技能人才含金量也达不到职业要求。

◆ 教材内容缺乏立德树人的育人功能以及对学生创新精神和创业能力的培养。教材开发编写往往脱离行业企业需求，对行业企业调研又仅仅局限于职业技术层面，没有系统了解企业对高素质技术技能人才的职业能力各个要素的要求等情况，导致教材内容主要以技术技能知识的实践应用为主体组织编写，把职业教育中的教育功能忽视了，将立德树人、育人教育、创新教育、创业素质培养等方面也忽视了，这是目前大多数职业教育教材存在的严重缺陷和不足。

◆ 教材的内容脱离了行业企业及职业岗位的实际需求，这是没有脱离学科体系和教材内容陈旧所引起的连锁反应。教材理论性过强，实践性较差，这个问题长期、普遍存在于已经出版的部分职业教育教材中。

◆ 教材对学生缺少吸引力，不适合自学。部分职业院校教师在编写教材时追求严谨的学术技术逻辑，不考虑职业院校学生逻辑思维能力和学科体系知识基础相对薄弱的问题；不是从学生学的角度入手、按照学习逻辑设计教材结构和内容，而是按照教师"教"的逻辑、教师习以为常的学科体系逻辑设计课程结构和内容，也没有结合行动导向教学方法从实践角度入手，以"做中学"为主线组织编写教材。因此，这些教材都不太适合职业院校学生自主学习，对学生没有吸引力。从教师的角度上来看，不管教材怎么编写，基本上自己都能够看明白；但从学生学习的角度上来看，很多内容总是看不明白。所以职业教育教材一定要站在适合学生基础和学生自主学习的角度来进行组织编写。

(2) 职业教育教材管理控制体系未建立，严重影响教材质量水平

从职业教育教材质量角度看，上述缺陷和不足，直接原因是编写教材的教师水平问题；而职业教育教材统一规划、开发、出版使用等管理体系、制度、标准等尚没有建立起来，导致教材质量问题一直没有得到根治。

◆ 在 2019 年 12 月 16 日教育部发布《职业院校教材管理办法》之前，职业教育教材基本没有统一质量标准，没有统一规划，只是通过大量申报国家规划教材的方式提升教材质量水平。国家规划教材评选的标准也是相对比较宏观，专家们的评审标准、指标等保密不公布。这样，教师开发编写职业教育教材就缺乏一致标准，导致教材质量参差不齐，低水平重复现象时有发生。

◆ 职业教育离不开企业的系统参与。校企合作工作本身存在很多政策性、法规性和利益性等方面的问题，使校企合作工作成效并不显著。在这种情况下，校企"双元"合作开发教材机制也难以有效实施。在合作编写教材过程中，企业没有集中优势力量认真、系统参与，学校教师由于职业能力所限，不能与企业参编人员处理好合作关系，最终导致合作编写的教材质量不尽人意。

◆ 各职业院校对教材规划、编写申报、出版和选用等工作重视程度也不同，开发教材的力量、水平和积极性也差异很大。没有对教材编写质量、需求分析等进行管控，也是教材质量不高的原因之一。

2.1.3 《职业院校教材管理办法》提出新要求

《职业院校教材管理办法》包括总则、管理职责、教材规划、教材编写、教材审核、出版与发行、选用与使用、服务与保障、评价与监督、附则等10章内容，是一个比较完整、系统、严谨和规范的管理制度。针对教师开发编写新型教材工作而言，管理办法中主要规定了以下几项新要求，应高度重视并落实到具体教材开发工作中。

（1）编写教材选题应符合规定要求

规定了国家教育行政部门、省市教育行政部门、职业院校在职业教育教材规划、组织编写指导、审核、评价和选用等方面的工作职责和要求。简单来说，职业教育教材不是以往的由主编和出版社来管控，而是归属各级教育行政部门进行统一规划、审核、评价等。

国家教育行政部门负责公共基础课中必修课程教材、专业核心课程教材规划、审核、评价工作；省市教育行政部门负责公共基础课中具有地方特色的课程教材、专业核心课程以外的专业课程教材规划、审核、评价工作。

各职业院校负责除了国家、省市规划以外的、具备地方特色课程教材的规划、审核、评价等工作。学校党委对学校编写、审核和选用教材工作负总体责任。

（2）对国家规划教材的编写团队成员的新规定

对主编所在职业院校的类别（示范性、高水平、国家重点等）提出了要求，不够资格的学校不能牵头编写国家规划教材。

对主编、参编人员的思想道德、专业能力、职称等资格条件提出了具体要求。这一点与以往的做法是不一样的。

对教材编写团队人员结构提出了明确要求，至少应包括相关学科专业领域专家、教学科研人员、一线教师、行业企业技术人员和能工巧匠等5个方面的人员。学校党委对每一位参编人员的政治资格、参编资格和实际参编工作质量进行总体审核与把关，确保参编人员能力水平和实际编写工作质量。

（3）对所有职业教育新型教材内容提出新要求

第十二条对职业教育教材内容提出了5项、26个具体要求。这26个具体要求是对职业教育新型教材的通用、底线要求，是必须达到的基本标准。教师在具体开发编写新型教材时，在内容策划方面还要根据专业群、专业课程体系、课程标准和企业岗位工作模块等具体情况，进行完善、调整和补充。

（4）遵纪守法与学术规范

对职业院校教材选用提出了新要求，优先选用国家和省市级规划教材，优先选用新出版的教材。

各省市教育行政部门建立教材管理机构，负责教材规划、审核、选用和监督等工作，不准选用非法、未审核、盗版盗印等各种违规、违法的教材。

另外，2021年6月1日《中华人民共和国著作权法》修订版正式生效，对出版作品的版权保护做出了新规定。编写教材过程中的抄袭、盗版问题，今后将按照违法行为进行严肃处理，这一点务必引起教师、学校、出版社等相关人员和单位的高度重视。

2.1.4 职业教育教材改革之目的与意义

职业教育教材存在的问题严重影响了职业教育转型升级、"三教"改革工作有序推进，也对教育教学质量、人才培养质量产生直接影响。为了彻底解决职业教育教材管理工作和教材质量存在的各种问题，2019年12月16日教育部发布了《职业院校教材管理办法》，同时要求各省市教育行政部门、职业院校根据职责制定具体措施、制度。

系统、科学地编写职业教育教材不仅仅是落实国务院《职业教育改革实施方案》和教育部《职业院校教材管理办法》《职业教育提质培优行动计划（2020—2023年）》等文件要求，还有更重要的作用和意义，可从以下6个方面得到体现。

◆ 满足职业教育转型升级对教材提出的新要求。职业教育类型特征和转型升级要求，对新型教材提出了新要求，如技术技能和能力训练、工作过程训练、创新训练、职业道德、职业素养培养，行业企业新知识、新技术、新标准等及时纳入教材中，等等。

◆ 系统性彻底解决目前职业教育教材存在的主要问题。目前职业教育教材存在的缺陷、问题还比较多，部分问题之间存在连锁反应，特别是本模块2.1.2中提到的普遍性问题，必须彻底解决。

◆ 解决教材的单一性问题，实现信息化教材融媒体资源体系。我们所编写的新型活页式、工作手册式、融媒体教材不仅仅是一本书，而且必须包括相关的一系列信息化教学资源，它更是一个体系、一个系统，这跟以前的教材完全不一样。这一点在《职业院校教材管理办法》第二条就做了规定。

◆ 促使教材的功能转变与升级。职业教育转型升级，教材相应地也要进行功能转变和功能升级。原来教材的功能相对比较单一，而新型教材要具备多功能、多用途的特点，以此来促进学生的学习兴趣，使学生自主学习能力得到提升。如果教材编写得好，学生越看越爱学，主动学习就会变成常态，自学能力就会得到提升。

◆ 提高教材系统质量，满足多元化学习需求。伴随国家"一带一路"倡议实施及其相关工程建设递增，学校和毕业生都要逐步走向国际化，人才培养标准与质量、培养模式、教材、教师和教法等都需要与国际职业教育接轨。另外，从 2019 年高职扩招以来生源多元化，要求我们不仅要考虑人才培养模式的多元化，也要考虑培养方案、学习方法、评价考核、教材编写等与生源多元化相匹配。所以，新型教材在内容、结构、呈现方式和促进自学等方面，也必须满足多元化需求，这是职业教育教材深度、系统改革的一种必然趋势。

◆ 提高职业教育教学质量和教学水平。通过对职业教育教材进行系统性、革命性的改革创新，提高教材对学生的吸引力，使学生自学能力、创新能力得到持续提升，并在其他改革措施配套实施下，实现职业教育教学质量、人才培养质量的快速提升。

2.1.5　提升职业教育新型教材的适应性水平

国家第十四个五年规划提出加快构建国内国际双循环相互促进新发展格局。职业教育应提升适应性，在新发展格局中找准定位，明确发展目标和发展路径、实施措施。那么，职业教育应该在哪些方面提升适应性呢？中国职业教育学会会长鲁昕教授在专题报告中提出了"适应强国建设国家目标""适应壮大技能人才队伍""适应终身职业技能培训"等 100 个方面的适应要求和 30 个提升适应性的基本方法。所以，在职业教育新型策划中，要根据不同专业群、专业和课程服务的行业企业类别，提升新型教材的适应性水平，要看准方向、路径，不能盲目设计。

（1）对新型教材共同的适应性要求

◆ 适应技术技能提升行动。随着行业企业转型升级工程的不断推进和产业技术进步、经济稳健发展，企业员工的技术技能要求标准也越来越高，一些传统、过时的技术技能被不断淘汰，新的技术技能需求越来越多。这对职业教育专业设置、新型教材内容选用提出了更高的要求，原有普通教育学科体系框架内修修补补的职业教育教材，已经远远不能适应行业企业技术技能提升行动对新型教材提出的挑战。

◆ 适应全民数字技能提升。随着信息技术的发展和推广应用，各个领域都在不同程度地应用信息化、数字技术。职业教育新型教材建设也必须考虑全民数字技术技能应用的现实，建立健全数字化融媒体配套资源库，开发设计配套的相应层级的数字教材，以满足不同类型学习者的移动学习、泛在学习、线上线下混合学习的需求。

◆ 适应国内国际双向循环。2020 年 10 月 29 日通过的《中共中央关于制定国民经济和社会发展第十四个五年规划和二〇三五年远景目标的建议》中提出：构建"畅通国内大循环""促进国内国际双循环"新发展格局。也就是说，2021 年至 2035 年这 15 年内的国家经济发展，要坚持供给侧结构性改革的战略方向，提升供给体系对国内需求的适配性，打通经济循环堵点，提升产业链、供应链的完整性，使国内市场成为最终需求的主要来源，形成需求牵引供给、供给创造需求的更高水平的动态平衡。在今后15年的新发展格局中，职业教育改革、新型教材改革都属于供给侧改革范畴。在改革中，如何提升供给侧与需求侧之间的适配性，如何打通循环不畅的堵点，需要教师们认真分析、研究。特别是在新型教材策划设计过程中，要明确教材需求侧是谁？需求侧对新型教材的要求和期望是什么？在供需循环过程中的堵点有哪些？只有将这些问题搞清楚，分析产生问题的原因，才能制定有效措施予以解决，而不是盲目地进行职业教育改革、新型教材改革。

◆ 适应品质品牌强国建设。强国需要品质和品牌，职业教育在强校、强专业、强课程方面也需要品质和品牌。品质是品牌的支撑点和内涵，品质是内在固有的，品牌是外在的呈现，两者缺一不可。在新型教材领域，国家规划教材、国家优秀教材是品牌，但新型教材需要有高品质的内容、结构和适应性、先进性等才能支撑品牌的存在。因此，提升新型教材品质水平是基础，是首要任务。如果新型教材内在品质不过关，不能满足需求侧对新型教材品质之需求与期望，即使偶然被评为国家规划教材，获得优秀教材奖等，也很快会被需求侧所淘汰，这也是以往部分品牌教材不受欢迎的主要原因。

◆ 适应"一带一路"高质发展。"一带一路"倡议已经有很多国家积极响应，并采取行动跟进，这也是今后国内国际双循环新发展格局中的重要组成部分。在职业教育新型教材策划过程中，适应"一带一路"发展的新型教材开发，对职业院校而言是一项新的严峻挑战。目前，在这方面成功的经验不多或者没有。不同国家的职业教育特点以及学生（学员）作为需求侧对其要求和期望也有较大差异，学生（学员）的学习基础、学习方法和习惯、学习动机和目标等都有很大差异。因此，不能将国内成功的做法、经验直接照搬到"一带一路"沿线的各个国家，更不是将国内的新型教材进行语言翻译后就直接拿到"一带一路"沿线国家使用，而是需要重新进行系统调研，根据各个国家的不同情况构建课程体系、课程标准，并着手新型教材开发编写工作。

（2）提升新型教材适应性的基本方法

◆ 提高政治站位，坚持立德树人，贯彻新的理念。职业教育新型教材建设应该与课程建设同步进行，没有进行课程建设并制定课程标准，新型教材建设就缺乏依据、难以做好。新型教材开发中，应将立德树人作为根本任务纳入教材内容中，与思政课程保持同向同行，这一点容易被忽视。思政课程每年都会根据国家政治、经济、法制等方面建设情况进行持续改进与完善，保持相应高度的政治站位。所以，要提高新型教材的政治站位，必须与思政课程保持同向同行，否则就会偏离方向或落后于思政课程的步伐和节点，难以实现政治站位的应有高度。

为此，建议所有专业教师都应该学习思政课程和职业教育新理念，学校每学期都应该定期组织教师深度学习、理解思政课程和新理念，把握好新型教材与课程思政建设方向，实现同向同行，将职业教育新理念、新思想融合到新型教材中。

◆ 坚定职教类型，推进"三教"改革，系统培养人才。职业教育作为一种与普通教育不同的教育类型，不能还在普通教育框架、模式内进行改革，必须跳出这个框架的束缚，站在职业岗位角度，重新建设职业教育的专业群、专业、课程和教材。"三教"改革必须同步进行，将教材改革和教法改革作为教师改革实践训练的战场，进行实战训练，从职业角度、育人角度、技术角度、技能角度和能力角度进行系统策划，培养人才，系统性提升职业院校的人才培养综合能力和人才培养水平。

◆ 紧跟科技进步，对标未来技术，构建未来技能。职业教育不同于普通教育，伴随着行业企业转型升级和新技术、新理论、新规范、新工艺等的不断更新换代，职业教育课程、新型教材建设也必须不断更新换代。从当前跟在行业企业后边跑，通过加快步伐学习和掌握、应用新技术、新规范，按照"跟跑 → 并跑 → 领跑"路径稳健发展，办成真正满足国家新发展格局、满足人民群众对教育需求的职业教育。所以，在策划设计新型教材过程中，不仅要考虑职业岗位现在需求的知识、技能和能力要求，还要根据情况，在紧跟科技进步基础上对标未来的技术技能需求，进行引领性、必要的超前性教育。这不仅是国家新发展格局对职业教育提出的适应性要求，更是职业院校学生对个人未来职业发展的期望。

◆ 重塑知识结构，积累技术技能，立足终身学习。职业教育新型教材改革的重点之一是彻底改变原来学科体系教材以理论知识为主导的状况，基于职业岗位工作和职业能力要求，按照"必需、够用、适度"原则选取理论知识点。因此，必须重新塑造新型教材的知识结构、技能结构和职业道德、职业素养结构。通过建立学习成果体系，实现完全学分制系统，建立专业层面和学生层面技术技能积累体系和平台，提升学生实现学习成果的成就感、学习兴趣和自主学习能力，逐步培养终身学习能力和职业持续发展能力。

◆ 改造课程体系，开好公共基础课程，上好核心课程。原来的职业教育专业设置、专业教学标准中的课程体系设置，基本上是在普通高等教育学科体系框架内的压缩与微调，没有完全基于职业教育类型特征和专业建设逻辑起点进行设计构建。2021年3月12日教育部发布了《职业教育专业目录（2021年）》，为职业教育专业建设改革提供了新框架，为重构专业课程体系、开发和更新课程教材、深入推进"三教"改革提供了指导和依据。公共课程是基础，它为专业核心课程奠定思想意识基础、职业道德基础和专业技术技能基础。但是公共课程的基础作用有时被教师和学生忽略了，认为学了没有用，因此把精力、时间和物力大多用在了专业核心课程上，最终导致基础不牢固、专业核心课程难以学好的局面。这种情况目前还没有引起职业院校足够重视，因而在新型教材系统策划过程中，务必注意。

2.2 学习借鉴德国活页式、工作手册式教材的有益经验

如前所述，在德国、美国、澳大利亚等职业教育发达国家，很少出版发行专业课程教材，即使部分出版社集中优秀专家、教师编写出版了部分职业教育、职业培训教材，也不是所有职业院校和培训机构必须选用。笔者以前看过几本美国汽车维修类专业的固定封装教材，也看过德国机械、电气类专业的活页式教材，发现其各有特点和优势，其共同优点是：

◆ 通过内容结构设计将行动导向教学方法与学习内容进行融合，强化对学生实践能力、知识应用能力的培养，而不是死记硬背知识点和公式。

◆ 将涉及行业企业工作和实践训练的安全、环保、卫生、标准、社会责任等内容，作为教材主要内容之一。培养学生的职业道德、社会责任和企业工作能力。

◆ 在排版方面，注重彩色图案内涵质量，图、表、文字配合得当，作用明确，表现力好。

◆ 印刷质量好。

德国以及以德语为官方语言的奥地利、瑞士等国家，在职业教育及相应教材编写等方面有很多相同、相似之处，也各有自己的特长和适用性特点。同时，德国职业教育模式在中国推广应用多年，取得了较好成效。因此，这里重点介绍德国在职业教育教材编写、教学安排等方面的做法，供参考学习和借鉴。

2.2.1 德国职业教育课程体系与结构

2.2.1.1 德国职业教育和工程教育课程体系构成及特点

（1）德国职业学校学习领域课程子体系

1998～2007年期间，德国各州职业学校逐步完成了由原来在学科体系框架内构建职业教育课程体系向以职业工作领域为主导构建学习领域课程体系的转变。根据我们2007年9月～10月在德国学习职业教育期间的了解，有6～7个州基本接受学习领域课程体系的理论和方法，并完成了课程体系重构和教学实施试验工作。有些州的专科学校并不接受学习领域课程体系，认为学习领域课程体系适合职业培训和职业学校，不适合专科学校，因为学习领域课程体系结构破坏了学科体系中的知识结构与逻辑，不能使学生建立起完整、系统的理论知识体系，不利于学生今后的

技术创新和职业发展，人才培养成效如何有待于进一步观察。

总体而言，德国职业教育课程体系由通识课程子体系、学习领域课程子体系、企业实践课程子体系三部分交叉、交替融合构成。三个子体系的课程基本上从第一学期到第七学期的每个学期内都是交替实施教学，真正实现工学交替、理论与实践相结合[2]。

◆ 职业学校学习领域课程子体系。各职业学校依据专业框架教学计划构建专业学习领域课程子体系，通常1个专业有10～15门学习领域课程，总学时为900～1300学时，安排在3.5年内完成。以图林根州2001年制定的机电一体化专业为例，该专业设计了机电一体化系统功能关系分析、机械电子系统制作等13门学习领域课程，共计1020学时。其中，第一年学习5门课程（320学时），第二年学习3门课程（280学时），第三年学习3门课程（280学时），第四年（半年）学习2门课程（140学时）。

◆ 职业学校通识课程子体系。职业学校安排40～52周通识课程的学习，学习课程包括德语、外语、数学、计算机科学、自然科学、技术、社会科学、音乐、宗教、伦理、体育等，总课时为600～900课时。这些通识课程分布在第一学期到第七学期，而不是集中在前面几个学期。

◆ 企业或职业培训中心的实践课程子体系。各企业、职业培训中心依据职业培训条例和学生所属企业岗位要求，设计构建基于岗位工作的实践教学课程子体系，主要包括专业技能与实训、顶岗实习、社会项目设计与实施、岗前适应性训练四部分。专业技能与实训部分通常由25～30门课程组成，顶岗实习通常包括10～15个岗位，社会项目设计与实施包括来源于社会、企业的3～5个真实项目，6周的岗前适应性训练完全按照每个学生的就业岗位需求进行。通常，在职业培训中心进行实践学习时间约118～128周，总课时约4720～5120课时，在3.5年内基本均匀安排课程，与在职业学校内的教学形成以周为单位的工学交替。

◆ 学习领域课程体系改进完善。2008年和2011年德国政府对《职业学校职业专业教育框架教学计划编制指南》进行了两次修改补充，增加了对职业教育在社会、经济和技术领域的新要求。据此，图林根等州修改制定了新版本的专业职业培训条例和专业框架教学计划，巴伐利亚等州还是采用原先的专业职业培训条例和专业框架教学计划。以图林根州2010年版本的机电一体化专业为例，该专业学习领域课程分为交叉学科的学习领域课程、基于学科的学习领域课程两大类，共2680学时，19门课程。以机电一体化技术为核心，扩展至计算机技术、信息技术、测量技术和数学、物理、工程力学等应用性基础学科知识。实验实践教学为720学时，占必修课程总课时的26.7%[3]。

（2）德国应用科学大学课程体系结构

中国高等职业教育既应该学习德国职业学校重视实践教学，也应学习德国应用科学大学重视理论学习与技术应用创新相结合的教学经验，只有两者结合才是高等职业教育高水平办学的特征。德国应用科学大学属于高等工程教育类型，重点培养各行业企业工程师，颁发工程学士、科学学士和工程硕士、科学硕士学位。学制为6、7、8学期三种，毕业学分分别是180分、210分、240分，每个学期完成30学分学习课程，通常每门课程4~6学分。在7、8学期学制中，有2个学期到企业分别进行学习性顶岗实习、研究性顶岗实习。不同学校、不同专业根据职业成长和学习规律，安排在第二至第六学期中的某一个学期到企业进行学习性顶岗实习；研究性顶岗实习安排在最后一个学期。在实习过程中，研究解决企业实际工程技术问题，总结研究创新成果，并完成毕业设计报告，通过毕业答辩。表2-1和表2-2分别是德国威廉港应用科学大学船舶管理与运输、西萨克森茨维考应用科学大学机械工程专业的课程体系。

表2-1　德国威廉港应用科学大学船舶管理与运输专业课程体系

学期	学分	课程名称
1	30	航海基础,经典导航1,公共运输法1,英语,数学1,物理
2	30	第一次实习
3	30	气象,监控系统,船舶理论,信息技术,数学2——统计,商业研究
4	30	导航技术1及模拟训练,安全与模拟训练,人力资源,海事英语,商业私法,医院医疗实习
5	30	经典导航2,导航技术2,货运技术,危险货物,文件配置模拟1,海商法
6	30	操纵与模拟训练,训练之旅,应急管理,公共运输法2,文件配置模拟2,通信技术
7	30	第二次实习
8	30	船舶管理,模拟训练,货物装卸,文件配置模拟3,学士学位设计
合计	240	34门课程＋毕业设计＋2学期实习

表2-2　德国西萨克森茨维考应用科学大学机械工程专业课程体系

学期	学分	课程名称/学分
1	30	制造技术基础/6,电气工程·电子/4,技术力学·静力学/4,CADⅠ设计理论/6,数学基础/6,实验物理/4
2	30	材料技术基础/6,制造工程·基础实习/4,技术力学·强度理论/6,CADⅡ设计理论/4,工程数学/6,机械零件Ⅰ/4
3	30	自动化基础/4,工商管理/4,技术力学·运动学之动力学/4,测量技术基础/4,机械零件Ⅱ/4,计算机应用科学/6,技术英语/4
4	30	机械设计选修课/4,流体力学与热力学/4,表面结构的CAD参数设计/4,液压系统Ⅰ/4,机械开发与设计Ⅰ/6,几何计量学/4,液压驱动元件/4

续表

学期	学分	课程名称/学分
5	30	摩擦学Ⅰ/4,机械开发与设计Ⅱ/4,机械力学•FEM基础/4,计算机辅助设计/4,齿轮技术•运动学基础/4,电动与液压驱动/4,选修课程/6
6	30	企业学习性顶岗实习
7	30	国际交流或在校选修:液压系统Ⅱ/6,注册工程师/4,机械开发与设计Ⅲ/6,计算机辅助产品开发Ⅰ/4,结构优化•可靠性/4,材料检测•表征参数/6
8	30	企业研究性顶岗实习,并完成毕业设计项目和设计报告
合计	240	39门课程+毕业设计+2学期实习

我们研究了德国不莱梅应用科学大学、德国西萨克森茨维考应用科学大学、德国威廉港应用科学大学、德国弗伦斯堡应用科学大学等机械工程、电气自动化、船舶工程类专业课程体系,其共同特点是没有通识课程和思政课程。

2.2.1.2 德国职业教育基于岗位需求的排课方法

学校排课是一门技术,需要充分考虑各门课程之间的逻辑关系。为此,排课分为按学期的宏观排课、按周次的中观排课、按天的微观排课三个层次。德国职业院校依据相关排课理论、原则和方法,在宏观、中观、微观三个排课层次方面都做得比较好,对提高教育教学质量起到了至关重要的作用。

(1) 按需排课三大理论依据

◆ 遗忘曲线原理应用。遗忘曲线是德国心理学家 H. Ebbinghaus 研究发现的人类大脑对新事物接受与遗忘的规律曲线,该研究成果表明,假设刚学会的知识记住率为100%,经过20分钟后能记住58.2%,1小时后能记住44.2%,9小时后能记住35.8%,1天后能记住33.7%,2天后能记住27.8%,6天后能记住25.4%。这是进行大量试验后统计的规律,也符合大脑记忆的生理学原理[4]。在微观、中观排课中,可应用遗忘曲线原理,合理安排1门课程或2~3门课程之间的密切相关、具有一定逻辑关系的知识点的学习间隔时间(按照小时进行考虑),避免在基本遗忘后再接续学习知识点,增加很多复习时间,影响学习成效。

◆ 学习金字塔理论应用。学习金字塔理论是美国缅因州国家训练实验室的研究成果。其对采用不同学习方式学习两周之后平均能记住的知识量进行了统计分析,其试验结果与人体大脑、感官的工作机理有密切关系。事实证明,学习金字塔学习理论有助于教师采用相应科学的教学方法,提高学生学习成效。学习金字塔原理告诉我们:以"听课"方式学习2周后可记住5%,以"阅读"方式学习可记住10%,以"声音、图片"方式学习可记住20%,以"示范"方式学习可记住30%,以"研讨互动"方式学习可记住50%,以"做中学"或"实际演练"方式学习可记住75%,以

"教授别人学习"方式进行学习可记住高达90%[5]。前四种学习方式属于被动学习，记住率比较低；后三种是主动学习方式，记住率明显提高。因此，在每周内、每天内的微观排课方面，应利用学习金字塔原理安排好每个学时的学习内容和教学方式。

◆ 人体生物钟原理应用。每个人都有自己的生理时钟，每个人具体、细致的体力、智力、情绪等变化曲线是不一样的。但是，大自然中各种能量的变化和影响力会对人们产生有规律的影响。通常情况下，一般人上午记忆力、精神状态等明显好于下午，中午13点至14点左右处于低潮阶段，反应迟缓，精力不旺。韩国、德国的很多企业利用人体生物钟原理安排上午5小时、下午3小时工作时间。德国的多数职业学校、应用科学大学上午安排6节课，下午安排3~4节课，个别学校一天安排8节课，以提高学习效率和学习质量。

（2）按需排课的三大原则

在宏观排课工作中，每个学期安排的课程通常在专业人才培养方案、课程体系中已经确定好了，原则上按照预定方案安排即可。国内职业院校、高校通常在每个学期内进行中观排课，每周的排课基本一样，排好一个周的课程后，其余周原则上复制即可。如果因为教师、教室或其他原因产生冲突，则个别课程插空安排。为此，现在很多职业院校、高校采用排课软件进行中观排课，对于公共基础课、特殊课程优先安排，专业课程后续安排。计算机软件虽然能够做到在时间、教师、教室、学生班级等关键要素方面不产生冲突，但是这种中观排课方法是基于各门课程相互独立、互不相干的前提下进行的，基本上不考虑一个专业在一个学期内各门课程之间的相互关联、逻辑关系，没有考虑职业教育类型特征、模块化课程、学习成果等对课时分配、先后顺序、知识点关联等的需求。德国职业院校在中观、微观排课方面，则根据遗忘曲线、学习金字塔原理、人体生物钟原理，结合各门具体课程、各主要知识点、模块学习成果等之间的逻辑关系，按照如下三个基本原则进行人工排课[6]。

◆ 课程内容需求原则。根据每门课程中的知识点、技能点之间存在的串行、并行、包含、递进等不同逻辑关系，以及相应学习模块、项目、单元所包含内容量，确保每个相对完整的知识点、技能点能够安排在一个教学时间单元内完成。通过教师讲授、学生探讨互动、知识应用训练、实践训练等教学方法，使学生在每一个教学时间单元内都能集中时间、精力，连续、深入地研究学习，高效率高质量实现学习目标。如电子电路设计课程中，三极管单级放大器设计需要6课时学习与试验，则在1~2天内连续安排6个课时集中完成。

◆ 课程间关联需求原则。对于模块课程而言，很多课程之间在知识链、技能链、理论应用等方面存在串行、包含、递进等逻辑关系，在排课中充分考虑好这种关系，避免将存在串行、包含、递进关系的两个知识链、技能链的排课时间安排颠倒，或者时间间隔超过2天，导致遗忘率过高，以有效实现后续知识链、技能链的学习训练。如高等数学中的三重定积分知识，后续课程电磁场中需要应用三重积分知识计算某一点的磁感应强度，则高等数学中的三重定积分讲课应该安排在电磁场学习单元的前0.5~2天内，使数学知识在电磁场中及时得到应用、强化，这样安排既强化、拓展了数学知识的应用，使学生知道学习内容有用，提高学习高等数学的积极性，又减小了电磁场课程学习难度。

◆ 资源效益最大化原则。多数职业院校的学生、教师都是每天8~9节课，每节课45分钟，在学校完成包括实践内容的学习任务。对复杂的设计项目、综合性大作业，则做提前安排，学生利用课后时间自学完成，充分提高教室、实验设备、实践训练设施的利用率。通常每周内每位教师只集中讲授1门课程，最多讲授2门课程，这种安排不仅使教师能够集中精力做好本课程的教学工作，同时也使学生能够集中精力学好一门课程，不必在同时学习多门课程的过程中分散很多精力，从而易于完成难度大、需要系统思考、创新的学习内容。

(3) 宏观、中观和微观排课案例分析

我们2007年在德国学习职业教育教学方法40多天之后，就一直对德国职业教育、工程教育的相关问题感兴趣。通过网站、网络资料、与相关专家交流学习等，研究、探讨对国内职业教育有借鉴意义的内容。这里介绍部分案例，供相关教师在学习和工作中借鉴。

案例1：博世公司宏观、中观周排课计划

本案例是德国博世公司承担的机电一体化专业学生在企业实践学习教学任务的3.5年按周工学交替排课表。在学生入学前，博世公司培训负责人与相关多所职业学校进行沟通协商，最终确定了学生3.5年每周的课程教学计划安排。这个计划一旦确定，博世公司、相关两个职业学校、和来自4个企业的14名学生就必须按照计划开展教学和学习活动。表2-3~表2-6分别是第一学年、第二学年、第三学年和第四学年52个周的排课表。由于页面尺寸所限，只选择其中19个周的排课予以展示。

第一学年、第二学年主要学习理论实践一体化课程，以实践为主导、以做中学为主线组织教学。表中标黑色的周是到学校进行通识课、学习领域课程学习。具体学习内容、学习计划安排由各个相关职业院校负责。在博世公司第一学年完成10门理论实践一体化课程、4门实习课程、1门社会项目设计实践课程的学习。除了6周假期外，实际在企业实践学习31周，共计1240课时，在职业学校学习通识课程和学习领域课程15周。第二年完成12门理论实践一体化课程、5门项目设计实践课程的学习。除了4周假期外，实际在企业实践学习34周，共计1360课时，在职业学校学习通识课程和学习领域课程14周。

表 2-3 2007 级机电一体化专业第一学年每周教学计划

所属企业	班级	姓名	34	35	36	37	38	39	40	41	42	43	44	45	46	47	48	49	50	51	52
Ehp	MechFos07	A1	假期	假期	线路接线	M150 线路接线		金属学基础	ABG1		假期	焊接技术	电路安装实习		电路安装实习		电路安装实习	金属学基础	金属学基础		圣诞节
Ehp	Mech07	A2																			
Ehp	MechFos07	A3																			
Ehp	MechFos07	A4																			
Ehp	MechFos07	A5																			
Ehp	MechFos07	A6																			
Ehp	MechFos07	A7																			
Ehp	MechFos07	A8																			
Zf	Mech07	A9				M150 线路接线															
MITEC	Mech07	A10																			
MITEC	Mech07	A11																			
OPEL	MechFos07	A12																			
OPEL	Mech07	A13																			
OPEL	MechFos07	A14																			

表 2-4 2007 级机电一体化专业第二学年每周教学计划

所属企业	班级	姓名	34	35	36	37	38	39	40	41	42	43	44	45	46	47	48	49	50	51	52
Ehp	MechFos06	B1	手动操作		可编程控制器 1	手动操作		Oszl交流电	M111		手动操作		液压系统		手动操作		M111	手动操作		BPS 训练	圣诞节
Ehp	MechFos06	B2																			
Ehp	MechFos06	B3																			
Ehp	MechFos06	B4																			
Ehp	MechFos06	B5																			
Ehp	MechFos06	B6																			
Ehp	MechFos06	B7																			
Ehp	MechFos06	B8																			
OPEL	Mech06	B9	手动操作		可编程控制器 1	手动操作		Oszl交流电			手动操作		液压系统		M111						
OPEL	Mech06	B10																			
OPEL	MechFos06	B11																			
ALBD	MechFos06	B12									M111										
ALBD	MechFos06	B13																			
MITEC	Mech06	B14																			

第三学年进行岗位操作训练，根据学生已经掌握的岗位技能水平和企业实际工作岗位要求，每个学生分别在 10~18 个工作岗位上进行为期至少一周的实际操作训练。ALBD 公司的 3 名学生因为公司岗位需求，在 81 号岗位分别训练 12 周。OPEL 和 MITEC 公司的 5 名学生不在博世公司岗位实训，在另外公司进行岗位操作训练。第三学年只有 1 周假期，在企业岗位工作训练 36 周，共计 1440 课时，在职业学校学习通识课程和学习领域课程 15 周。

表 2-5 2007 级机电一体化专业第三学年每周教学计划

所属企业	班级	姓名	36	37	38	39	40	41	42	43	44	45	46	47	48	49	50	51	52	1	2
Ehp	MechFos05	C1	CIP	CIP	CIP	CIP	CIP		CIP	CIP		CIP	9			5		1.2		1.2	1.2
Ehp	MechFos05	C2	CIP	CIP	CIP	CIP	CIP		CIP	CIP		CIP	CIP			6		5		21	21
Ehp	MechFos05	C3	86	82	4	4	4	学校	4	4	学校	4	CIP	学校	MO121	CIP	学校	CIP		CIP	CIP
Ehp	MechFos05	C4	9	12	102	102	11	学校	13	13	学校	33	33	学校		32		32		32	32
Ehp	MechFos05	C5	31	31	31	31	33		33	32		32	32			102		102		11	13
Ehp	MechFos05	C6	6	13	13	13	5		103	103		CIP	CIP			CIP		CIP	圣诞节放假	CIP	CIP
OPEL	Mech05	C7	FRE		CIP																
OPEL	Mech05	C8															学校				
MITEC	Mech05	C9																			
MITEC	Mech05	C10											EM								
MITEC	MechFos05	C11						学校			学校			学校			学校				
ALBD	MechFos05	C12	83	CIP	CIP	81	81	学校	82	82	学校		84	学校		81	81	学校		85	81
ALBD	MechFos05	C13	81	81	83	82	81		86	81		81				85	81	86		81	81
ALBD	Mech05	C14	81	83	81	81	86	CIP	CIP	82	82	81		81	86	84	81	学校		86	85

第四学年实际是半年,也叫做第 3.5 学年。这半年需要在企业实习,完成来源于企业任务的考试项目,以及 6 周的企业岗前训练培训,同时还要按照安排到职业学校学习通识课程和学习领域课程。第四学年只有 1 周假期,岗位工作训练 16 周,共计 640 课时,在职业学校学习 7 周。

表 2-6 2007 级机电一体化专业第 3.5 学年每周教学计划

所属企业	班级	姓名	34	35	36	37	38	39	40	41	42	43	44	45	46	47	48	49	50	51	52
Ehp	MechFos04	D1	企业实习			光电		AP的深入	AP的深入		企业任务	企业任务		考试前准备	考试前准备		考试		工作岗位培训	工作岗位培训	圣诞节
Ehp	MechFos04	D2																			
Ehp	MechFos04	D3																			
Ehp	MechFos04	D4																			
Ehp	MechFos04	D5																			
Ehp	MechFos04	D6																			
Ehp	MechFos04	D7																			
Ehp	MechFos04	D8																			
Ehp	MechFos04	D9																			
Ehp	Mech04a	10					先前学过了														
ALBD	MechFos04	D11																			
OPEL	Mech04a	D12					先前学过了														
OPEL	Mech04a	D13																			
MITEC	MechFos04	D14						M160	M160												
MITEC	Mech04a	D15			光电																
MITEC	Mech04a	D16																			

我们在德国图林根州学习期间，分别到博世、宝马汽车、欧宝汽车、埃尔福特压力机等大型企业考察学习实践教学情况，也去过几所职业学校调查了解通识课、学习领域课程教学情况，发现各职业学校理论教学、企业实践教学计划安排相差不大，博世公司的宏观、中观排课计划有很强的代表性，能够从中获取很多有益的经验、做法。

案例 2：每周每天的微观排课计划

在职业学校每个学期开始前，需要对每周进行微观排课，根据排课三原则和相关理论、课程内容之间的逻辑关系，安排好一个学期中各周的学习内容。表 2-7、表 2-8 分别是德国图林根州 thueringer-stiftung 职业学校 2015 级机电一体化专业第 45 周、46 周的排课表。表中的课程名称是简写，其中，ET 为电气技术，En 为能源技术，Ph 为物理，Inf 为计算机技术，ChW 为化学/材料工程，DK 为德语沟通，Ma 为数学，BAP 为职业与工作教育，SK 为社会研究，BWL 为工商管理。

通过这两个连续周的排课表可以看出，每周的排课不是固定不变的，是根据每门课程内相对完整的学习单元和各门课程之间重要知识点、技能点之逻辑关系进行排课，安排好每天的授课内容。逻辑关系密切的相关课程优先排课，没有逻辑关系或逻辑关系较弱的课程后续补充排课。这种微观排课方式，由于各门课程之间重要知识点、技能点逻辑关系安排合理、科学，能够明显提高学生的学习成效，避免因为大量遗忘先前所学课程重要知识点、技能点而影响后续课程的学习，同时提高了学生学习成就感、学习兴趣，能够有效提升教学质量。

表 2-7　2015 级机电一体化专业第 45 周排课表

时间	11月02日	11月03日	11月04日	11月05日	11月06日
第1节 07:30—08:15	Inf Höfs Haus 216/2113	ET Sonnenberger Haus 216/2104	Ma Kriese Haus 216/1204	ChW Killisch Haus 216/2002	BAP Höfs Haus 216/2104
第2节 08:15—09:00	Inf	ET	Ma	ChW	BAP
第3节 09:20—10:05	Inf	Ph	Ma	DK	ChW
第4节 10:05—10:50	Inf	Ph	Ma	DK	ChW
第5节 11:05—11:50	En	Inf	Inf	Ma	En

续表

时间	11月02日	11月03日	11月04日	11月05日	11月06日
第6节 11:50—12:35	En	Inf	Inf	Ma	En
第7节 13:10—13:55	DK	Inf	Inf	Ma	
第8节 13:55—14:40	DK	Inf	Inf	Ma	

表2-8 2015级机电一体化专业第46周排课表

时间	11月09日	11月10日	11月11日	11月12日	11月13日
第1节 07:30—08:15	Ph Messing Haus 216/2104	BAP Höfs Haus 216/2104	Inf Höppler Haus 216/2113	En Van Buskirk Haus 216/2104	SK Schmid Haus 216/2104
第2节 08:15—09:00	Ph	BAP	Inf	En	SK
第3节 09:20—10:05	ChW	Inf	Inf	En	DK
第4节 10:05—10:50	ChW	Inf	Inf	En	DK
第5节 11:05—11:50	Inf	Ma	BWL	Inf	ET
第6节 11:50—12:35	Inf	Ma	BWL	Inf	ET
第7节 13:10—13:55	DK	Ma	Ma	ET	
第8节 13:55—14:40	DK	Ma	Ma	ET	

这个案例提示我们，作为一名合格的专业带头人，必须对专业课程体系中全部课程的重要知识点、技能点、能力点都比较清楚，并做出课程体系中所有课程之间的逻辑关系图和知识点逻辑关系图；作为一名合格的课程负责人，应该熟悉课程内所有知识点、技能点、能力点及其逻辑关系，还要清楚本课程与其他相关课程的知识点、技能点、能力点之间的逻辑关系。在此基础上，才能做出合格的宏观、中观、微观排课计划。

开发编写新型教材不是鼓励性工作。只有在对专业群和专业课程体系重构完成，确定好每门课程标准之后，才能正确掌握各门课程之间及各个主要知识点、技能和能力点之间的逻辑关系，这是开发编写一套教材的基础，这个基础工作不做好，就不可能开发编写出合格的新型教材。

2.2.1.3 德国应用科学大学注重学习成果的含金量

德国应用科学大学普遍重视实践教学和含有创新训练内容的课程学习成果、课程群学习成果、企业研究性实习成果、专业学习成果（毕业设计项目）的完成质量。学习成果体现的知识、技能和能力标准比较高，训练载体源于企业实际产品项目，学生按照企业标准规范和经济性、工作效率、质量指标等要求进行规范设计、施工或制造、加工。学习成果含金量体现在以下几个方面。

(1) 严格遵守相关法规和学术规范要求

◆ 一个专业的35～40门专业基础课程和专业课程基本不使用教材，而是采用教师编写的讲义、课件、学习资料、电子书和提供自学的纸质书，以制定的课程标准为依据，以讲义或课件内容为中心进行教学和自主学习；教师提供的课件、讲义及相关学习资料中，对参考文献都进行规范引用。

◆ 学生在完成的作业、学习成果设计报告、实训报告等训练中，要求严格按照规范、标准使用定理、术语、公式和数据；对从正规资料中引用的信息，按照规定进行标注，非正规来源的公式、术语等重要信息不准使用；不能从网络上随意引用未被证明是正确的信息，更不允许抄袭、盗用。

◆ 教师如果发现学生违背学术规范，则当面进行质疑和批评，绝不允许第二次违纪。

(2) 设计不同等级学习成果，渐进式培养学生研究创新能力

设计有课程学习成果、课程群学习成果和专业学习成果，其技术难度、涉及的知识、技能和能力水平逐渐增加。每种具体学习成果中都设计有3～5个难点，学生需要进行研究、创新设计才能完成，而不是模仿书中的公式、步骤就能完成。

如机械工程专业的机械设计方向，将完成两级齿轮箱设计作为课程学习成果，两名学生分工完成；参照某型号的车床，设计基于车床床体的简易钻铣床，作为课程群学习成果；毕业设计报告为专业学习成果的主体，学生半年时间到企业参加研究性实习，与企业商定研究课题，边研究、边实习、边学习，最终完成企业项目开发和毕业设计报告，研究、开发的项目是企业急需的难题，其成果被企业用来解决相应难题，产生预期效益。

(3) 职业化实践训练，高质量培养学生职业能力

教师在设计每一个具体学习成果时，都基于企业产品设计、制造的实际规范提出三个方面的要求，以此有效培养学生真正的职业能力，实现与企业零距离接轨。这三个要求是：

◆ 按照国家或国际标准进行相关设计。设计的产品中使用的各种零件，优先选用标准零件，并注明标准代号和零件型号规格；按照国家或国际标准选用原材料型号和参数；按照国家标准或教师提供的资料中给出的计算公式进行设计计算。

◆ 教师提供具体学习成果（产品）在企业的年度需求量，要求学生按照生产需求情况，设计确定采取哪种工艺、方法等才能够满足生产效率和质量需求；在采用具体方案、技术方法等方面，要设计三种方案进行优劣比较分析，针对具体需求确定最优方案。

◆ 教师提供常用零件生产厂家网址，要求学生在设计产品过程中，优先选用这些企业正常生产的零件；需要学生自己设计的各种零件、部件，要完全按照国家标准规范、图纸要求等进行设计，相关尺寸、公差、形位公差等按照国家标准要求确定。

2.2.2 德国工程教育教学 PPT 课件与讲义

(1) 工程教育的 PPT 课件

德国应用科学大学属于高等工程教育类院校，各院校根据德国各州、区域行业发展对技术工作岗位的要求，设计专业方向和培养目标，各专业根据专业方向和培养目标设计课程体系和课程标准。这类院校每年都根据行业企业需求和技术发展情况，对专业课程体系和课程标准进行修正。

德国应用科学大学教师授课的 PPT 课件没有统一规范要求，授课教师根据自己的教学习惯、课程内容特征等自行设计。有的课件内容比较丰富，与讲义差不多，如图 2-1 所示；有的以逻辑图、示意图等说明讲授的内容，如图 2-2 所示；有

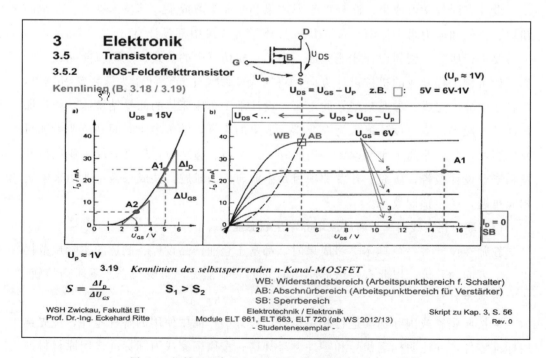

图 2-1 机械工程专业电气电子技术课程的教师 PPT 课件

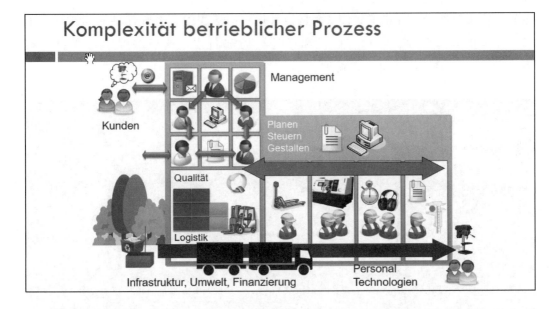

图 2-2 机械工程专业计算机信息课程的教师 PPT 课件

的是手工绘制的草稿拍照后使用。教师在授课过程中，还配合大量的其他辅助教学资源，这些资源大多是以文字、图、表等为主，很少有视频、动画等资源。

(2) 工程教育的讲义与电子书

教师编写的讲义通常不是针对一门课程，而是针对某些主要模块、项目。讲义内容基本上以理论知识为主，辅以知识应用案例。图 2-3 是教师编写的动态行为组

Dämpfung zu diskutieren und zu untersuchen,

- Methoden zur experimentellen Ermittlung von Eigenfrequenz und Dämpfung kennenzulernen und anzuwenden.

2 Grundlagen

2.1 Zusammenhang der Systemkennwerte

Die Eigenfrequenz eines Systems ist nur von den Systemkennwerten (Masse, Dämpfung, Federkonstante), nicht aber von äußeren Einflüssen abhängig. Es ist zwischen der Eigenkreisfrequenz eines ungedämpften Systems sowie der Eigenkreisfrequenz eines gedämpften Systems zu unterscheiden. Außerdem kennt man noch den Begriff der Resonanzkreisfrequenz.

$\omega_0 = \sqrt{\frac{c}{m}}$ Eigenkreisfrequenz des ungedämpften Systems

$\omega = \omega_0\sqrt{1 - D^2}$ Eigenkreisfrequenz des gedämpften Systems
Mit dieser Frequenz klingt ein frei schwingendes System aus.

$\omega_{res} \approx \omega_0\sqrt{1-2D^2}$ Resonanzkreisfrequenz des gedämpften Systems

图 2-3 教师编写的动态行为组态测试的实践项目指导讲义

态测试的实践项目指导讲义；图 2-4 是轻量化结构课程中，教师提供的 588 页电子书《轻量化结构尺寸、结构、材料和设计》局部封皮，这门课程学习资料还有 PPT 课件、相关模块的讲义资料等。

图 2-4　电子书《轻量化结构尺寸、结构、材料和设计》局部封皮

2.2.3　德国职业教育活页式教材

德国职业教育虽然很少使用教材，但最近几年出版的活页式教材逐步得到一些职业学校、培训机构的青睐。通常情况下，一套职业教育活页式教材包含教师用书、理论知识教材、学生实践用书三本，配合使用。下面以铣削课程等为例介绍，供学习借鉴和参考。

（1）铣削课程理论知识教材

内容包括基本信息、铣削过程分析、基础知识、铣床 4 章 18 个单元。铣削过程分析包括"制造过程""分离过程""加工过程""铣削过程"4 个单元；基础知识包括"铣削运动""铣刀形状""刀具磨损""确定加工参数"4 个单元；铣床包括"根据 DIN8589 标准的铣削过程""铣床类别""铣床设置""铣刀""职业安全信息""环境保护/合理使用能源"等 10 个单元。该教材共 63 页，图 2-5 是教材的部分目录。

```
3. Allgemeine Grundlagen ............................................................. 5
    3.1   Bewegungen an der Fräsmaschine ................................. 5
    3.2   Schneidengeometrie ....................................................... 7
    3.3   Werkzeugverschleiß ....................................................... 9
    3.4   Ermitteln von Fertigungsparametern ........................... 11

4. Fräsen ........................................................................................ 18
    4.1   Fräsverfahren nach DIN 8589 ...................................... 18
    4.2   Fräsmaschinenarten ..................................................... 24
    4.3   Fräsmaschinenaufbau .................................................. 27
    4.4   Fräswerkzeuge ............................................................... 30
    4.5   Spannen und Ausrichten der Werkstücke .................. 41
```

图 2-5　铣削理论知识教材目录（节选）

（2）铣削课程学生实践用书

铣削课程学生实践用书设计了多个具体任务，每个任务包括任务/作业内容、提示、工具设备、职业安全、环保模块。例如在任务 1 中，在任务/作业内容模块中安排了"对半成品去毛刺，并测量原始尺寸，检查质量""夹紧工件""去工件毛刺""制作 M10 螺纹""标记工件"等 16 个具体工作内容；工具设备中包括钢规、卡尺表、寻边器等 17 个工具设备；在职业安全中强调"遵守安全生产一般注意事

Übung 1

| Aufgabe/Auftrag: | Arbeitsmittel |

1. Halbzeug entgraten und Rohmaße zur Kontrolle messen
2. Werkstück spannen
3. Walzenstirnfräser 50 N spannen
4. Einstellen der Fertigungsparameter
5. Rücksprache mit dem Ausbilder bezüglich der eingestellten Fertigungsparameter
6. Eine Seite des Werkstückes Stirn-Planfräsen
7. Werkstück entgraten
8. Werkstück umspannen und auf Maß 83 mm Stirn-Planfräsen
9. Werkstück entgraten

▶ Stahlmaßstab
▶ Messschieber Form A
▶ Kantentaster
▶ Aufsteckfräserdorn
▶ Spannzangenfutter und Spannzange
▶ Werkzeugaufnahme und Bohrfutter mit Morsekegel
▶ Walzenstirnfräser Ø50, Typ N, DIN 1880
▶ Zentrierbohrer DIN 333, Form B 3,15mm
▶ Spiralbohrer Ø5,0 mm, Ø8,5 mm und Ø24,75 mm
▶ Maschinenreibale 25 H7
▶ Handgewindebohrer M 10

图 2-6　铣削课程学生实践用书中任务 1 的部分目录

项""只有当机器处于静止状态时,才可取出切屑""夹持刀具时,请戴上防护手套(有刀刃切割的危险)"等,并配有适宜图片对操作进行说明。图 2-6 是铣削课程学生实践用书中工作任务 1 的部分目录,图 2-7 是铣削课程学生实践用书封面。

在机电一体化课程学生实践用书中,设计了基础、数据处理、测试与测量、质量管理、自动化技术等 20 个模块和角度计算、数字系统、模拟信号测量仪器、统计学基础、逻辑链接等 107 个具体知识应用训练任务,以及 12 个模拟训练任务。在手工金属加工课程学生实践用书中,设计了 7 个模块 38 个具体训练任务。

图 2-7　铣削课程学生实践用书封面

(3)教师用书

教师用书的内容不完全一致,有的相当于我们的教案,内容比较简单;有的是对学生实践任务的说明和指导。在手工金属加工课程的教师用书中,针对学生实践用书中的 7 个模块 38 个训练任务,一一对应地进行了说明,阐述了完成任务的解决方案。

图 2-8 是手工材料处理课程的教师用书部分内容。

Zeit (Std.)	Ziele – Inhalte – Ablauf – Hinweise	Medien
0,75 I	**Lehrgangseröffnung**	Flip-Chart
	▶ Begrüßung/Vorstellungsrunde	Besichtigung der Werkstatt
	▶ Zeitplan und Organisation	
	▶ Kennenlernen des Arbeitsplatzes	
0,75	**Lehrgangsinhalte:**	Flip-Chart
	▶ Manuelle Bearbeitungsverfahren	
	▶ Bearbeitungsverfahren an der Bohrmaschine	
	▶ Spannen von Werkstücken und Bohrwerkzeugen	
	▶ Arbeitstechniken bei der manuellen Werkstoffbearbeitung	
	▶ Lesen und Anwenden von technischen Unterlagen	

图 2-8　手工材料处理课程的教师用书部分内容

德国的知识产权保护工作做得好，没有非法抄袭、盗版现象，教材价格很高，其出版的活页式教材一套最低 200 欧元，贵的 900 多欧元，所以大部分学生不买教材，都是学校教师自己编写讲义、教案和辅助学习资料，只要教师教的内容和学生获得的学习成果达到标准规定就可以。

2.3 新型教材的基本特征与定义

2019 年 1 月 24 日国务院发布《国家职业教育改革实施方案》，首次提出"**新型活页式、工作手册式教材**"新概念，2019 年 12 月 16 日，教育部在《职业院校教材管理办法》中继而提出"**活页式、工作手册式新形态教材**"，2020 年 9 月 16 日，教育部等九部门在《职业教育提质培优行动计划（2020—2023 年）》中又提出"科学严谨、深入浅出、图文并茂、形式多样的**活页式、工作手册式、融媒体教材**"，2020 年 10 月 21 日，国家教材委员会在《国家教材委员会关于开展首届全国教材建设奖评选工作的通知》附件 2 中，则提出"鼓励**活页式、工作手册式、数字教材等新型教材**"。随着职业教育转型升级、"三教"改革工作的研究与推进，可能还会提出职业教育教材的新名称、新内涵。在对职业教育类型特征、专业（职业）特征、课程（工作模块）特征达成共识后，职业教育新型教材的名称、内涵也就水到渠成地被确定了。

2.3.1 "新型"的内涵理解及特征要求

2019 年 1 月至 5 月，我们在认真研读《国家职业教育改革实施方案》以及"双高计划"相关省部级文件的基础上，结合我们的"双高计划"申报工作，针对"新型活页式、工作手册式教材"这个新教材类型，围绕以下 4 个基本问题进行了基础性、系统性研究。

- ◆ 这种教材的内涵特征和要求是什么？
- ◆ 为什么要开发使用这种教材？
- ◆ 现有教材有哪些问题需要改革？
- ◆ 我们下一步该如何开发这种教材？

我们知道，如果第一个问题不彻底研究清楚，后边三个问题就难以得出合格的解答，也就不能"照猫画虎""望文生义"地开始编写职业教育的新型教材。要回答第一个问题，首先要搞清楚"新型""活页式""工作手册式"三个基本术语的定义、内涵特征，然后才能研究三者之间的逻辑关系，这些问题清楚了，后边三个问题就容易解决了。

既然"新型活页式、工作手册式教材"是在《国家职业教育改革实施方案》中首次提出来的，那么，研究这种新型教材的内涵就应该首先从《国家职业教育改革实施方案》入手，再从职业教育现实中找答案。在申报国家"双高计划"工作完成之后，我们集中研究后认为，"新型"的内涵包括四个"新内容"要求和两个"新式"要求。

2.3.1.1 "新型"的四个"新内容"要求

（1）新型教材必须具备立德树人功能

《国家职业教育改革实施方案》第 19 条指出：推进职业教育领域"三全育人"综合改革试点工作，使各类课程与思想政治理论课同向同行，努力实现职业技能和职业精神培养高度融合。

这里提出了三个方面新要求：一是"三全育人"，即在职业院校内要求全员、全过程、全面开展育人工作，职业院校、职业教育领域中所有的员工都有育人职责，育人工作不仅仅是教学工作的职责，而是职业院校所有工作的职责；二是各类课程必须具备育人功能，不能偏离思想政治理论课确定的育人方向，要同向同行、协调一致，每门课都要以德树人；三是职业技能的培养要与职业精神培养高度融合在一起，不能孤立地培养职业技能。以前职业教育改革强调技能，对职业道德、职业素养、职业精神、工匠精神的培养相对薄弱，育人成效不理想。

根据以上分析，确定"新型"的第一个"新内容"要求就是：在基于职业岗位开发编写教材，将知识、技能和能力（素质）融合为一体的过程中，必须将职业素养、职业道德、课程思政、立德树人等方面的内容纳入教材中。职业教育新型教材必须具备以德树人的教育功能。

（2）新型教材中必须包括培训学生创新创业能力的内容

《国家职业教育改革实施方案》第 3 条指出：高等职业学校要培养服务区域发展的高素质技术技能人才，重点服务企业特别是中小微企业的技术研发和产品升级，加强社区教育和终身学习服务。这里明确规定，培养的学生首先是为区域发展服务，也就是本地、本区域或者本行业服务，而培养重点是为中小微企业的技术研发和产品升级服务。要实现这一条要求，就要重点、大量培养创新型技术技能人才。

因此，根据这一条要求，"新型"的第二个"新内容"要求就是：将创新创业教育，特别是创新教育作为教材的重要内容之一。通过三年中各门课程的全过程、进阶式训练，使学生的创新思维和创新能力得到提升；将质疑与创新相统一、相结合，将创新教育与职业道德、工匠精神培养相结合，通过实践训练培养学生创业素质和职业素养。

把创新创业教育与实践训练贯穿于所有课程教学中的新模式，与以往把创新创业单独作为一门或两门课程组织教学相比，对于培养学生的创新创业能力而言，前一种做法的效果是显而易见的。因为，创新能力的培养需要理论与实践相结合的长期训练、积累，在失败中找教训、在成功中积累经验，逐步培养学生发现问题、分析问题和解决问题的能力。我们要使学生到中小微企业进行技术研发和产品升级，就必须将创新教育贯穿于所有的课程中，在每一门课程中都要贯穿创新思维、解决难题和创新训练。通过这种长期的实践教学训练，培养学生不怕苦、不怕累、不气馁、不怕失败、克服困难、耐心坚持和不轻易放弃的抗压能力。这点非常重要，在现实当中，开发新产品成功率很低，在研究新的项目、开发新的产品当中经常会面临失败，所以培养创业素质和职业素养很重要，这不仅是为创业服务，更重要的是为创新服务。

(3) 新型教材应以学习成果为导向设计教材结构

《国家职业教育改革实施方案》第6条和第8条分别提出了"启动1+X证书制度试点工作"和"有序开展学历证书和职业技能等级证书所体现的学习成果的认定、积累和转换"两项新要求。这在以前的相关文件没有明确提出来，是两项新要求。

我们系统研究后认为，"新型"的第三个"新内容"要求就是：应该以学习成果为导向设计教材的内容和结构，对模块化课程、模块课程及课程单元的学习成果进行系统设计，遵循"从简单到复杂、从单一到综合"的学习规律和职业成长规律，并对每个学习成果按照教育部的相关要求规定适宜的学分，为今后国家学分银行的开通和全面实施1+X证书融通奠定坚实基础。

2019年下半年首批X证书试点工作启动之时，我们根据相关经验、职业教育现状和前瞻性分析，认为1+X证书制度作为一种职业教育制度，具有其长远战略意义和意图。眼前的试点是因为没有实际经验，需要通过试点完成"摸着石头过河"的试验探索过程。预计经过3年左右试点工作，开发出1000个以上的X证书后，全面推行1+X证书制度工作会成为职业教育新常态。每个专业至少有一个X证书与专业融合，实现培养高素质复合型、创新型技术技能人才的目标。

国家学分银行、国家资历框架标准还没正式实施，现在还在改进、试验和完善过程中，预计2022年左右会在全国推广应用。国家资历框架中每一个等级就是一个完整的学习成果，通过知识、技能、能力进行完整表述和定义，不同等级学习成果的含金量不一样，目前分为1~10个等级。学分银行同样是按照学习成果的含金量等级确定相应学分。所以,以学习成果为导向设计新型教材内容和结构,是为今后国家资历框架标准、学分银行正式实施奠定坚实基础。

(4) 新型教材中应对接工作模块设计模块课程

《国家职业教育改革实施方案》总体要求与目标中指出:由参照普通教育办学模式向企业社会参与、专业特色鲜明的类型教育转变;第九条指出:建设一大批校企"双元"合作开发的国家规划教材,倡导使用新型活页式、工作手册式教材并配套开发信息化资源;第十条是"推动校企全面加强深度合作"。综合研读这些相关要求,我们清晰地认识到:职业教育办学模式不是普通教育基于学科体系的办学模式,而是基于行业企业、职业岗位的办学模式;在基于行业企业、职业岗位的职业教育办学模式中,职业教育课程建设的逻辑起点、逻辑终点都是职业岗位。因此,教材建设的逻辑起点必须是职业岗位。

基于上述分析理解,我们认为"新型"的第四个"新内容"要求就是:职业教育教材应该对应工作模块开发课程模块、编写新型教材。模块课程的逻辑起点是工作模块,逻辑终点也是工作模块。但是,模块课程要"源于企业高于企业""源于工作模块高于工作模块"。

对职业岗位的工作过程各个环节进行系统化完整分析,确定出相对完整的、输入/输出和工作活动明确的多个工作模块;设计完成工作模块中的工作任务需要学习的知识点、技能点、能力点,并按照学习规律、职业成长规律构建模块课程。每一个模块课程一定对应、服务一个工作模块。在开发编写教材过程中,每一个模块课程就是教材中的一个单元(模块、学习领域、项目等),按照职业工作体系,5~7个模块课程构建一门模块化课程,教师分工协作开展模块化课程教学。

2.3.1.2 "新型"的两个"新式"要求

通过调研我们得知,"活页式"教材、"工作手册式"教材都不是新生事物。如前所述,德国活页式、工作手册式教材和教师讲义、指导文件等已经使用多年。在国内,1981年襄汾县教育局组织编写了农民技术培训活页教材[7],用于在不同季节开展不同内容的技术培训工作,并在培训中不断总结经验,对教材内容及时更新、补充和调整,取得了非常好的培训效果;2018年吴振东提出了"活页教材+活页笔记+功能插页"三位一体自主思维模式学材[8]。2007年9~10月我们在德国学习职业教育教学方法期间,德国INWENT机构给我们准备的培训教材采用活页式装订,使用非常方便,经过两个月的学习,我在这本教材相应页之间新增学习记录、新内容、企业考察内容等多达93页,与教材中活页数量差不多。"工作手册式"教材在国内很多汽车维修类、数控机床操作类职业教育教学中已经得到应用，教学使用效果比较好。

由此分析，这里的"新型"分别是对"活页式"和"工作手册式"提出了新要求，不是以往传统的活页式、工作手册式。那么，"新型活页式"和"新型工作手册式"与以往传统的有何不同呢？这是我们应该重点研究探索的问题。

（1）"新型活页式"是通过活页装订增加教材功能和功能升级

职业教育教材的"新型活页式"关键指的不是装订方式的改变，更重要的是通过活页装订增加教材的功能和使用方法。作为职业教育新型教材，不仅要承载课程内容，而且还要实现"活页学材、多功能插页、活页笔记、实践训练"四位一体的教材呈现模式，具备"案例分析与训练、知识应用训练、创新创业与复合、自主学习融媒体、学习过程提示、立德树人固基础"等功能。在使用"新型活页式"教材过程中，可以根据教学进度需要，分批次发放活页教材给学生使用，减少学生学习压力和思想负担，提升学习效率。

（2）"新型工作手册式"是新型教材的一种新内容结构

"新型工作手册式"教材不是工作手册，它将工作与学习结合在一起，呈现出"源于企业高于企业，源于工作高于工作"的新型教材内容结构。其内容源于企业职业岗位工作要求和需要学习的知识、技能、能力和职业道德，其内容结构安排源于企业工作手册、工作程序步骤等，但不是原封不动、原汁原味地从企业拿过来直接作为教材，而是要经过凝练、提升、去伪存真，去掉负能量和落后内容，使其具有普适性、科学性、先进性和可实施性等特征。

2.3.2 活页式、工作手册式、融媒体之间的关系分析

（1）关于职业教育新型教材的三种观点

2019年12月份之前，在职业教育相关专家微信群的研讨中，对"新型活页式、工作手册式教材"的理解出现过三种观点，每种观点都有一定的依据和道理。我们认为："新型活页式、工作手册式教材"是彰显职业教育类型特征的一种新教材类型，是新型教材"外显"与"内核"特征的有机统一，不是两种类型的教材。这一观点得到很多专家学者的认同。我们从2019年10份开始应邀到各个培训班、职业院校开展专题培训讲座，也是按照这个观点与教师们研讨、分享；到2021年1月份，基本得到职业教育领域内多数专家、教师的认同，并应用于教材开发编写中，初见成效。在此，我们也把其他两种观点在这里展示一下：

①"活页式教材"是职业教育的一种教材类型，适合于通识课程教材、专业基础课教材，因为这类课程中没有企业工作岗位相对应，因此不能实现"工作手册

式"的实践教学内容和内容结构；活页式教材的功能主要体现在活页装订，以将新技术、新理论、新标准等随时通过更新活页方式纳入教材中。

我们认为，这种观点有待商榷，一是没有考虑职业教育的课程建立的逻辑起点是职业工作岗位，不是学科体系中的某个学科，真正的职业教育是否存在专业基础课还需要进一步研究，职业教育应该有的职业基础课是基于企业基本、通用或简单职业岗位而对应的课程，而不是数学、物理、计算机文化基础等学科体系的课程；二是对"工作手册式"的内涵理解有误，认为必须是企业工作岗位工作才有"工作手册式"的程序文件。

②"工作手册式教材"是职业教育的另一种教材类型，这种类型适用于工科类课程教材，对于通识课程教材、专业基础课程教材，则不适合。这种类型的教材可以是活页装订，也可以不是活页装订。

我们通过系统性理论研究和实践应用研究，认为上述两个观点，都是从表面、从单一角度考虑问题。职业教育新型教材应该是"新型活页式、工作手册式"教材，是一种教材类型，不是两种类型，这种教材不仅适用于职业教育专业类、实践类课程，也适用于职业教育的通识类课程和专业基础课程。

(2) 活页式、工作手册式、融媒体三者之间的关系与应用

我们研究认为，"活页式""工作手册式""融媒体"分别具有以下特征和内涵要求。

a."活页式"是职业教育新型教材的"外显"特征。通过活页式装订实现教材功能多样化、四位一体教材呈现模式、教师和学生随时插页，以及分单元、分模块拆分教材后多次发放使用，适合职业教育特征、学生基础情况。

b."工作手册式"是职业教育新型教材的"内核"特征。根据职业教育新型教材第4个"新内容"要求，职业教育课程教材是根据企业工作模块一一对应构建，将职业工作岗位的工作手册（作业指导书、工作程序文件、操作步骤等）进行凝练、提升，并与学习规律相结合，构建以行动为导向的"工作手册式"教材内容结构。

c."融媒体"是对《国家职业教育改革实施方案》中提出的"倡导使用新型活页式、工作手册式教材并配套开发信息化资源"的进一步深化的要求，也是对以往"立体化教材""新形态教材"建设使用中存在的问题的解决措施。职业教育新型教材不是孤立的一本纸质教材，必须配套相应的信息化教学资源。"融媒体"则要求配套的各种资源必须合法、有效、有用且质量高，与纸质教材中的相关内容有效对应、融合使用，提高资源利用率和有效率。不能对纸质教材中的相关内容起到深化解读、扩展解读、强化应用训练、举一反三等作用的资源，就不要作为教材配套资源。以往"立体化教材""新形态教材"等教材配套资源库中，很多资源用处不大，为了凑数量进行资源堆积等问题比较严重。所以，现在提出"融媒体"要求，一是构建高质量的新型教材体系，二是为教材资源库的改进完善提出有效的措施与指导。

通过上述分析，对职业教育新型教材而言，只有将"活页式"外显特征、"工作手册式"内核特征与"融媒体"信息化教学资源完整、系统地有机结合为一体，构建教学系统，并系统策划、设计新型教材的内容、功能、结构和使用方法等，才能完整体现出职业教育类型特征要求，实现从普通教育学科体系教材转型、升级为职业教育工作过程行动导向的新型教材。在开发设计职业教育新型教材过程中，"活页式""工作手册式""融媒体"是不可分割的，它们从三个角度各显特征，是职业教育新型教材的三大基本特征。

2.3.3 活页式中"活"的八大内涵体现

职业教育新型教材的活页式之"活"不仅体现在活页装订方面，还在教材内容设计、教材内容更新、教材使用方法等方面具有八个"活"的特征和体现。

(1) 教材内容设计"活"

◆ 教材内容表述方式"灵活"。将"以学生为中心"理念落实到教材编写和教学实施工作中，基于学生基础情况，采用学生喜欢、容易理解、有吸引力的语言表述方式、风格，采用企业员工工作现场再现模式等，灵活设计不同类型教材的内容表述方式。严禁以学术语言、学术风格进行内容表述，以降低学生阅读难度，提高教材吸引力、亲和感，提高学生的自主学习兴趣和学习成效。

◆ 信息化资源更新"灵活"。将新型教材中的纸质教材与配套信息化教学资源融合为一体，要求资源质量高、效用大、齐全完整。可以根据职业技术发展和教学需求，灵活更新、补充、完善学习资源，以适应智慧学习、线上线下结合、移动学习、泛在学习等不同学习方式，促进学生自学能力持续提升。

◆ 教材内容展现"灵活"。通过"四位一体"呈现模式设计、"源于企业高于企业"的教材内容设计，将有关企业工作情境、职业规范、员工精神风貌等的未来工作任务灵活展现在学生面前，使学生初步体验职业工作氛围，实现与企业的初步接轨。

(2) 教材内容更新"活"

◆ 教材内容与时俱进，补充"灵活"。在使用新型教材教学过程中，教师发现行业企业有新技术、新理论、新方法、新工艺、新标准等时，可以根据需要在备课时灵活打印几页，上课时发给学生，学生打孔装订到新型教材的相应页面中，始终保持新型教材内容不落后、与时俱进。

◆ 教材不当内容剔除"灵活"。教师在使用教材过程中，如果发现某些内容过时、不适用或出现错误等情况，可在备课过程中及时对教材相关内容进行更正、删除、补充，处理后打印相关页，上课时给学生进行替换，避免误导学生，保持教材内容质量水平和正确性。

◆ 学习收获补充"灵活"。学生在使用教材学习过程中，可以将学习心得、收获、内容解读随时记录在教材留出的功能区中；对于需要记录较多的情况，学生可以记录在空白纸张上，然后打孔装订在教材相关页面处，作为教材内容的有益补充。

(3) 教材使用方法"活"

◆ 按模块分拆，教材使用"灵活"。教材按照模块或任务进行分拆，每个模块或任务作为一个教学单元。教学过程中，根据教学进度计划分发给学生相应的教材活页单元，减轻学生看到几百页厚厚一本教材时产生的心理压力，提升学生学习欲望和兴趣。

◆ 学习成果导向法将知识"变活"。基于职业岗位工作内容和要求设计"工作手册式"教材结构，以实践学习行动、学习成果为导向设计教材内容和学习步骤，通过完成 5~7 个模块学习成果和 1 个高水平的课程学习成果的过程训练，使教材中"知识"变成了活学活用的"活知识"，将知识内化为职业技能、职业能力和职业道德。

2.3.4 新型教材的六大基本特征及定义

(1) 职业教育新型教材的六大基本特征

通过上述对"新型""活页式""工作手册式""活"等专用术语的分析、理解和解读，我们在 2019 年 9 月前后达成一致意见，对"新型活页式、工作手册式教材"的"采取活页装订、立德树人根本任务、行动与成果导向、信息化教学资源、以学生为中心、源于企业高于企业"六大基本特征及其内涵进行了研究确定。2020 年 9 月，根据教育部《职业教育提质培优行动计划（2020—2023 年）》提出的新要求，我们对"融媒体"进行了深度研究，在此基础上又对新型教材的名称和六大基本特征进行了完善。

职业教育"新型活页式、工作手册式、融媒体教材"的六大基本特征是职业教育各种类型课程教材的通用特征，能够充分彰显、体现职业教育类型特征在教材中的映射和落脚点。因此，在开发编写新型教材过程中，这六大基本特征都应该根据课程教材类型予以全部、有侧重点的体现，缺一不可。

◆ 立德树人根本任务。将立德树人、课程思政有关内容，结合教材内容特点有机融合到教材相应内容中，与教材内容结合在一起，共同构建共育人新格局，完成立德树人根本任务。

◆ 活页装订方式。按照活页装订方式设计教材结构、功能区和页码等，同时预留5%左右的空白页放在最后，用于学生记录、补充或填写拓展内容，比如200页的教材留出10页空白页。学生在学习过程中有比较多的内容需要记录时，可以先在空白页上记录，然后再放置到教材相应页面位置，打孔装订起来，作为教材的补充内容。

◆ 行动与成果导向。教材内容中必须设计有明确的模块学习成果、课程学习成果，并配有完整规范的学习成果评价标准。以学习成果和行动为导向设计教材的体例结构和内容，按照职业与学习行动逻辑、工作逻辑、产学研融合逻辑的"工作手册式"要求设计教材微观结构和内容。

◆ 融媒体信息化资源。必须有与纸质教材内容对应配套的数字化或信息化教学资源库。纸质教材中全部呈现重点、难点和一些重要理论的定义、与行动导向相关的表述，其他内容安排在资源库中。比如，详细的理论解释、拓展方面的内容，从不同角度来说明问题的案例、微课视频，从相关的专业技术网站下载的补充知识等，全部放到教学资源库内，在纸质教材相应位置设计二维码进行链接，构建融媒体新型教材体系。这样学生在学到相应内容时，通过扫描二维码就可以进入资源库，进行自学解疑，有效提高学生自主学习能力和教育教学效果。

◆ 以学生为中心。以学生为中心开展教学不能仅仅落实在教学过程中，还应该落实到教材编写中，形成一个完整的以学生为中心的教学体系。鉴于此，在新型教材编写时，应从两个角度进行系统的策划设计。一是在教材设计时，要充分结合每个模块、任务的相关内容，以创新点、企业难题或案例作为导引，并设置一些创新性的问题，从而引导、激发学生深入探究、深度学习，提高解决问题的兴趣。例如采取微课中经常使用的"111"模式设计相关内容，即1个导引或案例，引出1个或1组重要的知识点或技能点进行学习，完成1个学习成果或任务，将知识内化为能力。二是在语言文字表述方面，不要站在教师角度、严谨学术角度进行语言表述，要站在学生角度、学的角度，以职业院校大多数学生的理解能力、兴趣能力水平为出发点，采用故事模式、企业工作场景再现模式、学生工作学习模式等组织内容和语言表述，使其一看就懂，愿意阅读和学习。

◆ 高于企业的载体。教材内容要源于企业、高于企业，教材结构要源于工作手册、高于工作手册，形成"工作手册式"。教材中所有的案例、任务、课后训练题、学习成果都要源于企业，还要经过凝练、整合和系统设计，使其高于企业，具备先进性、科学性、适用性和可实施性。比如，到不同企业调研时会发现，即使是相同工作岗位，不同的企业其具体工作要素、要求等也会有差异点，对于这种情况，我们应该进行综合分析、归纳总结，把不同企业的做法进行提炼，制定一个完整的、高水平的、通用的典型工作过程。学生通过学习掌握了这样的学习内容，将来才能够在不同企业的工作中发挥出高水平的职业能力，立于不败之地。在编写教材的过程中，所选择的企业案例、工作任务、工作步骤、程序等都是为了教学，一定要从教与学的角度对企业内容进行系统提炼，让它符合教学规律、学习规律、职业工作规律。

（2）彰显职业教育特征的新型教材定义

通过上述系统研究与分析得知，目前职业教育新型教材没有明确的法定定义，需要我们"摸着石头过河"，进行研究、实践后才能得出准确的定义和内容解析。为此，我们可以先给出一个暂时的定义，以便指导教师开展新型教材开发与编写工作，即：能够同时满足立德树人根本任务、活页装订方式、行动与成果导向、融媒体信息化资源、以学生为中心、高于企业的载体六大基本特征的教材就是职业教育"新型活页式、工作手册式、融媒体教材"。

（3）国内相关专家学者对职业教育新型教材名称及内涵研究情况

自职业教育被确定为一种与普通教育同等重要的一种教育类型，以及以职业教育类型特征为基础的"新型活页式、工作手册式教材"发布以来，职业教育教材名称被不断变更，相关专家学者也跟随着对不同名称及其内涵特征进行研究探索，出现了百花齐放之新景象。这些研究成果中有些内容对我们有一定借鉴意义。

◆ 2020年4月份李政对"倡导开发活页式、工作手册式新形态教材"进行研究后认为[9]，教材形态包括教材内在形态和外在形态。教材内在形态是教材内容的表征形式，是教材内容按照什么样逻辑与方式进行结构组织、呈现。教材外在形态是教材作为一种产品的存在方式（如数字教材、纸质教材）。"活页式"教材是教材内容组织模式的变革，"手册式"教材是教材内容结构的完善，都是教材内在形态的创新。

上述对教材外在形态的定义以及"活页式""工作手册式"都是新的教材内在形态的理解有待商榷。如前所述，在2019年之前，德国、中国都有活页式教材、工作手册式教材出版和使用，如果说这两个"式"都是新形态是否合理呢？

◆ 2021年1月份黄河等对"新型活页式教材"的内涵和建设路径进行研究后认为[10]，"新"体现在三个方面，"立德树人、育人导向"是第一新，"创新意识与精神的培养"是第二新，将"教材"转变为"学材"是第三新。"活"体现在三个方面：第一活是灵活及时将新内容纳入教材中，第二活是利用现代信息技术开发配套信息化资源，第三活是通过活页式装订将"教材"变为"学材"。

上述观点认为，将"教材"变为"学材"即是"新"的内涵、"活"的特征，这种观点是否正确？教材和学材是不同的，教材是以教师的教为主导的教学资料，学材是给学生学习用的学习资料，两者在内容、目的、结构和使用方法等方面都有差异。如果将"教材"变为"学材"，为何国务院、教育部的多个文件中都提出"教材"，而不是"学材"呢？

◆ 2020 年 9 月份崔发周对工作手册式教材研究后认为[11]，工作手册是企业为了促进职工工作效率和提高工作质量而设计的一种内部指导性文件，具有信息沟通、质量保障和工作指导功能。工作手册式教材是一种以"做中学"为特征的职业院校教学用书，具有工作手册和教材的共同特征。工作手册式教材具有"学习目标体现需求导向，学习内容体现工作任务导向，编写主体体现双元组合，教材使用体现学生本位，教材功能体现动态生成，教材封装体现活页形式"六个特征。

上述提出了工作手册式教材的六个特征，将活页式封装作为工作手册式教材的一个特征进行解读是否合理？这与国务院《国家职业教育改革实施方案》中提出的"新型活页式、工作手册式教材"的表述逻辑是矛盾的。而且，工作手册式的内涵与活页装订是否成为"上下两个层次"，也有待研究商榷。

2.4 常用关键术语的内涵理解及应用

2.4.1 课程、教材、学材的内涵理解与关系

（1）课程与教材的内涵理解与相互关系

◆ 在模块 1 的图 1-4 及其说明中，明确给出了课程的定义，即课程是有规定要求的课业及其进程之总和。课程的显性要素"课业"中包括"可选教材和学习资源"，这里的"可选教材"是指可以选用教材，也可以不选用教材。当选用教材时，学习资源可以有，也可以没有。当不选用教材时，必须有相应的学习资源。

◆ 教材的定义目前有多种版本。通用的教材定义、基于中小学教育的教材定义、基于普通高等教育的教材定义、基于职业教育的教材定义等各不相同。教育部《职业院校教材管理办法》中给出的职业院校教材的定义是"供中等职业学校和高等职业学校课堂和实习实训使用的教学用书，以及作为教材内容组成部分的教学材料（如教材的配套音视频资源、图册等）"。

◆ 课程与教材之间的相互关系。传统教材观念认为，教材是课程的主要组成部分，是课程内容的主要载体。但是，职业教育类型特征要求决定了职业教育新型教材与模块化课程之间具有相互关联、相互影响但，又各自相对独立的关系。

① 课程必须有在一定范围内统一规范的课程标准。依据课程标准编写新型教材和学习资源。

② 可以不指定统一的教材，按照课程标准编写、准备学习资源和教学方案，

也能实现课程标准规定的课程学习目标和学习成果。在德国、美国等国家高等教育、职业教育中基本没有教材，教师提供讲义、课件、相关资料等，或者指定几本专著让学生自学。没有教材，能够促使学生上课认真听讲，课后自主学习能力得到提升。

③ 课程是动态情境，教材是静态情境。教材只有有效应用于教学实施中，才能最大限度地发挥作用。

④ 教材可以作为一般性读物供学习者自学使用。所以，开发编写新型教材不仅要依据课程标准，还要考虑新型教材被独立使用的要求。

（2）教材与学材的内涵理解与相互关系

① 教材是教学用书及其配套的学习资源，是基于教师的"教"而编写的教学用书，按照教师教的思路、教的角度组织教材结构和内容。特别是职业教育教材，应该因材施教、充分考虑学生的基础和现状，从教师的角度、用教师的语言组织编写。

② 学材是供学生学习使用的资料，应该从学生"学"的角度、学生基础和现状角度组织学材结构、内容的编写。教师从不同渠道、媒体收集的相关资料，应该按照学材的要求进行改编、完善，才能作为学材使用。但是，在职业教育领域中，各种教学资源库、精品课程资源库、在线开放课程资源库中的学材，很少经过教师的加工、完善，基本是原封不动地放进学习资源库中。这样的学材对学生缺乏吸引力，也难以实现预期成效。

③ 教材不等于学材，但是，在职业教育改革过程中，基于"以学生为中心"的教学指导思想和职业院校学生基础现状，必须对原先的教材进行大胆改革，依据课程标准要求，将教材与学材相结合，开发设计出一种以学材为主体、将行动导向教学方法融于其中的职业教育新型教材。

所以，职业教育新型教材既不是传统意义的教材，也不是传统意义的学材，而是两者之间的有机融合，是一种新型的"教"和"学"用书，并配套信息化教学资源库。

2.4.2 任务与项目的内涵理解及应用

（1）任务与项目的定义及判断四要素

◆ 任务的定义与判断的四要素。任务是一个活动，它要求执行者根据所给定信息，通过一定的思维过程，应用相关知识，经过特定活动方式实现其预期的目标。它允许相关人员对该活动过程进行必要的控制和管理。

判断一项活动是否为任务，可依据以下四个要素，不同时具备这四个要素的活动不是任务，只能是一项活动。

a. 言行。有必要的语言交流，有具体的活动。

b. 意义。有明确的活动目的、目标和预期活动结果。

c. 能力。需要通过一定思维、分析，应用相关知识、方法完成活动。

d. 可行。具备完成活动的情境，是真实的、可实现的活动。

◆ 项目的定义与判断的四要素。项目是由一组有起止时间、相互协调、受控的活动或任务组成的独特过程，该过程要达到符合包括时间、成本和资源约束条件在内的规定要求的目标。它是一项有待完成的具体的、综合的、实际的工作，需要师生合作共同完成。其中的部分活动、任务具有创新性、创造性。

判断一组活动是否为项目，可依据以下四个要素，不同时具备这四个要素的一组活动不是项目。

a. 程序。由多个相互关联的活动、任务组成，有规范的活动要求，对活动过程、活动结果有相关的检测标准。

b. 价值。有明确的活动目的、目标和预期结果要求，有目标参数，可量化测评，活动完成后有创新性成果。

c. 现实。有必要的活动情境，具有真实性、适用性，需要个体与团队合作。

d. 约束。完成各项活动有资金、成本、时间、资源、环境和物料方面的约束条件以及相关要求。

（2）任务与项目的关系

从任务和项目的定义可以看出，在项目和任务中都必须有具体的实践活动，没有实践活动只有理论知识的不是项目、任务。同时，任务和项目之间存在如下几个关系。

◆ 从涉及的活动范围而言，项目大，任务小，一个项目中包含多个任务或活动。所以，在新型教材策划设计中，可以将项目分解为多个任务，但不能将任务分为多个项目。

◆ 一个中观项目可以作为一门课程，5～7个微观项目也可以组成一门课程。在新型教材结构设计中，可将每个项目作为一级目录，但不能作为二级目录。

◆ 一门课程中的多个项目之间，可以相互关联，具备串行、并行、包含、递进等逻辑关系；也可以各自独立地作为课程的组成部分，或者部分项目之间相关联、部分项目独立存在。

案例3：

根据任务和项目的定义及判断的四要素，分析确定图2-9至图2-12中给出的各组活动是任务还是项目，并说明判断依据。

图 2-9 某厂房屋顶卷材防水施工

图 2-10 智能循迹小车的设计与制作

图 2-11 更换轿车机油及滤清器

图 2-12 某新楼盘开盘方案设计与实施

（3）项目教学法与任务驱动教学法的定义与特点

◆ 项目教学法定义及其特点。项目教学法是师生通过共同实施一个完整的项目工作而进行的教学活动。其基本做法是：将一个相对独立的项目交由学生团队合作实施，信息收集、方案设计、项目实施及最终评价等都由学生自己负责；通过实施完成项目，了解并把握整个过程及每一环节中的基本要求，原则上项目完成后应有可以看得到的产品。

项目教学法的特点是：

a. 职业性。必须有一组应用理论知识指导的比较复杂的源于职业的实践活动，必须包括企业的标准、规范、技术、工艺、职业道德、企业文化等企业要素。

b. 合作性。一个项目由教师和学生团队合作完成，学生个体难以承担一个项目的实施工作。

c. 自主性。在完成理论学习和实践活动过程中，给予学生更多的自主性，由学生团队研究制定实施计划和要求，充分发挥学生个体及团队的智慧和力量。

d. 创新性。在完成项目过程中，需要一定的创新创造，当需要解决一些技术技能、质量、管理或方法等方面的难题、矛盾时，只有通过创新才能实现预期目标。

完成项目后使学生的迁移能力、职业能力得到明显提升。

e. 过程性。一个项目涉及多个活动、任务，是一个相对完整的职业工作过程，其实施过程具有一定的复杂性、综合性。学生必须注重实施过程中的每个细节质量，才能保证整个项目的实施质量。

f. 综合性。项目教学法是一种综合性的教学方法，教学过程涉及"内容说明、项目课题、实施过程、合作自主、成果展示、处理困难、解决难题、师生评价、持续改进"等教学过程。

◆ 任务驱动教学法的定义及其特点。任务驱动教学法是基于构建主义发展出来的一种教学方法，它将以往以传授知识为主的传统教学理念，转变为以解决问题、完成任务为主的多维互动式的教学理念；将再现式教学转变为探究式学习，使学生处于积极的学习状态，每一位学生都能根据自己对当前问题的理解，运用共有的知识和自己特有的经验提出方案、解决问题。

以工作性任务为核心来建构理论知识并训练操作技能或能力，通常用于实践性与操作性较强的教学内容中。"基于工作任务"是这一教学方法的核心思想，是行动导向教学方法中常用的方法之一。

任务驱动教学法的特点是：

a. 以工作性任务为驱动力，驱动学生在完成工作任务过程中实现学习目标。

b. 设置的学习目标、完成任务的目标适宜，对学生有吸引力，经过努力能够完成，使学生完成后具有成就感和收获。

c. 注重完成工作任务的过程质量和规范操作，培养学生精益求精的精神和工匠精神。

d. 主体主线。一个工作任务围绕一条主线组织实施，实施主体、对象、手段和完成的产品等六要素明确。

e. 通过任务驱动，学生主动参与，主动学习或实践。

2.4.3 模块与单元的内涵理解及应用

(1) 模块及模块课程

◆ 模块设计理念与方法最先应用在工业领域中，并卓有成效。在设计大型、复杂的系列化产品时，有些功能部件、功能单元在具有多种型号、多种规格的系统产品中作为其组成部分发挥作用，为了确保这类模块能够在不同型号、规格的相关系统产品中无障碍使用，必须对模块的输入信息、输出信息、安装结构、外形尺寸、可靠性指标等统一设计标准，而每个模块内部的工作原理、信息处理方式、可靠性等，则按照各个模块的类别特征进行设计。所以，每个模块就是一个相对独立、功能完整的产品单元或产品部件。

◆ 模块课程是针对传统长教学周期课程而进行改造的一种短教学周期的课程，它借鉴工业领域中模块的设计理念和方法，以工作模块为逻辑起点和终点，与工作模块一一对应设计，具有模块典型特征。

目前，不同专家对模块课程给出的定义有所差异[12]，但其内涵基本一致。为了便于正确开展模块课程新型教材开发编写工作，现给模块课程进行规范定义如下：模块课程是指围绕特定主题或内容的教学活动的组合；一个模块课程是在教学内容、时间方面自成一体，带学分、可检测、具有限定内容的教学单元，具有规范的输入要求、输出结果及测评标准，可以由多个不同的教学活动组合而成。

◆ 模块课程分为学科体系模块课程和行动体系模块课程两种类型。

◆ 模块课程具有以下结构特征：

a. 是一种教学内容、教学周期比较短的小型化课程，通常在1～3周或10～30小时内可以完成。

b. 每个模块课程相对独立，都有自己的逻辑起点、逻辑终点，但是，多个模块课程之间通常存在密切的串行、并行、包含或递进关系，可以构成一门系统性、完整性的模块化课程。

c. 每个模块课程都有自己的学习目标、模块学习成果（输出结果）及其评价标准，通过测评学生完成的学习成果质量水平，判断其学习目标实现度。

d. 在模块化课程中，具有串行、包含、递进关系的各模块课程之间的接口需要实现平滑、无缝对接，前一个模块课程的输出结果应大于等于后一个模块课程的输入要求。

(2) 项目课程与模块课程对比分析

◆ 项目课程的定义。项目课程是指以工作项目为中心，选择、组织课程内容，并以完成工作项目（含典型工作任务）为主要学习任务的课程。一门项目课程通常由3～7个具有工作逻辑关系或各自独立的具体项目构成，并且按照项目教学法设计组织教学活动。

项目课程是在在教师指导下，由学生团队分工合作完成从信息收集、工作计划制定、工作任务实施到对工作成果自评等完整的学习工作过程。

◆ 项目课程与模块课程异同性对比分析。项目课程和模块课程在某些要素方面具有一致性，某些要素具有差异性，各有其特点。在新型教材策划设计中应根据对应的企业职业岗位情况，正确选择项目课程或模块课程。对比分析如表2-9所示。

表 2-9　项目课程与模块课程异同性对比分析

课程特征要素	行动类模块课程	项目课程	说明
课程来源	源于职业岗位工作	源于行业企业、岗位	
实践性要求	按职业规范实践训练		
课程学习目标	知识、技能、能力	有目标,不规范	
相对完整性	明确输入、输出要求	没有明确要求	
学分	带学分	没有要求	
学习成果	有明确要求	没有要求	
学习成果等级	有明确要求	没有要求	高职4～6级
I/O 接口要求	有明确要求	没有要求	
团队合作	根据需要确定	必须团队合作	
教学方法	行动导向教学法	项目教学法	
职业标准与规范	明确要求	不确定	有的项目有要求
创新点	根据需求确定	至少一个	

在实际课程设计、新型教材策划中,考虑到职业教育类型特征、学习成果导向教育和完全学分制的预期推广,可以将具备条件的项目课程按照模块课程要求改造成模块课程。但不建议把模块课程改造为项目课程,因为这不符合职业教育今后改革发展的方向。

(3) 单元定义及课程单元

目前,在课程和教材设计范围内,单元的定义模糊、不确定,对其结构、内容范围没有明确的界定。也就是说,在课程和教材策划设计中,单元可大、可小。单元可以说教材的一级目录与章同处一个层次,也可以是二级目录与节同处一个层次,或者是三级目录。所以,单元具有灵活性、不确定性特征。但是,在一套教材或者在一个专业群、专业课程新型教材体系中,要求将单元的层次予以确定,不能忽大忽小、随意使用与确定层次。

将单元作为一级目录的课程成为单元课程。单元课程中每个单元的学习内容既可是学科课程体系的纯理论知识,也可以是含有实践训练内容的行动体系课程。

2.4.4　新型教材及项目、任务、模块、单元的命名方法

(1) 正确的命名方法

俗话说"名不正则言不顺"。名字中应该隐含着一定的意义和含义,通过名字能够初步判断其基本内容特征。不能说名字就是一个符号而已,如果名字就是一个没有规律和内涵的符号,这种名字就失去了意义。所以,在对职业教育新型教材、项目、任务以及内涵实践教学训练的模块、单元起名时,应该有正确的规则和方

法，通过名字初步知道其内容特征。

◆ 对职业教育新型教材、项目、任务按照行动导向语句结构起名。其基本结构为"动词＋名词"，亦可按照"动词＋名词＋定语或状语或补语"结构进行命名。这种命名方法能够体现出其内容具有实践性、实践对象等基本信息和职业教育类型特征。

实际操作类的新型教材、项目、任务的名称，应该根据行业企业通用名称、习惯名称予以命名。名称中的动词运用要准确、内涵清晰，行动对象的名称原则上是相对具体的产品、过程的名称，在具体内容中可针对该产品进行适度扩展。

◆ 当模块、单元中的内容都是理论知识时，应按照知识性的陈述语句结构起名。如果模块、单元中有实践训练内容，则应按照行动导向语句结构起名。其他要求与项目命名相同。

（2）命名的案例分析

案例4：

判断以下新型教材和项目名称是否符合职业教育特征要求。

新型教材名称：《物流信息技术应用》《跨境电子商务数据分析》《数据库应用技术项目教程》《变电设备检修技术》。

项目名称：报关单填制与审核，配电常用安全工器具。

案例5：

请分析评价图2-13至图2-15中的教材目录是否有问题？说明原因。

一级目录	二级目录
项目1：门票销售系统	任务一：欢迎界面
	任务二：购票主界面
	项目1考核
项目2：打字游戏	任务一：字母下落并倒计时
	任务二：键盘字母随机产生
	任务三：键盘击打字母得分

图2-13 《××××》教材部分目录

模块一：认识工业机器人……

项目 1 机器人的时光隧道……

任务 1 早期机器人的发展……

任务 2 现代机器人技术及产业……

任务 3 未来机器人的展望……

项目 2 走近工业机器人家族……

任务 1 了解工业机器人的种类……

任务 2 工业机器人的典型应用……

任务 3 如何选择工业机器人？……

模块二：试试用示教器……

项目 1 精彩的示教器……

图 2-14 《工业机器人编程》教材部分目录

项目一 机床照明变压器的设计与制作……

项目目标……

任务一 机床照明变压器的拆卸……

任务目标……

任务描述……

● 任务内容……

● 实施条件……

任务实施……

步骤一 认识变压器……

图 2-15 《机床照明电气维修》教材部分目录

在设计新型教材目录结构时应注意，因为模块和项目包含的信息技术和实践内容比较大、范围相对较宽，所以模块和项目只能同属于一级目录，不能作为二级目录。而任务和单元可以作为二级目录使用，也可以作为一级目录。

参考文献

[1] 闫智勇，姜大源，吴全全. 职业教育行动逻辑课程的时代意蕴和建构思路 [J]. 职教发展研究，2019（1）：24-31.

[2] 王亚盛. 中德职业院校专业课程体系对比分析与改革建议 [J]. 中国高教研究，2010（6）：77-79.

[3] 王亚盛. 中德职业教育专业课程体系改进完善对比分析 [J]. 职业技术教育，2016（11）：77-80.

[4] 施小明，王娟玲. 基于艾宾浩斯遗忘曲线理论的实践教学组织设计 [J]. 中国教育技术装备，2016（7）：88-89.

[5] 田会峰，刘永良，赵丽. 学习金字塔理论在翻转课堂教学模式中的应用 [J]. 电子电气教学学报，2018（2）：18-21.

[6] 王亚盛. 中德职业教育课程微观教学计划对比分析与建议 [J]. 2016（14）：54-57.

[7] 襄汾县教育局. 编写《活页教材》推动技术教育——改革技术教材的作法和体会 [J]. 成人教育，1984（5）：44.

[8] 吴振东. 试论“活页教材+ 活页笔记+ 功能插页”三位一体自主思维模式的构建 [J]. 新课程研究，2018（9）：62-66.

[9] 李政. 职业教育新形态教材：内涵、特征与编写策略 [J]. 职教论坛，2020（04）：21-26.

[10] 黄河，杨明鄂，旷庆祥. 职业教育“新型活页式教材”的内涵及建设路径 [J]. 教育与职业，2021（01）：99-103.

[11] 崔发周. 工作手册式教材的基本特征与改革策略 [J]. 教育与职业，2020（09）：97-103.

[12] 刘重庆，徐国庆. 关于模块课程的误解与澄清 [J]. 中国职业技术教育，2001（2）.

模块 3

新型教材开发指南及学习成果设计

导语：2019 年 1 月 24 日，国务院发布的《国家职业教育改革实施方案》提出 20 项重大改革实施任务，其中在第九项重大任务中，对教材建设任务提出了如下要求：遴选认定一大批职业教育在线精品课程，建设一大批校企"双元"合作开发的国家规划教材，倡导使用新型活页式、工作手册式教材并配套开发信息化资源。每 3 年修订 1 次教材，其中专业教材随信息技术发展和产业升级情况及时动态更新。

为了有效落实国务院文件相关要求，教育部等九部门联合印发《职业教育提质培优行动计划（2020—2023 年）》文件，对加强职业教育教材建设工作提出了具体要求：对接主流生产技术，注重吸收行业发展的新知识、新技术、新工艺、新方法，校企合作开发专业课教材。建立健全三年大修订、每年小修订的教材动态更新调整机制。根据职业学校学生特点创新教材形态，推行科学严谨、深入浅出、图文并茂、形式多样的活页式、工作手册式、融媒体教材。实行教材分层规划制度，引导地方建设国家规划教材领域以外的区域特色教材，在国家和省级规划教材不能满足的情况下，鼓励职业学校编写反映自身特色的校本专业教材。

国务院文件和教育部等九部委文件中提出的"新型活页式、工作手册式、融媒体教材"（以下简称新型教材）是具有全新理念、内涵和特征的职业教育教材。关于新型教材的定义、内涵、特征、标准等，需要我们职业教育领域的各位同仁进行理论和实践方面的研究创新、探索试验、改进完善。

模块 3 将以系统策划设计新型教材编写工作计划与主线作为起点，重点围绕"新型教材开发工作指南、学习成果内涵理解与课程学习成果设计、学习成果测评标准与测评方法"3 个方面进行阐述，为教师后续学习奠定基本理论与方法基础。

3.1 新型教材开发工作指南

3.1.1 新型教材开发研究与编写工作的隐形主线（宏观编写步骤）

学习新型教材开发与编写既简单、容易，又复杂、有较大难度。

对于缺乏一定课程建设基础，对职业教育类型特征和职业教育课程内涵不清楚、一知半解的部分教师而言，在接受开发编写新型高职教材任务后，会感到无从下手，总想找一本完美的"新型活页式、工作手册式、融媒体"教材作为样板，然后照猫画虎地进行模仿，甚至抄袭；还有部分教师仍然是在已有学科体系或半学科体系教材基础上修修补补，或者增加几个企业案例，或者增加几个课程思政要素。但对于那些好学、对职业教育类型特征和职业教育内涵理解深刻，且对相应企业岗位、岗位群非常熟悉的教师，只要对其略加引导，开发编写一套新型教材没有多大难度。

为了使具备相应职业教育理论和实践基础的教师尽快学会新型教材的开发设计方法，首先需明确隐含在编写新型教材工作中的一条隐形主线——**能真正培养出高素质高水平技术技能人才，具备职业教育类型特征**。抓住这条主线，顺藤摸瓜，突破重点难点，注重每个过程和细节，在团队合作基础上，一套高质量的"新型活页式、工作手册式、融媒体教材"1～2月即可完成。

隐形主线如图 3-1 所示。

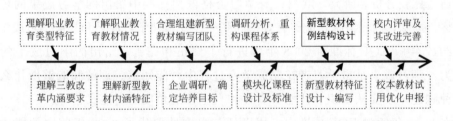

图 3-1 新型教材开发编写的隐形主线及 12 个关键工作模块

如果不理解、不掌握新型教材开发编写的隐形主线，且对职业教育类型特征不知晓、不理解，开始就从"新型教材体例结构设计"入手，容易取得适得其反的结果，难以编写出高质量、高水平的新型教材。

3.1.2 基于隐形主线开展新型教材开发编写工作

为了便于不同职业教育教学水平的教师们能够很好地理解并按照隐形主线开展新型教材开发编写工作，本书定名为《职业教育新型活页式、工作手册式、融媒体教材系统设计与开发指南》，以构成隐形主线的12个关键工作模块为框架，辅以陈述性知识、过程性知识、策略性知识内容和必要的案例、学习成果训练等。12个关键工作模块的工作顺序构成了新型教材开发编写工作的"宏观编写步骤"；"中观编写步骤""微观编写步骤"将分别在模块4和模块5中予以说明。

3.2 学习成果内涵理解与课程学习成果设计

3.2.1 学习成果的定义与内涵理解

到目前为止，国内外有关法律法规、知名学者等对学习成果的定义至少有8种，虽然在定义中的语言表述不同、侧重点有差异，但其基本内涵是一致的。

(1) 国外对学习成果的定义与内涵理解

◆ 联合国教科文组织2015年给出的学习成果的定义是：学习者在完成一个学习过程后，知道、理解和并能够做什么的陈述。

◆ 英国诺丁汉大学在其质量管理体系相关文件中给出的学习成果的定义为：学习成果是指学生在完成学习过程后能够展示的技能和知识。

◆ 欧洲终身学习资格框架标准（EQF，2008年版）中的定义：学习成果是指学习者在完成一个学习过程后，能知道、理解和能做什么事情的一种陈述，主要通过知识、技能和能力进行定义[1]。

通过比较分析和研究，欧洲终身学习资格框架标准中给出的学习成果的定义最为完整、准确，内涵清晰，能够有效指导我们设计预期学习成果和具体学习成果。

2017年版EQF标准对2008年版进行了修正和完善，给出的学习成果的最新定义为：学习成果是指学习者在完成学习过程中，能知道、理解和能够做什么事情的一种陈述，主要从知识、技能、责任和自主性的角度进行定义。

在2017年版的EQF标准中，用责任与自主性取代了2008年版中的能力，并分别对知识、技能、责任和自主性给出明确的定义，以便我们准确地应用学习成果、设计学习成果、对学习成果进行评价。

◆ 知识（knowledge）：在EQF背景下，知识被表述为理论和/或事实。

◆ 技能（skills）：在EQF背景下，技能被表述为认知（涉及逻辑、直觉和创造性思维的使用）和实践（涉及手工灵活性和方法、材料、工具和仪器的使用）。

◆ 责任与自主性（responsibility and autonomy）：在EQF背景下，责任和自主性被表述为学习者自主和负责任地应用知识和技能的能力。

2008年版EQF标准中对能力的定义是：在EQF背景下，能力是用责任和自主性来表述的。

从对能力、责任与自主性术语的定义可以看出，2017 年版 EQF 标准中对责任与自主性的定义较为具体，便于理解、测评。学习者在完成一个学习成果过程中，需要在理解知识的基础上，负责任地、自主地将知识转化为技能，通过技能和操作完成学习成果。如果不理解相应的知识，就不会具备相应的技能，也就难以完成学习成果。所以说，对一个学习成果进行设计、表述时，必须准确、正确地对相应的知识、技能、责任与自主性进行完整表述，正确使用行为动词，原则上不使用形容词，不能产生歧义，且能够对学习成果进行测评。

（2）国内对学习成果的定义与内涵理解

教育部委托国家开放大学研究开发的中国国家资历框架标准中，对知识、技能和能力的定义如下[2]。

◆ 知识：学习成果框架中，知识被描述为具有事实性、技术性和理论性。
◆ 技能：技能被描述为认知技能、技术技能、沟通和表达技能。
◆ 能力：主要描述知识、技能应用的自主性、判断力和责任感。

比较中国国家资历框架标准与 2017 年版 EQF 标准中对知识、技能、责任与自主性、能力的定义，发现其内涵基本相同，中国标准相对更容易理解、应用和测评。为此，本书中采纳中国标准中的知识、技能、能力术语进行完整应用。

3.2.2 学习成果的四种类型

按照学习成果的内容特征，学习成果可分为预期学习成果、具体学习成果、实际学习成果和关键学习成果四种类型。

◆ 预期学习成果。是指学习者在完成一个学习过程后，预期应能知道、理解和并做什么事情的一种陈述，并按照知识、技能和能力进行定义。在专业人才培养方案设计、课程体系设计、课程设计中，应分别设计专业预期学习成果、课程群预期学习成果、课程预期学习成果，使学习者能够提前知道自己完成相应的学习过程后，能够获得的知识、技能和能力的内容、水平和范围。

◆ 具体学习成果。是指根据预期学习成果对知识、技能和能力的要求，教师在备课过程中应根据行业企业、社会需求或其他需求，设计一个能够承载预期学习成果对知识、技能和能力要求的项目、任务或产品、作品等，用于实际教学过程中，让学习者完成学习成果。同一个预期学习成果，可以通过设计不同内容的具体学习成果予以实现。

◆ 实际学习成果。是指学习者在完成一个学习过程（无论是正规还是非正规）后，所获取的能够证明实现了一系列知识、技能和能力要求的输出载体（包括产品、作品、服务等）。实际学习成果是实现预期学习成果的证明和证据。

◆ 关键学习成果。是指对教育教学质量、培训质量起到关键作用的学习成果。在职业教育过程中，通常模块化课程学习成果、课程群学习成果和专业学习成果都是关键学习成果。而课程单元（模块）学习成果中有部分是关键学习成果。对于关键学习成果的设计、载体选择、学习者完成过程和质量测评等工作，应当制定规范的工作标准和规程，以确保关键学习成果得到预期实现。

3.2.3 模块化课程、模块课程学习成果设计与案例

（1）模块化课程学习成果与模块课程学习成果的关系与确定

职业教育作为不同于普通教育的一种类型，在课程构建方面的显著特征是：职业教育的课程是基于行业企业相应系统化工作过程而构建的，每一门模块化课程都是来源于行业企业相关的工作岗位（群）或典型工作任务，课程中对应的工作过程具有完整性、系统性、适用性和先进性，每一门模块化课程中的模块课程来源于工作模块，各模块课程之间的关系符合职业逻辑、工作逻辑要求。

由于每个工作模块具有明确的开头、结尾，对应的每个模块课程也具有明确的开头、结尾和模块的输入、过程和输出，因此，每个模块课程可以设计一个单元学习成果。每门模块化课程是否需要设计一个课程学习成果，则应根据各模块课程之间的逻辑关系确定。

◆ 各模块课程之间关系不是很密切或者是并行关系，各自具有相对独立性，则应设计一个综合性的模块化课程学习成果，以此提升学习者对各模块课程中涉及的知识的综合应用能力和分析解决问题能力。

◆ 各模块课程之间是递进式串行关系，可以对各模块课程学习成果进行综合评价，作为模块化课程学习成果。也可以在各模块课程学习成果基础上，再设计一个涵盖各模块课程的综合性的学习成果，作为模块化课程学习成果。

◆ 各模块课程之间是递进式包含关系，通常情况下，最后一个模块课程学习成果应该是模块化课程的学习成果，涵盖前几个模块课程学习成果中涉及的知识、技能、能力。

在一门模块化课程中，各个模块课程学习成果中涉及的部分知识、技能和能力有可能存在重复，这是可以的，因为在不同的相关工作模块中实际存在这种部分重复的要求。

（2）设计学习成果时应考虑的主要因素

◆ 学习成果是表述学习者通过一个学习过程获得的包括知识、技能和能力方面的综合性学习成绩，应该从学习者角度进行语言表述，而不是从教师角度对学生提出要求。

◆ 学习成果中并不表述学习目标、学习路径、学习过程、学习方法等，与课程标准、教学计划、教案、考试规范等不同。

◆ 学习成果中的知识、技能和能力的表述是特别详述还是简化表述，取决于学习内容、学习者的基础和学习目标要求。一般而言，学习成果的表述和条款既不能

太多，也不能太少。

◆ 学习成果应是可进行验证、测评、评估的，通过一定的测评手段、方法确定学习者是否真正获得了学习成果，以及学习成果实现的程度、质量。

(3) 在课程设计、教材编写过程中设计学习成果的基本要求

◆ 在表述知识、技能、能力的语句中，使用的行为动词应易于理解、内涵明确，由行为动词确定的动作能被测量或可观察到，如"解释""表示""应用""分析""开发"等。不能使用"了解""熟悉""掌握"等内涵不明确的行为动词。

根据本杰明·布鲁姆（Benjamin Bloom）的相关理论，在表述学习成果中的知识、技能、能力的语句中，根据行为动词表达的行动之复杂程度、难度不同，行为动词可分为不同认知水平。

◆ 在学习成果中，对知识的表述通常不使用行为动词，直接表述知识点即可。常用语句结构为"名称"或"名称＋定语、状语、补语"。

对技能、能力的表述使用"行为动词＋名词"基本结构，必要时增加定语、状语等修饰词，使表述更加明确、清晰。

原则上不使用形容词、副词进行修饰，因为修饰后的结果内涵不明确，难以进行测评或观察。

◆ 避免含糊、开放的表述，避免使用复杂的语句进行表述，也不应以过于笼统或过于具体的措辞来表述。在对能力进行表述时，应体现出是自主、负责任地应用知识、技能实施相关行动，还是在监督情况下实施。

(4) 学习成果的设计案例

案例1："模拟电子电路的分析与设计"课程预期学习成果

课程/学习成果名称	\multicolumn{3}{c}{模拟电子电路的分析与设计}		
参考文献	参考文献/链接：(略)		
ECVET学分	6.5	EQF等级	5
绩效标准/成功指标	标准/指标说明：(略)	重要度：5	验证方法：学生进行电路设计与仿真
知识	★ 半导体二极管与整流电路分析； ★ 直流稳压电路及滤波电路设计； ★ 三极管特性与放大电路工作原理分析； ★ 负反馈电路分析； ★ 放大电路分析设计； ★ 集成运算放大器及应用设计； ★ 正弦波及常见波形发生电路分析设计； ★ Multism 14.0电路仿真软件使用方法； ★ 模拟电路实训箱使用方法； ★ 万用表、示波器等常用电子仪器使用方法		

续表

技能	★ 正确应用数学、物理知识分析模拟电路工作原理; ★ 正确选择电子元器件,分析、计算电路参数; ★ 能使用 Multism 14.0 或高版本电路仿真软件绘制模拟电路图,正确连接电子元器件、仪器仪表,进行电路参数测试和仿真试验; ★ 根据给定功能和参数要求设计、连接实际电路,使用相应仪器仪表测量电路基本参数; ★ 对仿真电路、实际电路中存在的故障进行分析,并排除故障
能力	★ 自主、安全地按照操作规程进行模拟电路设计、连接和实验; ★ 自觉保持、维护实训室卫生、环境安全和5S要求; ★ 严谨求实,团队成员研讨分析与有效合作
验证手段	★ 在笔记本电脑中安装 Multism 14.0 电路仿真软件,按照给定功能和参数设计、搭建电子电路,通过仿真试验测试电路功能和参数的实现情况; ★ 按照给定功能和参数要求,选择电子元器件,在实训箱中搭建电路,测试电路功能和参数的实现情况; ★ 观察学习者在设计及试验中的行动表现、研讨情况,以及在安全、卫生等环节的表现情况

案例2:"风力发电设备的维护管理"课程单元预期学习成果

本案例是德国风力发电设备安装与维护管理专业的模块化课程"风力发电设备的维护管理"中的第4个课程单元的预期学习成果。

课程名称	风力发电设备的维护管理		
单元学习成果名称	设计和开发维护工作方案		
参考文献	参考文献/链接:(略)		
ECVET 学分	0.5	EQF 等级	5
绩效标准/成功指标	标准/指标说明:(略)	重要度:5	验证方法:学生进行实际操作
知识	★ 维护工作的结构、功能、目标和种类; ★ 维护的组织; ★ 检查; ★ 准备和计划的发放; ★ 系统故障:诊断和定位技术; ★ 设备和零部件的维护; ★ 工作程序和手段; ★ 震动检测系统、油的分析; ★ 维护工作的经济性管理; ★ 整体维护费用和维护工作效率; ★ 储存和维护材料,耗材; ★ 维护存储的组织和管理; ★ 供应商的认证; ★ 备件的技术规格; ★ 计算机管理程序		

续表

技能	★ 根据设备和风力发电设备制造商提供的技术信息制定详细的维护程序； ★ 确保维护工作程序包括任务定义、干预程序和方法，以及拆卸/组装检查范围、时间、在预期时间和成本内执行该程序所需人力和物力资源； ★ 在配置维护的不同阶段建立质量控制标准； ★ 考虑涉及停止风险的设备和停车关键点； ★ 优化自身资源，确定外部支持的需求，确保符合生产目标； ★ 更新预防性和纠正性维护中使用的程序，以进行改进； ★ 与供应商的设计工程师合作并参加定期会议，以不断改进产品，使其保持忠诚度，并分享运维部门的经验
能力	★ 在工作团队中进行协作和整合； ★ 干净整洁地工作和活动； ★ 组织和控制自己工作的自主权和责任感
验证手段	★ 根据风力发电设备制造商提供的技术信息，编写并更新维护工作程序； ★ 将维护工作任务、程序、干预和组装/拆卸方法的定义纳入维护工作程序的检查方法、时间以及执行维护工作所需人力和物力资源中； ★ 在维护计划框架内，分析涉及人身风险、环境风险或工厂正常运行风险的设备和风电场维护工作的关键点； ★ 在详细计划中，确定自身资源的优化和外部支持的定义； ★ 管理备件及其存储系统； ★ 在维护工作的不同阶段建立质量控制标准

案例3："机械开发与设计Ⅰ"模块化课程具体学习成果设计

课程名称	机械开发与设计Ⅰ	ECVET 学分	1.5
学习成果名称	两级齿轮传动箱设计	EQF 等级	5
参考文献	参考文献/链接：(略)		
完成时间	年　　月　　日　　12:30之前提交全部设计文件		
任务说明	要求必须设计、计算和装配两级斜齿轮。齿轮传动示意图如右图所示：		
基本条件要求	1. 驱动功率：$P=7.5$ kW（每名学生单独选定）； 2. 运转速度：$n_{an}=720$ r/min（每名学生单独选定）； 3. 总传动比：$i_{ges}=9$（每名学生单独选定）； 4. 表面硬化斜齿轮； 5. 滚动轴承的使用寿命：$L_H \approx 10000$ h（每名学生单独选定）； 6. 铸造壳体		

续表

设计文件要求	1. 整个变速箱的装配图,包括所有必要的视图、剖面、细节以及主要尺寸、连接尺寸。 2. 输出轴的零件图(生产制造使用)。 3. 整个变速箱的零件清单,分为制造零件和标准/购买零件。 4. 变速箱的组装说明。 5. 参数计算： ① 变速箱的所有设计计算和输出轴的重新计算。所有危险横截面的强度、变形、临界弯曲速度,轴-轮毂连接,轴承,齿轮的完整设计计算都要手动计算。 ② 使用合适的软件(例如 MDESIGN)重新计算轴、轴-轮毂连接、轴承和齿轮。 ③ 效率计算评估,热量平衡计算,所需油量计算。
设计以及装配要求	1. 各轴中心距 a_{ges}、m_n 和轴高应符合 GB 相关标准。 2. 圆柱轴端应符合 GB 相关标准要求。 3. 轴承采用固定支撑、浮动支撑或辅助支撑。 4. 以功能和生产制造为导向进行外壳设计(运输方便及防震、加油和放油的可能性以及油位控制)。 5. 首选飞溅润滑,浸润深度=(0.5~1)×齿轮 Z_4 的齿高。 6. 轮毂剩余厚度 $h_R>1.8m_n$,否则采用小齿轮轴。 7. 齿轮与外壳的最小距离为 $2.5m_n$。
提交设计文件要求	1. 所有设计文件进行简易装订(不要封皮、文件夹等)。 2. 提交的文件应进行编号、命名。 3. 提交文件的第一页应为任务表。 4. 必须使用文字处理系统编写文件(扫描的草图除外),不接受任何手写及其他书面文件! 5. 设计图纸应按照 GB 标准要求折叠、打孔,并在文件末端用穿孔固定。不准使用装饰类封皮! 6. 提交的设计文件、零件模型和工程图纸电子版应放在 U 盘内提交(放在具有组号的文件夹中),然后复制数据。

3.3 学习成果测评标准与测评方法

3.3.1 学习成果测评标准

每一个学习成果都应该制定一个具体的测评标准,测评标准包括预期学习成果设计质量测评标准、具体学习成果设计质量测评标准、实际学习成果完成质量测评标准 3 个主要测评标准,每个测评标准中均应设计 A、B 和预警三个评价等级,每个测评标准中设计 8~11 个评价内容指标及相应权重值,可根据不同类别的学习成果特征适当调整相关指标的权重值,各评价指标权重值合计为 100。

(1) 预期学习成果设计质量测评标准

按照学习成果名称、知识点、技能点、能力要素、课时与学分、水平等级、测评方法、学习目标实现度、完成学习成果条件、实践教学条件等 10 项评价指标对每一个预期学习成果的设计质量进行测评,见表 3-1。

其中，学习目标实现度是指课程单元学习目标、模块化课程学习目标、课程群学习目标、专业学习目标的实现程度。通常情况下，要求学习目标实现度大于70%，也就是说，通过学生完成学习成果和其他辅助考核评价，确保学习目标100%实现。

表3-1 预期学习成果设计质量测评标准

序号	评价内容指标	测评标准/符合度 A	测评标准/符合度 B	预警	权重值 Q_i
1	学习成果名称	"动词＋名词"基本结构，内涵指向明确	—	有不符合的内容	5
2	知识点	知识点的深度和广度适度、够用，能够内化为技能和能力	1～2处知识点不足，难以支撑技能、能力的实现，或过多过深	低于B级要求	15
3	技能点	与上层技能点有逻辑关系，或是上层技能点的细化与分解，通过相应知识点学习与内化训练能实现	1～2处技能点无逻辑关系，或不具备实现的条件，或对技能点的要求表述不清晰	低于B级要求，或动词、名称、副词用词不当	15
4	能力要素	与上层能力要素有逻辑关系，或是上层能力要素的细化与分解，通过相应知识点学习与技能点内化训练能够实现	1～2处能力要素无逻辑关系，或不具备实现的条件，或对能力要素的要求表述不清晰	低于B级要求，或动词、名称、副词用词不当	15
5	课时与学分	学分和课时安排符合相关规定和要求，能够保证相应的知识点、技能点和能力要素得到实现，课内学时原则上按照16课时/学分设计	学分或课时不符合要求，或学时与知识点、技能点、能力要素实现不匹配，差异超过20%	低于B级要求，或表述不清晰	5
6	水平等级	按照国家资历框架标准规定的学习成果水平等级标准设计学习成果的职业能力等级，并按照学习成果层级逐渐提高学习成果等级	知识、技能、能力要素等级中有1～2处与标准要求不符，或学习成果层级关系不清晰，职业能力等级关系不明确	低于B级要求，或没有学习成果层级策划	7
7	测评方法	学习成果测评方法能够有效测评相应知识点、技能点和能力要素的有效实现情况，并能体现出各测试点的权重值或支撑系数	有1～2处的知识点、技能点、能力要素不能被测评，或体现的权重值、支撑系数差20%以上	低于B级要求	10
8	学习目标实现度	设计的不同层级的学习成果应能实现其对应的学校、专业群培养目标和专业毕业要求、课程群及课程学习目标的95%以上	设计的不同层级的学习成果应能实现其对应的学校、专业群培养目标和专业毕业要求、课程群及课程学习目标的85%以上	低于B级要求，或缺少1～2项相应的学习成果	15

续表

序号	评价内容指标	测评标准/符合度			权重值 Q_i
		A	B	预警	
9	完成学习成果条件	学生自备常用的实践学习与训练设备，包括笔记本电脑、应用软件以及不同专业需要的数字万用表、常用工具	80%以上的学生具备完成学习成果的条件	低于B级要求	5
10	实践教学条件	学校应为学生提供完成各层级学习成果的实践训练条件和指导教师，实现开放式、全天候应用管理模式	在上课时间内能够提供保证学生完成学习成果的训练条件和指导教师	低于B级要求	8
说明	1.技能点、能力点指标中的上层是对不同类型学习成果而言，如课程单元学习成果中的技能点、能力点的上层是模块化课程学习成果、学习目标中的技能点、能力点，模块化课程学习成果中的技能点、能力点的上层是课程群学习成果、课程群学习目标中的技能点、能力点。 2.专业学习成果中的技能点、能力点的上层是专业（群）人才培养目标中隐含的技能点、能力点				

（2）具体学习成果设计质量测评标准

对于一个预期学习成果，其体现的知识、技能、能力水平和学习成果等级水平必须确定，并应符合国家资历框架标准要求。同时，预期学习成果作为职业教育课程和新型教材中不可缺少的结构要素，应设计并编写在新型教材的相应页面中。不同学校、不同教师应根据预期学习成果中规定的知识、技能、能力及学分、测评方法等要求，结合本校、本专业实际需求和条件设计满足预期学习成果内涵要求的具体学习成果。

按照学习成果名称、知识点符合度、技能点符合度、能力要素符合度、内容完整与指导性、水平等级符合度、测评方法、个人与团队完成、学习成果来源、职业符合度、应用价值等11项评价指标对每一个具体学习成果的设计质量进行测评。

（3）实际学习成果完成质量测评标准

按照技能实现度、能力要素实现度、成果要求实现度、成果质量与创新、诚信与合作、答辩与交流、按时完成与自主性、责任担当与效益等8项评价指标，对每一个学习者完成的实际学习成果进行验证、测评。

这个测评指标具有通用性，可以在此测评指标框架下根据不同类型、特征的具体学习成果的设计要求，制定适宜的测评指标、等级要求。

3.3.2 学习成果测评方法

在进行专业建设、课程建设、课程标准制定和新型教材编写过程中，应根据预期学习成果内涵要求与特征，设计相应的测评方法、测评设备仪器、测评环境与条件、测评工作规程、测评结果评价、析疑与答辩等。必要时，还可以增加对测评人员的职业操守、职业能力水平等方面的要求，以确保测评结果的准确性、公平性和合规性。

不同类型的学习成果，其测评方法差异性较大，制定测评方法时应充分考虑预期学习成果、具体学习成果、实际学习成果测评标准及测评指标的内涵特征。例如：对于产品、工艺、作品设计类学习成果，重点对设计方案、图纸、指标计算、标准件选用、依据标准、可实施性、经济性等方面进行审查、比较分析，通常需要有一定理论水平和实践经验的教师、专家进行测评。对于有形产品类学习成果，重点对有形产品的功能实行试验验证，对相关参数进行测量。

参考文献

[1] 王亚盛. 高职专业整合性课程设计的评价标准研究 [J]. 中国职业技术教育, 2018（12）: 63-68.
[2] 框架通用指标 [EB/OL]. http://cbouc.ouchn.edu.cn/kj/kjtyzb/index.shtml.

模块 4

组建开发团队开展新型教材的系统策划工作

导语：自 2019 年 10 月至今，很多职业院校开始重视并组织教师开发编写职业教育"新型活页式、工作手册式、融媒体教材"，教师们的工作积极性很高，也不断进行自我学习和参加培训学习。但是，部分学校、教师在组建编写团队、开发新型教材时仍然沿用以前的做法和思路，而教育部已经于 2019 年 12 月 16 日正式发布《职业院校教材管理办法》，并于 2020 年 6 月 15 日之后全面实施。教师们对新型教材开发编写团队成员要求、教材编写过程要求等也不甚理解，再加上相关教育行政部门对《职业院校教材管理办法》解读、宣传和具体实施等工作滞后，相关出版社、职业院校和教师对能否认真、全面执行这个管理办法存在疑惑。

但是，无论如何，我们必须重视新型教材开发编写团队建设，因为只有建设高水平、优势互补的校企合作编写团队，才能从根本上保证开发编写的新型教材质量水平符合相关标准要求，才能被广大教师积极主动选用，才能为培养高素质高水平技术技能人才提供有效保障。《教育部 财政部关于实施中国特色高水平高职学校和专业建设计划的意见》（教职成〔2019〕5 号）中提出"组建高水平、结构化教师教学创新团队，探索教师分工协作的模块化教学模式，深化教材与教法改革，推动课堂革命"，那么什么是模块化课程？为什么要教师团队分工协作开展教学？这对新型教材开发编写又提出了什么新要求？这些问题搞不清楚，就很难编写出彰显职业教育类型特征的新型教材。

为此，模块 4 将围绕"新型教材分类选题与编写条件保障、新型教材设计的思路、职业教育专业类型与确认、专业群课程体系与新型教材系统设计方法、新型教材融媒体教学资源库系统设计、教师在开发新型教材时的常见问题及改进建议"6 个方面进行系统分析和说明。新型教材开发编写团队组建非常重要，是高质量高效率创新性开发新型教材的主要保证条件。新型教材编写是一项系统工程，团队组建后的首要任务是进行新型教材的系统策划设计和思想理念的转变，为后续学习新型教材体例结构设计、内容设计等工作奠定良好基础。

4.1 新型教材分类选题与编写条件保障

在模块3中给出了职业教育新型教材开发编写的隐形主线及12个关键开发工作模块。通常情况下，应该按照这条隐形主线给出的工作步骤开展教学研究与编写工作。职业教育新型教材开发编写工作是一项系统工程，而不是孤立的一本纸质教材的编写工作，这一点务必要引起重视。目前国内职业教育基本上还停留在普通教育学科体系框架内，需要进行彻底转型升级才能成为真正的职业教育。在模块3给出的隐形主线中，前8个关键工作模块本质上是进行专业群、专业的转型升级工作，第9个关键工作模块才进入新型教材开发编写阶段。

所以，新型教材编写的分类选题分为两个阶段：第一阶段是选择专业群和专业进行转型升级改造，这项工作应该由学校教务处和相关院系领导进行快速、正确决策，并组织实施。第二阶段应该在专业群和专业课程体系重构完成、课程标准开发确定之后，对一个专业、课程群的教材进行系统策划，确定每一门课程教材的框架结构、模块课程，再组织各个教材开发编写团队成员编写教材。在第二阶段工作中，可以分批次、分学期组织新型教材编写工作。第6学期组织编写第1学期需要使用的教材，编写完成、审核合格后在第1学期组织新生试用。同时在第1学期再组织编写第2学期使用的教材，编写完成、通过审核后在第2学期组织试用。以此类推，经过三年完成一个专业群、专业的全部课程教材编写。

4.1.1 组建新型教材校企双元合作编写团队

新型教材确定好选题后，需组建教材编写团队，共同完成教材的编写工作。《职业院校教材管理办法》第十三条对组建新型教材编写团队提出了总体要求，强调职业院校教材实行单位编写制，也就是说，职业教育新型教材编写必须是职业院校或其他符合要求的单位组织编写，不允许教师个人自行编写。这一点要求与以往是不一样的。所以，职业院校应主动承担组织新型教材编写工作重担，制定学校新型教材开发编写工作计划，组织团队开展工作。

4.1.1.1 企业与学校多方合作组建教材编写团队

（1）为什么建议企业与学校多方合作组建教材编写团队

◆《职业院校教材管理办法》第十三条中规定了组织新型教材编写的单位必须同时满足的5项基本条件。其中第（二）（三）（五）项要求分别如下：

（二）有熟悉相关学科专业教材编写工作的专业团队，能组织行业、企业和教育领域高水平专业人才参与教材编写。

（三）有对教材持续进行培训、指导、回访等跟踪服务和研究的专业团队，有常态化质量监控机制，能够为修订完善教材提供稳定支持。

（五）牵头承担国家规划教材编写任务的单位，原则上应为省级以上示范性（骨干、高水平）职业院校或重点职业院校、在国家级技能竞赛中成绩突出的职业院校、承担国家重点建设项目的职业院校和普通高校、行业领先企业、教科研机构、出版机构等。

这里特别强调与以往不同的几点要求：

a.职业院校必须能组织行业高水平人才、企业高水平人才和职业教育领域高水平人才参与教材编写团队，担任主编或骨干参编。这里的"高水平人才"虽然没有统一规范的定义，但职业院校应该自己对其进行内涵定义，以确保教材编写的质量水平。

b.教材编写团队的工作是长期的，不是编写完成就解散，要长期承担新型教材出版发行后的培训、指导、回访等跟踪服务和持续改进工作。

c."牵头承担"的内涵可理解为两个方面。一是教材编写团队第一主编所在工作单位就是牵头承担单位，如此看来，今后全国21所高职本科院校、1468所高职院校、9865所中职学校中（2020年底教育部统计数据），多数院校没有资格"牵头承担"组织编写、申报"十四五"国家规划教材工作。那么，大多数职业院校在新型教材开发编写工作中应该如何办呢？这需要认真研究、制定相关对策。二是教材编写团队是由多个职业院校、企业共同组建的，不是一所职业院校自己组建新型教材编写团队，否则就不存在"牵头承担"的说法。

◆ 由多个职业院校、企业合作组建教材编写团队，具有如下4个方面的优势：

a.优势互补。建议教材编写团队成员应包括：来自3~5所学校和3~5个同行业企业等的高水平人员，团队成员7~10人比较合适，至少应包括有佐证材料的学科/专业领域的专家、教科研人员、一线教师、行业企业技术人员和能工巧匠等五类人员。特殊情况下，涉及复合型人才培养、多职业领域内容的教材编写，可以适当增加至15人，不宜太多。应充分发挥各位成员的工作经验、技术技能、职业教育、前瞻性研究等方面的优势，形成目标一致、优势互补、协调合作的团队特色。

b.增加新型教材使用数量，提升更多学校的教育教学质量。多职业院校、多企业合作开发一个专业群、专业的系列课程新型教材之后，多所职业院校牵头使用，并带动关联职业院校相同、相近专业群、专业使用，使新型教材使用院校、学生数量多，能够使更多学生从中受益，提高教育教学质量水平。

c.为不够资格"牵头承担"的职业院校提供学习锻炼机会，起到示范引领作用。由于"十四五"等职业教育国家规划教材对"牵头承担"的职业院校资格有明确规定，很多低水平职业院校没有资格作为第一主编单位组织新型教材的编写，即使学校内有高水平教师，也只能主编省级、校级规划教材。在这种情况下，多职业院校合作编写教材，一是为其他职业院校教师提供参编国家规划教材的机会，从中得到锻炼，提升其教材开发编写能力，二是可以吸收其他院校高水平教师作为骨干参编人员，提升教材编写团队水平和教材编写质量。

d.培养结构合理、科学的教材编写团队的梯队，为长期跟踪服务与持续改进跟踪奠定可靠基础。多职业院校、多企业长期合作并签署合作协议，由高水平专家领衔负责，构建具有年龄结构、学历结构、职称结构、职业能力结构、教育教学能力结构、学缘结构的科学合理的梯队，使教材编写团队具备长期跟踪服务能力和持续改进教材能力，以此确保新型教材能够长期、高质量地站稳职业教育国家规划教材主阵地，为大量培养高素质技术技能人才提供教学资源保障。

（2）教材编写团队成员资格条件和政治审核要求

按照《职业院校教材管理办法》和教育部相关规定，职业院校党委对本校教材工作负总责。职业院校应负责组织新型教材编写团队，审核编写人员资格条件，审核其在政治立场、遵纪守法、编写能力、时间保障等方面是否符合要求。在实际审核过程中，应注意如下几个事项。

◆ 所有编写人员、审核人员必须由所在单位党组织进行审核，出具审核结论，并加盖党组织印章。要注意以下几点：

a.必须加盖具有人事管理权限的学校党委印章，特殊情况需要出版社党委进行审查和说明才行。

b.对编写团队成员进行政治审查时需要注意，学校二级院、系及非法人组织的党组织公章无效。

c.党组织的审核意见必须能够清晰地表达出有关要求，不能仅仅写"同意""经审查同意"等没有实际内涵的审核结论。

◆ 编写团队成员存在如下情况时，党组织审核盖章要求：

a.企业专家所在单位若没有建立党组织，可由所在企业人力资源部门审核盖章，同时由出版社党委出具书面说明和复核意见。

b.若专家没有工作单位或没有工作，由居住地社区、街道居委会党组织进行审核、盖章，同时由出版社党委出具书面说明和复核意见。

c.团队成员中若有外国专家，则需由外国专家管理局或对外国专家有管理职责的部门出具审核意见、盖章。

d.退休人员、群众、民主党派人员等由所在单位党组织审核同意、盖章。

◆ 按照职业教育新型教材要求进行修订改版的教材，原则上由原主编（符合条件要求）继续担任主编；如果原主编已经去世或因其他原因不能承担主编职责，则应安排具备资格、有能力的高水平人员担任第一主编。

4.1.1.2 新型教材编写实施校企合作双主编负责制

(1) 双元制与双主编负责制

《国家职业教育改革实施方案》中明确提出"建设一大批校企'双元'合作开发的国家规划教材"。这里的"双元"很明确就是由职业院校、企业双方合作开发教材，不是由企业工程技术人员单独与学校教师合作开发教材，这是两个不同的要求和内涵界定。所以，新型教材编写团队成员单位应该共同签署合作开发编写新型教材的协议，由各单位法定代表人或党组织负责人签字，并加盖相应印章。协议中至少应明确如下内容：

① 合作开发编写的新型教材的名称、所属专业群和专业，对应课程的性质和课程学习目标等。

② 编写团队成员确认。包括主编、参编人员姓名等基本信息。

③ 新型教材质量标准总体要求，完成时间、内部审核时间、试用时间等要求。

④ 授权主编负责制。对第一主编、第二主编的工作职责进行确认，授权负责各成员的工作任务分配、质量指标、工作进度安排等。

⑤ 各单位对新型教材编写工作的支持内容、要求等。

编写团队工作机制制度要求，例如定期汇报制度、长期跟踪服务与持续改进工作制度等。

来自企业的高水平技术技能人才不一定都会编写教材，一般需进行必要的培训、交流，使其学会职业教育新型教材编写的基本方法。

选择合适的新型教材主编是非常关键的，只有那些在职业院校中有着丰富教学经验、善于研究职业教育且研究成果突出的高水平教师，才可能深度理解职业教育类型特征、转型升级对教材的需求，才是最合适的第一主编人选，才能编写出高质量的新型教材。

(2) 学校作为主编单位的工作职责

新型教材的编写应以学校为第一主编单位，承担相应的法律法规职责，系统协调校内外相关工作职责，负责相关的系统策划、教材组织编写、内部审查、规划教材申报等工作。具体包括以下几方面。

① 制定工作目标与标准，制定成员分工与职责要求，制定工作计划与要求，负责组织调查与分析研究，负责教材的系统设计，负责组织工作会议与持续改进，负责组织成果验收与奖惩实施。

② 组织与企业交流研讨，确定并深刻理解工作模块及其相关内容；对工作模块、职业能力要素、关键知识点及相关要求进行系统分析，基于职业逻辑关系设计

各个模块课程、课程 I/O 接口，以及每个课程模块中需要学习的新知识、案例、典型工作任务、学习成果等。

(3) 企业作为主编单位的工作职责

企业一般作为第二主编单位，负责企业编写人员的工作调度和协调，负责行业企业相关标准、规范、岗位职责以及实际案例的提供，负责与企业相关的内容的编写组织与审核工作。对于关键、重要的模块或项目，应做好如下几项工作：

① 确定行业企业工作领域、系统性工作任务及过程，进行工作模块划分。

② 确定工作模块所包含的职业能力要素、活动内容、资源以及模块输入输出接口。

③ 确定工作模块中涉及的技术标准、质量标准、工作标准、工作程序、安全环保标准、注意事项等。

在新型教材编写过程中，一定要充分发挥行业企业专家的指导作用。应邀请专家深度参与教材框架、体例结构设计和整个教材编写过程，不能仅仅是咨询。专家应根据工作岗位要求，帮助寻找知识线索、设备操作指南、技术要求和工作图片等，确定教材编写内容，在教材中有效融入产业企业元素，使其真正具备"工作手册式"新型教材特征。

(4) 主编应该注意的六个问题

① 新型教材的主编必须完整、系统地学习《职业院校教材管理办法》和《职业教育提质培优行动计划（2020—2023 年）》以及国家、省市规划教材申报文件，深刻理解编写、申报教材的内涵要求。

② 新型教材的主编应该能够深刻理解职业教育转型升级的内涵要求、新理念、新要求以及"三教"改革的内涵要求等。

③ 注意编写完成后组织一线任课教师和行业企业专业人员进行审读、试用和完善。

④ 新型教材的主编应能够组建优秀的教材编写团队，并使每个成员明确各自承担的法律责任和编写任务。

⑤ 新型教材的主编应能组织团队成员参加有关"三教"改革等方面的师资培训，系统提升教材策划设计能力。

⑥ 新型教材的主编应主动与企业、学校以及出版社三方保持密切沟通，便于及时发现问题，并快速解决。

(5) 参编人员应注意的问题

① 尽快从学科体系框架思维内跳出来，转型到职业教育工作行动体系思维，以职业岗位工作过程为逻辑起点编写教材。

② 要具备勇于挑战、克服种种困难的精神，尽最大努力，而不是应付，马马

虎虎地对待教材编写工作。

③ 熟读《中华人民共和国著作权法》，杜绝抄袭，要有自己的创作成果，对所引用文献内容能够判断其正误，不要人云亦云。

④ 要善于研究、学习和探讨，对新理念、新思想，要彻底搞明白其内涵后，有效、正确地进行应用，千万不要照猫画虎走捷径。

4.1.1.3 主编及编写人员基本任职资格要求

（1）对编写人员的基本要求

根据《职业院校教材管理办法》第十四条规定，教材所有编写人员都应符合以下条件要求：

◆ 经所在单位党组织审核同意，参加教材编写工作。

◆ 政治立场坚定，拥护中国共产党的领导，认同中国特色社会主义，坚定"四个自信"，自觉践行社会主义核心价值观，具有正确的世界观、人生观、价值观，坚持正确的国家观、民族观、历史观、文化观、宗教观，没有违背党的理论和路线方针政策的言行。

◆ 熟悉职业教育教学规律和学生身心发展特点，对本学科专业有比较深入的研究，熟悉行业企业发展与用人要求。有丰富的教学、教科研或企业工作经验，一般应具有中级及以上专业技术职务（技术资格），新兴行业、行业紧缺技术人才、能工巧匠可适当放宽要求。

◆ 遵纪守法，有良好的思想品德、社会形象和师德师风。

◆ 有足够的时间和精力从事教材编写工作。

◆ 编写人员不能同时作为同一课程不同版本教材主编。

（2）对教材主编的要求

根据《职业院校教材管理办法》第十五条规定，教材编写实行主编负责制，主编主要负责教材整体设计，把握教材编写进度，对教材编写质量负总责。主编不仅要符合上述编写人员的全部条件，还需符合以下条件：

◆ 坚持正确的学术导向，政治敏锐性强，能够辨别并自觉抵制各种错误政治观点和思潮。

◆ 在本学科专业有深入研究、较高的造诣，或是全国知名专家、学术领军人物，有在相关教材或教学方面取得有影响的研究成果，熟悉相关行业发展前沿知识与技术，有丰富的教材编写经验。一般应具有高级专业技术职务，新兴专业、行业紧缺技术人才、能工巧匠可适当放宽要求。

◆ 应具有很强的工作责任心，有组织管理经验、能力，有团队合作精神，有教改理念和创新精神，有把握全局的能力。

◆ 有较高的文字水平，熟悉教材语言风格，能够熟练运用中国特色的话语体系。

审核通过后的教材原则上不更换主编，如有特殊情况，编写单位应报相应的主管部门批准。

4.1.2 新型教材选题的规划

4.1.2.1 优先选择的专业群、专业类型

教育部《职业教育提质培优行动计划（2020—2023年）》已经将职业教育转型升级、提质培优各项重点工作都进行了系统部署，各省区市、各职业院校都在开展相关改革创新、提质培优工作。对具体一所职业院校而言，优先选择哪些专业群进行建设与运行，在院校内起到示范引领作用尤为重要。建议按照如下几个原则选择专业群，进行系统改革创新建设。

◆ 已经纳入国家、省市双高建设计划的专业群。这些专业群在建设过程中，不仅是群内各个专业要进行转型升级和改革创新，更要将新型教材建设作为重点工作之一，有计划、有步骤、高质量地完成新型教材开发编写工作，争取入选"十四五"职业教育国家规划教材。

◆ 未纳入国家、省市双高建设计划的职业院校，建议按照如下原则选择专业群：

a. 服务现代农业、先进制造业、现代服务业、战略性新兴产业的专业群。

b. 服务国家战略和经济社会发展急需紧缺领域的专业群，如人工智能、大数据、区块链、网络空间安全、环境科学、海洋科学、能源科学等领域的专业群。

c. 服务地方特色产业、民族传统技艺领域等的相关专业群。

d. 服务农林、牧、渔、地质、矿产、水利、养老、家政行业的专业群。

e. 适应新业态、新职业和新岗位的专业群。

优先选择适宜的专业进行转型升级和改革创新，同时开发编写新型教材，是重点工作之一。建议按照如下原则优选专业。

◆ 已经优先选择的专业群内的专业。

◆ 职业教育本科层次试点专业。

◆ 实施1+X试点的专业。

◆ 2020—2023年计划建设的3000个左右国家中职学校专业中的专业。

◆ 2021年可能新增的服务国家重点支持发展行业产业的专业。如智慧水利技术、林草生态保护与修复、药膳与食疗等专业。

由于职业院校教材开发编写是一项系统工程，需要进行系统策划和设计，因此

建议职业院校成立以专业群、专业为主体的新型教材开发编写委员会（以下简称"新型教材编委会"），对教材开发编写工作进行统一策划、协调和审查、指导，以预防教材编写出现方向性问题、系统性问题和质量不高等情况。新型教材编委会成员应包括企业校友代表、企业工程技术专家、专业带头人、骨干教师、职业教育专家、出版社责任编辑等，建议由3~5所职业院校的相同专业或专业群、3~5家企业、1家出版社合作成立新型教材编委会，发挥院校、企业和出版社的优势，合作开发编写专业群或专业系列新型教材。

为了确保新型教材编委会能够长期发挥应有的作用和职责，各成员单位法定代表人或授权人员应共同签署合作协议或章程，对各参与单位的权利、义务和职责进行界定，对新型教材编委会成员的任职资格、年限、工作职责等进行规定，对编委会的工作职责、任务和承担的法律法规责任等进行界定，规定组建新型教材编写团队的基本原则和要求等。

新型教材编委会人员数量，以专业群课程体系的新型教材编写为主体的编委会成员以13~15人为宜，以专业课程体系的新型教材编写为主体的编委会成员以7~9人为宜。编委会成员可以分别作为新型教材编写团队中的主编或骨干参编人员，但不能作为新型教材质量审核团队成员。

新型教材编委会的主要职责应包括：

a. 研究策划专业群、专业新型教材开发策划方案、近期和中期工作计划、质量目标等重大问题。

b. 对专业优选、教材选题等进行研讨确定，制定新型教材编委会工作制度和质量标准等，建立有效工作机制，并获得所在院校支持。

c. 应定期、不定期围绕专业建设、课程建设和新型教材建设召开相关专题会议，分工协作开展好新型教材开发编写工作。

d. 定期督导、评审新型教材开发编写工作质量，确保工作过程质量，将各种问题消灭在萌芽之中。

4.1.2.2 新型教材的优选原则

(1) 基本原则

新型教材优选工作应遵循两个主要原则：一是按照上述确定的"第6学期开发编写第1学期新生需要的新型教材，第1学期开发编写第2学期需要的新型教材……"的原则分学期组织专业群、专业新型教材开发编写工作；二是在具体每个学期内，要确定哪些课程教材是重点、哪些课程教材相对比较重要、哪些课程教材不太重要，根据课程教材的重要度、开发难度分别分出三种类型，见图4-1。图中，教材类型4、5应该安排能力水平最高的团队承担开发编写任务，给予的工作业绩量化值也应该最大；教材类型 9、10 应该安排能力水平较低的团队负责开发编写，但其团队负责人的能力水平不能太低，要具备相应教材策划、指导团队的能力。

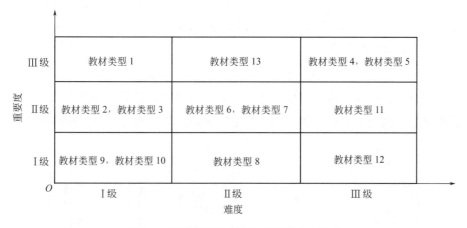

图 4-1　新型教材重要度与难度分布九宫格

（2）内容特征优选原则

在新型教材优选基本原则基础上，结合每套教材的内容特征进行选择。优选原则如下。

a.国家、省市统编类课程教材：要求思想理论和观点正确，具有原创性且育人成效显著，突出职业教育特色的基础类课程教材。

b.国际化课程教材：服务"一带一路"倡议，适应职业教育对外开放和国际合作需要，凝聚中国优秀经验的课程教材。

c.优秀民族文化传承课程教材：具有民族特色，传承优秀文化，内容形式适应信息社会需求，具有创新传承特色，教学效果好的课程教材。

d.国家化课程教材：含有国际、全国技能大赛优秀成果转化内容，且与职业岗位相对应的理论实践一体化课程教材。

e.特殊行业特殊课程教材：高铁、新能源、卫星通信等特殊行业特色显著，与职业新岗位无缝对接，含新技术、新工艺、新标准的课程教材。

f.高质量数字教材：集聚式数字教材，音频、视频、动画等融媒体资源丰富，实现多主体、多维度、多层次互动等功能的课程教材。

g.国家精品在线开放课程教材：2020—2023 年计划分级遴选的 5000 门左右国家职业教育精品在线开放课程，与之配套开发的新型教材。

4.1.3　新型教材开发的条件与保障

按照教育部《职业院校教材管理办法》规定，职业院校应该成立教材建设与选用工作委员会，制定委员会的工作职责、工作制度以及教材质量标准、质量评审过程等配套的规范性文件，构建完整的职业教育校本教材建设和使用质量管理工作体系，为教师积极开展新型教材开发编写工作提供相应条件设备、激励措施和相关保障措施。其中，以下 4 项保障措施应予以充分考虑。

（1）转变教师思想理念

完成一项复杂、综合性的改革创新工作，相关新理念、新思想的转变尤为重要，知道、理解为什么要完成这项工作，才能将相关新理念、新思想落实到工作中，才有可能保质保量、高效率完成工作。图 4-2 是转变理念与自觉行动的逻辑简图。

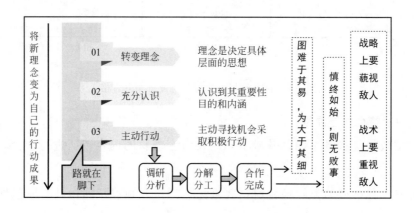

图 4-2　转变理念与自觉行动逻辑简图

◆ 转变理念。理念是决定具体层面的思想，新理念中隐含着新思想。在职业教育转型升级、新型教材开发编写工作中，有很多新理念需要落地生根、开花结果。新型教材内容的逻辑起点不是学科知识，而是完成职业岗位工作需要的职业技能、能力和素养，这是职业教育中"职业理念"在教材编写中的具体化要求。还有"落实立德树人根本任务""培养创新创业能力""以学生为中心"等理念，都要落实到教材编写内容中。

◆ 充分认识。要将新理念、新思想落地生根、开花结果，还要在理解并接受新理念及其内涵要求基础上，充分认识到这项工作的重要性、重要意义和作用。只有充分认识、理解其重要性、目的和内涵要求，才能自觉地去研究高质量、高效率地完成这项任务的方法、路径、措施等，并主动采取措施。

◆ 主动行动。俗话说"机会是给有准备的人"，没有做好充分准备的人很难发现机会，即使发现机会，也难以抓住机会。对于开发编写新型教材这项复杂、有难点的系统工作，在理念转变、充分认识做到位后，自然会主动采取相应行动，组建教材编写团队开展相应工作，包括开展企业需求调研、安排工作分工计划、制定工作标准等；通过团队合作，按计划高质量地完成新型教材开发编写任务。

◆ 化难为易。老子在《道德经》中说："图难于其易，为大于其细"，这是一句充满智慧的名言，对于开发编写新型教材工作具有指导意义。开发编写新型教材时，可以将新型教材开发分解为多个层次，逐层分解为多个小的、简单的工作，先从最底层的工作做起，所有简单工作都按质量、按要求完成，再将结果进行"组装、链接、完善"。这样逐层完成后，一套高质量新型教材就开发完成了。其中，第1层的主要任务是制定新型教材标准，进行系统策划设计；第2层的任务是编写每一个模块；第3层的任务是编写每个模块中的任务、单元等；第4层的任务是分析确定完成每个具体任务需要的职业技能、能力和素养要素，并据此分析确定"必需、够用、适度"的知识点。

◆ 持之以恒。老子在《道德经》中说"慎终如始，则无败事"。通常情况下，人们在决定完成一项新的、复杂的工作任务之时，开始都会非常用心细致、一丝不苟地去做，在中间或后期遇到较大困难，没有很好的办法解决困难的情况下，往往会"虎头蛇尾"。在新型教材开发编写中，如果团队中每位成员都能做到"慎终如始"，则完成一套高质量新型教材就没有什么悬念。

◆ 战略战术。在团队合作或个人接受任务之初，团队、个人应树立必胜的信心，明确方向和目标，任务分工明确，形成一种团队力量；在完成每一项具体工作的过程中，不能马虎和轻视每一项具体、细小的工作，应扎扎实实、一丝不苟、保质保量地完成每一个具体任务细节。

◆ 路在脚下。每一位教师的职业发展道路，每个专业群、每个专业的高质量稳健发展的道路，不在别处，就在自己脚下；路要自己走，别人推着你走，不可能走远。所以，新型教材开发工作不能只喊口号、只讲理念而不落实，要将职业教育新理念内化吸收后转变为自己行动的内在动力，持之以恒地实施，才能走到成功的终点。

（2）组织教师系统学习与研究创新

教育部部署一些新的质量工程和创新改革任务后，学校首先应该组织专家研读相关文件，搞清楚这个任务是什么，为什么要做，目的和目标是什么，我们的现状如何，实施路径在哪里，采用什么方法和措施能有效，我们该怎么办，这些问题都搞清楚了，再组织开展师生培训、宣传和工作指导。传达上级文件不能照本宣科，自己不理解，如何能让教师们理解？大家理解不一样又如何能执行好呢？

国务院《国家职业教育改革实施方案》中提出："建设一大批校企'双元'合作开发的国家规划教材，倡导使用新型活页式、工作手册式教材并配套开发信息化资源"。教育部对此进行了多种版本的解读，我们在进行系统学习与研究创新时，可按照"学习内容来源、深度学习理解、找答案以求真、创新创造成果"的思路进行。

◆ 学习内容来源。要以上级最新文件为主线，同时结合上级以前的关联文件、相关专家的讲座和论文、相关著作、相关领导的讲话等多方面信息进行系统研究，不能单独就文件学文件；要了解上级文件起草背景、实施的方向和目标，否则就容易产生目标、目的的偏离，从而导致执行成效达不到预期值。

针对职业教育新型教材开发编写，截止到 2021 年 3 月底，教育部相关文件中已经有 4 种不同版本的解读，也有职业教育领域专家的解读讲座、解读论文等。面对各种解读，只要我们能够看准、理清职业教育发展方向和特征，搞清楚职业教育教材改革的目的和方向，就不会迷失方向，就能在深度分析基础上合理科学地应用、取舍。

◆ 深度学习理解。以上级文件为主线，结合多种来源信息资料系统分析与学习，搞清楚上级文件的内涵是什么，再围绕其内涵要求，结合职业教育现状提出相关的质疑，进行深度理解，决不能表面理解、照猫画虎。应按照"建设性和批判性相统一""理论性和实践性相统一""统一性和多样性相统一"的原则进行深度分析、研讨。必要时，在自己权利范围内进行应用试验、改进完善，形成初步可行的结论、结果。

在研究开发职业教育新型教材过程中，要针对"新型""活页式""工作手册式""融媒体""新型教材""三教改革""教师分工协作开展模块化教学"等新形态、新理念、新要求进行系统、深度理解与研究，不能各自孤立地进行研究。职业教育新型教材开发工作是一项系统工程，与教师、教法、课程、专业等方面的改革都有密切关联，孤立研究就会出现问题。要从理论、实践、改革目的、现状等多个角度提出质疑，分析产生的原因，制定具有建设性的改进措施。开发编写后必须作为校本教材进行试用、改进，校本教材开发编写是基础性的重要工作，不可忽视。

◆ 找答案以求真。通过理论研究、试验探索，对"职业教育新型教材是什么教材？为什么是这样的教材？我们该怎么做"等问题就会有明确的答案。针对开发编写新型教材中存在的各种问题，分析产生问题的三个层次的原因，针对根本性原因制定改进措施，从根上进行改进，避免重复出现相同或类似问题，不能"头痛医头、脚痛医脚"。通过逆向思维与系统分析，制定完整、系统的职业教育新型教材改革开发方案。当然，由于新型教材开发编写是一项系统工程，很难一步到位制定出高质量工作方案，因此需要在实践中不断完善、改进才行。

◆ 创新创造成果。经过上述 3 个阶段的研究与探索，会发现不同专业群、专业和不同课程教材，各自有着不同、相同的内在规律，基于相同内在规律开发编写新型教材是必备、必须的要求。而基于各课程教材的使用对象、教材内容来源的行业企业、技术技能复合应用等方面的不同要求和差异进行分析，则相关的新理论、新方法、创新点、创新应用等就会被挖掘出来。再经过凝练提质后进行应用，就会促进职业教育新型教材质量全面、创新发展。

（3）主动认真开展企业调研分析

要开发编写出高质量、高水平的职业教育新型教材，开展行业企业调研是不可缺少的基础工作。部分职业院校教师以"没有时间、不知道、企业不感兴趣、我已经了解企业"等理由，没有去很好地、系统性开展企业调研工作，就急于动手编写教材，急于出成果；没有跳出普通教育学科体系的框架，还在修修补补地编写教材。显然，这种开发编写职业教育新型教材的思路、路径和做法是不正确的，也不可能编出高质量、高水平的新型教材。

企业调研工作主要从行业产业调研、企业调研、岗位群调研、工作过程调研四个层面进行，缺一不可。

◆ 行业产业调研。重点调研行业产业转型升级的具体内容和目标，了解哪些产品需要转型，为什么要转型，哪些产品要升级，升级到什么水平，为什么要升级而不是转型，等等。通过调研分析，确定专业群如何构建和优化，分析校内教育教学资源情况，最大限度地为专业群共享，重构基于职业岗位的课程体系、课程标准、教材体系。这项工作是新型教材开发编写的最基础的工作之一。不打牢基础工作就大规模进行新型教材改革，是难以成功的。

◆ 企业调研。重点调研企业产品类别、产品转型升级、产品质量水平、产品产业链、企业生产岗位群、岗位部署和对技术技能人才的需要、要求等情况。通过调研分析，优化专业人才培养目标、专业人才培养方案，重构专业课程体系、课程标准和教材体系。

◆ 岗位群调研。在行业企业调研过程中，不仅要调研现有岗位名称、工作内容、对员工职业技能和职业素养等的具体要求，还要调研未来5～10年内可能新增的工作岗位等情况。随着新技术发展，新岗位会不断出现，现有岗位也会进行升级换代，这些都要了解清楚。在调研分析后，优化、重构课程群、课程标准、教材群等，为每一套教材改革奠定基础。

◆ 工作过程调研。职业院校教师不仅要到企业开展深入细致的调研工作，还应该在与课程、教材对应的工作岗位和密切相关的工作岗位上，参加岗位工作实践3天以上，按照企业规范要求与企业员工一起工作，亲身体验工作内涵。通过体验和调研了解，分析确定每一个工作模块的名称、输出输入接口以及完成工作模块需要具备的具体职业技能、能力和职业素养要求；分析需要学习哪些知识点，并在工作中进行应用。通过调研和工作体验，重新设计、构建模块课程或模块化课程，为编写新型教材奠定基础。

（4）制定激励政策加强团队合作

首先，职业院校应该制定教师开展新型教材编写工作激励机制，采用正激励与负激励措施，在权限内灵活使用权利，这一点广东、浙江、江苏等地的很多职业院校做得比较好，而一些职业院校则存在政策使用不足、不到位、不灵活以及懒政、惰政等问题。

另外，职业院校可在校内实施推广"揭榜挂帅""赛马""前引后推，末位淘汰"等机制，给各个新型教材编写团队充分的权利和创新工作空间，在确保教材质量水平前提下，对编写工作过程不要过分干预。各种会议、检查、调度过多，不一定会取得预期成效。

4.2 新型教材设计的思路

4.2.1 新型教材建设指导思想

（1）目标与目的明确

全面推动习近平新时代中国特色社会主义思想进教材、进课堂、进头脑，使师生理解、接受并内化为实际行动。将职业教育类型特征、学生特征融合在新型教材中，提升教材对学生的吸引力，促进学生自学能力大幅度提升。在培养高素质高水平技术技能人才过程中，充分发挥出职业教育新型教材应有的育人作用和成才效果，完成立德树人根本任务。

（2）建设方向要正确

新型教材建设应坚持正确政治方向，以马克思列宁主义、毛泽东思想、邓小平理论、"三个代表"重要思想、科学发展观、习近平新时代中国特色社会主义思想为指导，有机融入中华优秀传统文化、革命传统、法治意识和国家安全、民族团结以及生态文明教育，努力构建中国特色、融通中外的概念范畴、理论范式和话语体系。学习借鉴国外先进经验和做法，并扎根中国大地，站稳中国立场，充分体现社会主义核心价值观，加强爱国主义、集体主义、社会主义教育，引导学生坚定道路自信、理论自信、制度自信、文化自信。

（3）内容及逻辑要科学

体现职业教育的职业特色，基于职业岗位需求设计教材内容，按照工作过程、步骤构建教材结构，要"源于企业高于企业"。遵循学习规律、职业成长规律、工作逻辑规律和人才培养规律，及时纳入中国特色社会主义实践创新成果，以及行业企业新技术、新知识、新标准、新技能等。充分融合现代信息技术手段，建设融媒体信息化教学资源库。将"以学生为中心"落实到教材内容中，内容呈现方式多样化，教材功能多样化，富有启发性、引导性和创新性，有利于激发学生学习兴趣及创新潜能。

（4）体现新型教材特征

充分体现"活页装订方式，立德树人根本任务，行动与成果导向，融媒体信息化资源，以学生为中心，高于企业载体"六大特征，通过教材内容、教材功能和教材结构的科学设计，促进学生自主学习能力提升，全面提高教育教学质量水平。

4.2.2 新型教材系统策划的设计思路

职业教育新型教材是一种与普通教育教材同等重要的一种教材类型。普通教育教材是以教师的"教"为主导的教与学的内容载体，也称为"教科书"或"教学用书"。职业教育新型教材是以学生的"学"为主导的学与教的内容载体，是一个教材体系，不是一本纸质教材，纸质教材仅是新型教材中的核心部分，这一点在《职业院校教材管理办法》中有明确规定。

以学生的"学"为主导开发编写新型教材是落实"以学生为中心"的重要措施之一，也是基于职业教育类型特征要求和学生特征现状的必然措施。

（1）新型教材系统策划的设计思路

按照"以学生为中心，以职业能力为本位，以学习成果为导向，促进自主学习能力提升"设计思路，系统指导新型教材策划设计、编写工作的各个方面。要弱化"教学材料"特征和内容，强化"学习资料"功能与内容，通过新型教材引领，在学生学习过程中构建深度学习的管理体系。

"以学生为中心"是新型教材设计要实现的重要目标之一；"以职业能力为本位"是新型教材设计的基本方法之一，也是教材改革的逻辑起点和落脚点；"以学习成果为导向"是评价学生学习业绩的重要载体和依据，是职业教育类型特征的重要体现；"促进自主学习能力提升"是职业教育新型教材改革与教学实施的重要目的之一。

（2）学材及其在新型教材体系中的作用

学材和教材在内涵特征、内容、使用方法和使用对象等方面有着明确的异同点，教材不等同于学材。学材是提供给学习者用于学习的各种学习材料。高质量、规范性的学材，应该根据不同学习者的特征进行结构、内容、呈现方式等的设计，以有效提高学习者的学习效果。

学材有着传统教材无法替代的作用。从学生角度来看，高质量、规范性的学材能够促进学生有目的地学习，调动学习积极性，指导学生获取相关信息，寻找解决问题的途径，在学习中获得分析问题、解决问题等职业核心能力，促进学生自主构建自己的知识和能力体系。

新型教材不是将教材改造为学材，而是两者的有机融合，是职业教育教材的一种类型，根据不同课程教材类型特征，在新型教材中体现"教"的成分约占20%～30%，体现"学"的成分约占70%～80%。

（3）构建深度学习管理系统

深度学习（depth learning）是机器学习领域中的一种复杂的机器学习算法，让机器能够像人一样具有分析学习能力，能够识别文字、图像和声音等数据。

在这里，借用深度学习这一新术语设计职业教育新型教材的深度学习管理系统，其逻辑结构如图4-3所示。深度学习管理系统中分为教师设计子系统和学生实施子系统，在组织实施中两个子系统相互影响、相互促进，共同发挥作用。

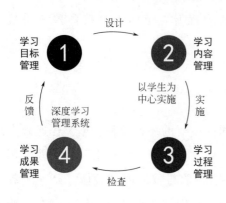

图4-3 深度学习管理系统逻辑结构

◆ 教师设计子系统。设计教材中每个模块的学习目标、学习内容、学习过程、学习成果，并将"以学生为中心"的相关内涵要求落实到这四个方面。学习过程设计通常通过结构设计、"工作手册式"的学习性职业工作流程予以体现。

◆ 学生实施子系统。学生在学习过程中，针对每个模块的具体学习成果，按照要求进行相关设计、计算和分析等，按照设计图纸、方案等进行相关产品加工制造或其他相关活动实施，最后对完成的模块学习成果进行自我检查、评价，合格后提交给教师。教师对学习成果进行评价，将存在的不足和问题反馈给学生，使其在下一个模块学习过程中少走弯路，"吃一堑，长一智"，提升完成具体学习成果的质量水平。整个实施过程在教师指导下完成。

4.3 职业教育专业类型与确认

4.3.1 高职专科五种专业类型与人才培养目标

《国家职业教育改革实施方案》和教育部"双高"建设计划相关文件对高等职业教育专科三年制的专业人才培养目标给出了统一的宏观定义，即：培养千万计的高素质技术技能人才，在全面提高质量的基础上，着力培养一批产业急需、技艺高超的高素质技术技能人才。

(1) 高等职业教育专科的五种专业类型

目前,根据专业人才培养目标的中观定位,可以将高职专科专业分为技能为主型、技术技能型、技术为主型、技术技能复合型和技术技能创新型五种,如表4-1所示。

表4-1 高等职业教育专科的专业类型

序号	专业类型名称	中观层面的人才培养目标
1	技能为主型	培养技能为主的高素质技术技能人才
2	技术技能型	培养技术、技能均衡应用的高素质技术技能人才
3	技术为主型	培养技术应用为主的高素质技术技能人才
4	技术技能复合型	培养多技术技能领域、职业或岗位跨界的技术技能人才
5	技术技能创新型	培养技艺高超、创新研发为主的高素质技术技能人才

(2) 专业类型分析确认

高职院校应该对每一个具体专业进行定位、分类,并确定中观层面的专业人才培养目标,以便为后续制定微观专业人才培养目标,设计专业课程体系中的知识、技能、技术基础的学习深度和广度奠定基础。表4-2为应用电子技术、船舶工程技术和市场营销专业类型分析确认的案例。

表4-2 专业类型分析确认案例

专业名称	职业教育高职专科五种专业类型					确定复合的技术技能行业或岗位
	技能为主型	技术技能型	技术为主型	技术技能复合型	技术技能创新型	
应用电子技术	√		或√		或√	电子产品研发、信息技术应用、产品制造等
船舶工程技术		√		或√		船舶行业的企业质量管理、生产管理等
市场营销	√			或√		电子信息产品、机械产品或化工类产品等的营销

不同类型的专业,其专业人才培养目标不同,培养方案也不同。一个专业可以根据所服务的行业企业、岗位群的实际需求情况,分别定位在两个类型,并分别制定两套人才培养目标和人才培养方案。如果一个专业每年招生只有一个班级,原则上不能定位两个类型,只能确认为一个类型。

4.3.2 不同专业类型对知识、技能和能力的要求特点

在职业教育专业类型中，不同类型的专业在策划设计专业课程体系及课程标准中，对理论知识、技术基础、技能要求等在深度、广度方面的要求是不一样的，不能一刀切地对所有专业按照一个模式、模板设计专业人才培养方案和课程体系。比如，汽车维修专业、软件技术专业就难以按照相同的标准、模式设计专业人才培养方案和课程体系，因为专业人才培养目标不同，专业类型不同。

五种类型专业对理论知识、技术基础和技能要求的深度、广度要求如表 4-3 所示，表中规定的要求是针对一个专业的整体要求，但是具体到一门课程和教材时会有一定的差异，这是因为每一门课程教材对应的工作岗位不同，对技能、能力和知识点的深度、广度要求也不同。

表 4-3 五种类型专业对理论知识、技术基础和技能要求的深度、广度要求

专业类型	理论知识		技术基础		技能要求		培养目标
	广度	深度	广度	深度	广度	深度	
技能为主型	低	低	低	低	中	高	技能人才
技术技能型	高	低	高	中	低	中	技术技能人才
技术为主型	中	高	中	高	低	低	一般技术人才
技术技能复合型	高	中	高	中	中	中	复合型人才
技术技能创新型	中	高	高	高	中	中	创新型人才

4.4 专业群课程体系与新型教材系统设计方法

4.4.1 企业调研与典型工作任务设计

（1）以专业群为主导开展企业调研工作

◆ 理解教育部、人力资源和社会保障部两大类 X 证书标准及特点。根据《国家职业教育改革实施方案》规定，教育部、人力资源和社会保障部都在各自开发设计 X 证书制度和职业技能标准，两大类 X 证书标准存在一些异同点。通常情况下，由于职业教育业务管理权限分工，技工类职业院校选择人社部的 X 证书标准多一些，普通职业院校选择教育部的 X 证书标准多一些。表 4-4 给出了教育部、人力资源和社会保障部 X 证书标准特征对比，供各职业院校选择 X 证书时参考。

表 4-4 教育部、人力资源和社会保障部 X 证书标准特征对比

项目	教育部	人力资源和社会保障部	说明
标准名称	职业技能等级标准	国家职业技能标准	1.国家职业分类大典中共有1481个职业,原则上每个职业都开发国家职业技能标准。2.人力资源和社会保障部保留了58个职业资格标准和证书。3.人力资源和社会保障部X证书1至3级分别对应教育部初级、中级和高级。4级和5级分别为技师和高级技师
面向职业	面向技术技能领域。如××技术,××管理,等	面向职业或工种。如××员,××工,××师,等	
证书性质	职业技能水平的证明		
开发依据	行业企业需求	国家职业分类大典	
开发机构	有资质的企业	人力资源和社会保障部及相关部委	
技能等级	初级,中级,高级	1级至5级,共五个等级	
发证机构	开发标准的机构	人力资源和社会保障部专门机构	
目前数量	4批共471个	陆续开发了190个	

◆ 明确职业教育和社会培训存在的异同点,为企业调研提供重点内容依据。职业教育不能等同于职业培训,两者之间存在明显的差异性。作为职业院校,开展职业教育和社会培训都是重点工作,但不能在课程建设、新型教材建设、教学实施等方面相互取代。表 4-5 给出了职业教育和社会培训在某些项目上存在的差异性。

表 4-5 职业教育和社会培训差异性分析表

项目	职业教育	社会培训	对比说明
实施目的	立德树人是根本任务,使学生成为高素质技术技能人才	使学员学会一定的技术技能	差异较大
实施依据	职业教育法和专业教学标准	社会和学员需求	
实施主体	职业院校	培训机构,职业院校	
学习主体	在校学生	社会人员,在校学生	差异较大
学习基础	没有工作经验和亲身体验	有工作经验和亲身体验	差异较大
学习欲望	学习愿望和内在需求不强烈,多数是被动学习	学习愿望和内在需求比较强烈,多数是主动学习	差异较大
学习内容	职业需求知识、技能、能力和职业道德等内容	职业或学员需求的知识、技能等	
考核评价	职业院校为主组织,多样化考核评价方法	培训机构自己组织考核	
教师资格	国家规定的教师资格证书	培训机构自己确定	差异较大
课程体系	基于职业需求和教育部规定,完整的专业课程体系	培训机构自己确定,零散的课程,一般不成体系	差异较大
学习时长	国家统一规定,高职3年	培训机构自己规定每门课程的时间,按单课程确定	
证书证明	毕业证书,学位证书	单课程培训结业证书	

通过表4-5可知，在实施目的、学习主体、学习基础、学习欲望、课程体系等方面，职业教育和社会培训的差异较大，这些差异对教师开展行业企业调研、开发编写新型教材的影响很大。如果不了解、分析这些差异，就很难完整、有效地得到满足新型教材开发编写需要的企业岗位工作信息、职业要求等，在基于岗位工作职业能力分析需要的知识点过程中，就很难掌控知识的广度、深度要求。

◆ 在开展企业调研之前的策划阶段，要明确实施X证书制度是为了进行专业课程体系建设和教育教学、培养复合型技术技能人才，还是为了开展社会培训工作，或者两者兼顾。明确之后，研究制定详细、完整的调查对象、项目、内容等。尽量减少到企业调研的次数，降低成本，提高效率。

◆ 专业群、专业和课程团队开展行业企业调研的重点和要求如下。

a. 以专业群为主导组织行业企业调研，为构建专业群课程体系调研和收集完整、系统的信息数据，特别是专业群中具有共同或类似职业岗位需求的职业技能、能力和必需学会的知识点，这是构建专业群公共课程的依据。另外，通过企业调研，以专业群为主导，与企业合作开发设计各个企业特色课程，编写相应新型教材。

b. 在专业群调研基础上，以专业为主导进行深入细化的企业调研，为重构专业课程体系、开发设计专业课程体系中所有课程标准收集完整、细致的信息数据。通过对从企业调研获得的信息数据进行分析，确认各个工作模块，再设计各个模块课程和模块化课程。

c. 对各个专业对应的职业岗位共同需要的模块课程，应根据其与其他模块课程关联的密切程度，确定作为专业群公共课程，还是作为模块课程分别在各专业模块化课程中应用。

d. 在专业群、专业模块化课程标准制定完毕后，根据工作计划安排相应模块化课程新型教材编写的企业调研工作，每个编写团队策划设计调研内容和调研方法等。如果专业群、专业调研工作没做好，专业群和专业课程体系没有重构，直接开展新型教材编写调研，则各模块化课程构建、新型教材结构设计出现问题的概率非常大，这些问题开始时可能没有被发现，当课程建设到一半左右时，就会明显出现专业课程体系不成体系、逻辑关系紊乱等问题。

◆ 调研团队组成和分工合作。专业群、专业和课程调研团队的组建应该提前进行，根据调研目的、目标、内容等，确定团队成员名单、人数，并根据团队成员个人特征分配相应调研工作任务，分工要明确，避免出现重复、遗漏等问题。对于专业群调研，可以组建多个团队分别到不同企业进行调研。

为了节约时间和调研成本，也可以在周密策划、研究前提下，设计好专业群、专业和能够确定的课程调研方案，设计好调研内容、方法等，一次性到企业同时开展专业群、专业和部分确定课程的调研。在通过企业调研确定专业群、专业课程体系和课程标准之后，再制定其他课程和新型教材调研方案、调研团队。通常情况下，一个调研团队成员 3～5 人比较合适。具体人数应根据情况确定。

（2）产业、行业理解与企业调研方法应用

◆产业和行业概念及其关系与合理应用。在职业教育专业群构建和开展行业企业调研工作中，首先要清楚产业、行业概念的内涵及其相互关系，才能应用好这两个概念研究职业教育工作和专业群建设工作。

a. 产业是按照产品生产过程的先后顺序进行划分，宏观层面分为上游的第一产业（农、林、牧、渔企业）、中游的第二产业（制造企业，二次加工企业）、下游的第三产业（服务、营销等企业）。第一产业、第二产业都有明确的有形、流程性产品输出，第三产业输出的是服务，包括一般商业性服务、软件开发和信息技术服务。中观、微观层面的产业视具体产品生产过程而确定。两个及以上不同的产业之间构成产业链，在产业链中分有上游、中游和下游产业。

b. 行业是按照企业输出的产品属性类别不同进行划分，如农林牧渔、采矿、制造业、建筑业等 19 个大类行业。每个大类行业还可分中类行业、小类行业，如制造业大类分为食品制造业、通用设备制造业、仪器仪表制造业等 31 个中类行业。行业分类应按照国家 GB/T 4754—2017《国民经济行业分类》标准进行。

c. 产业与行业之间构成纵向和横向的矩阵关系。每个具体企业都是产业、行业矩阵表中的一个点元素，如表 4-6 所示。

表 4-6 产业与行业关系矩阵表

行业/产业链	上游产业	中游产业	下游产业	产业链层次
农业/制造业/商业	小麦种植 →	面粉加工 →	超市商场	宏观产业链
通用设备制造业	机械零件 →	起重机制造 →	船舶制造	中观产业链
制造业/商业	元器件生产 →	电视机生产 →	家电商城	中观产业链
电子设备制造业	电视机设计 →	电视机生产制造 →	电视机质量检验	微观产业链

在表 4-6 中，机械零件制造企业既是起重机制造企业的上游、供货方，又是电视机生产企业的上游、供货方；同样，电视机生产企业既是家电商城的上游、供货方，又可以是大型船舶制造企业的上游、供货方。一个具体的企业可同时处在不同产业链中的上游、中游或下游。所以，在专业群构建、专业构建过程中，要搞清楚所调研的企业所处的各个产业链情况：一个专业群服务于一个中观产业链中的上游、中游或下游企业，还是服务于微观产业链中的上游、中游或下游岗

位（群）。

◆ 调研企业的选择。在策划编写新型教材过程中，应该选择具备相同职业岗位或类似职业岗位的5~7个企业进行调研，这些企业应该是行业中的大中型、优秀企业，具备先进的生产制造技术、管理水平、高质量产品和社会信誉。选择的企业数量太少，没有典型性和代表性；选择企业太多，成本又会过高。另外，还要考虑新型教材建设的质量目标是申报国家规划教材、省级规划教材，还是校级规划教材。如果申报国家规划教材，建议在全国范围内选择大中型优秀企业进行调研，使编写的新型教材能够适合国内各相关职业院校使用。

◆ 主要调研内容。根据教师们已经掌握的企业内容，研究确定还需要再到企业调研哪些内容。以下调研内容可供参考。

a. 企业对五种技术技能人才的需求情况，包括当年及未来3~5年的预期。

b. 企业岗位设置情况，包括现在岗位设置，未来3~5年的新岗位、淘汰岗位等预测情况。

c. 岗位工作要求情况，包括现在岗位、未来预期新岗位的工作内容、工作职责，完成岗位工作任务需要具备的职业能力要素、职业技能要素、职业道德和职业素养等。

d. 与企业专家、工程技术人员、经验丰富的一线员工研讨分析，确定各个工作模块及其输入输出接口和具体质量指标、测评标准、测评方法等。

e. 了解清楚完成每个工作模块任务涉及的工作对象、工作内容、工作手段、输出的产品、输入的物料、工作环境条件、工作组织方式和要求、资源提供与保障等。

◆ 选择调研方法。常用的调研方法有问卷调查、座谈交流、现场观察、动手操作试验等。每种方法的目的、用途和适用范围不一样。

a. 问卷调查。对于可以简明扼要回答的问题，采用问卷调查比较合适，每个题目设计若干单选或多选项，企业员工能够很快完成问卷。注意在设计问卷内容时，应该使用行业企业术语和通俗易懂的语言表述相关问题、内容等，使被答卷人一看就能顺利正确填写。

b. 现场观察。对于那些复杂、综合性强的职业岗位，应该到工作现场进行详细观察，与操作员工进行交流，详细了解每一个操作步骤、要求和可能出现的问题，以及员工对该岗位工作的经验、体会等。

c. 动手操作试验。对于需要一定技能、劳动强度大、危险的岗位，建议教师在确保安全、保证生产质量前提下，亲自进行操作试验，体验岗位工作对职业能力、技能和心理素质等方面的要求。

d. 座谈交流。对于一些涉及多角度、多技术领域等比较复杂的问题，建议采用座谈交流方式，可以多问几个为什么或者参照模块 5 中图 5-6 给出的持续思考追问方法。通过座谈交流，把问题从不同角度调查、了解清楚。教师要善于掌握座谈交流过程中的主动权，引导企业员工多说，以便得到更完整、细致的信息数据。对于企业保密的信息，应按照企业要求予以保密或处理。

(3) 分析设计典型工作任务及案例

◆ 典型工作任务的定义及其特征。早在 2008 年，我国职业教育引入了典型工作任务、学习领域课程、学习情境等新概念、新思想。经过十多年的学习、理解、消化吸收，这些新概念、新思想在职业教育领域得到一定普及。最近几年，职业教育专家们又基于工作过程系统化的课程建设观念，以典型工作过程取代典型工作任务，以参照系取代职业工作六要素，以学习场取代学习领域，这种取代是经过对职业教育理论进行深化、系统研究之后的取代，其内涵有所变化。然而，这种取代要想很快被职业教育领域所完全接受，还有很大障碍要排除，有很长的路要开拓。

基于职业教育类型特征要求，职业教育将以模块化课程为主体构建专业群、专业课程体系。因此，正确、完整理解典型工作任务，是高质量分析确认工作模块，开发设计模块课程和模块化课程的重要基础工作之一。

典型工作任务是一个职业工作领域中，工作过程和结构完整的、公认的、较为复杂的综合性任务，反映了该职业的工作内容和工作方式。在完成典型工作任务过程中，学习者的职业能力能得到明显提高。

作为一个典型工作任务，应同时具备以下 5 个特征。

a. 具备完整、稳定的工作过程和工作结构，工作内容真实并具有情境依附性。

b. 在行业内各企业生产经营活动中具有重要功能和作用，同时对员工职业发展具有重要促进作用。

c. 完成任务的工作方式、工作内容和工作结果具有明确的职业性和社会开放性[1]。

d. 典型工作任务不是某个企业的具体工作任务的简单再现。

e. 有明确的输入要求，规范的工作活动和输出成果。

一般情况下，职业教育中，一个职业小类对应一个专业。一个职业可以凝练出 1~3 个典型工作任务，1~3 个工种可以凝练出 1 个典型工作任务。一个典型工作任务对应职业教育的一门模块化课程或学习领域课程。一个典型工作任务可以划分为 5~7 个工作模块或工作任务，每个工作模块对应一个模块课程或学习情境。

◆ 典型工作任务的六要素。在对行业内 5~7 个企业进行系统、完整调研基础上，汇总各个企业的工作任务六要素，并进行整合、分析、凝练，对不完整的要素内容进行补充，对落后的要素内容进行更新，对不规范的要素内容进行标准化和规范化，最终使每个要素内容都具备科学性、先进性、可行性和普适性，即形成典型工作任务的六要素。由职业教育专家、企业专家和一线管理者等进行分析、研讨、补充和凝练后，最终确定每一项要素的完整内容，并按照行业习惯和约定成俗的名称对每一个典型工作任务进行命名，确定典型工作任务的类型（设计类、操作类、服务类、管理类、加工类等）。可按照表4-7对六要素进行分析、凝练，完成典型工作任务设计。

表4-7 典型工作任务六要素分析凝练表

项目	工作产品	工作环境	工作手段	工作组织	工作对象	工作内容
企业1						
企业2						
企业3						
企业4						
企业5						
企业6						
企业7						
凝练后的典型要素内容						
典型工作任务名称					类型	

案例1：

半导体芯片制造工（6-25-02-05）职业中，主要工作任务有操作外延炉设备、操作氧化与扩散炉、操作离子注入设备、操作气相淀积设备、操作光刻机设备、操作真空镀膜设备、操作电镀设备等；包括外延工、氧化扩散工、离子注入工、化学气相淀积工、光刻工、台面成型工、电子真空镀膜工、芯片电镀工等至少8个工种。每个工种在实际工作中基本上都有芯片清洗、烘干、质量检查、工作记录等附加任务。

根据加工制造芯片需要的技术技能特征、工艺流程和六要素情况，可以凝练为"芯片外延与气相淀积""氧化扩散与离子注入""光刻与台面成型""真空镀膜与电镀"4个典型工作任务。

(4) 工作模块与行动体系模块课程的定义

◆ 工作模块的定义。针对某一职业领域中的岗位（群）、工作范围等，将相应的工作划分为几个相对完整的部分，要符合职业工作规范和工作流程要求，每一部分都有明确的开头和结尾，这样划分出来的每一部分就是一个工作模块。

◆ 行动体系模块课程定义及其三要素。以完成工作模块中的工作任务需要的知识、技能和能力为框架构建的课程称为模块课程。模块课程具有三个要素，缺一不可：

a. 对应一个工作模块（职业、一组关联活动，包括知识、技能、能力要求）；

b. 有明确的开头、结尾要求和学习成果（学习时长、输入、输出）；

c. 遵守职业标准、职业规范和工作逻辑关系。

职业教育模块课程必须来源于工作模块。这里的工作模块是在对企业进行充分调研分析基础上，经过凝练、加工和提升而得到的，不是照搬企业的具体工作任务。根据涵盖工作内容、过程的范围，通常情况下工作模块可划分为中观工作模块和微观工作模块两个层次。基于工作模块一一对应构建的行动体系模块课程具有科学性、先进性、可行性和普适性。

所以，行动体系模块课程不是在原来学科体系课程基础上进行改名、修修补补得来的。学科体系模块课程和职业教育行动体系模块课程的来源与逻辑起点是不一样的，这一点务必要注意。

(5) 中观工作模块和微观工作模块划分

◆ 教师应该提前设计好工作模块划分表格或模板，便于在企业调研过程中快速准确记录、分析、审核和确认，如表 4-8 所示。

表 4-8　企业工作模块划分表

企业名称		所属行业		企业联系人	
参与教师		调研时间		企业职务	
工作模块名称		模块类型		模块层次	
上游工作模块名称					
工作模块的输入内容及要求					
工作模块的输出名称以及质量要求等					
需要提供的各种资源说明					
完成工作模块的步骤、相应职业技能、能力和职业道德、职业素养详细要求					

续表

工作步骤	工作内容	质量要求	时间/min	职业技能/能力	职业道德/职业素养

完成工作模块任务的六要素及详细要求		
工作产品：		工作手段：
工作对象：		工作组织：
工作环境：		工作内容：

企业工作模块类型可分为设计类、操作类、服务类、管理类、加工类等，模块层次分为中观模块、微观模块，可根据具体调查内容、新型教材特征要求等对表4-8进行改进、完善，以增强实用性和有效性。

◆ 在企业调研过程中，需要与企业专家、工程技术人员等研究分析，划分出每一个中观工作模块和微观工作模块，确定每个工作模块的输入、输出要求和工作过程六要素的具体内容等。

针对调研的每个企业，都要填写表4-8，以便于统计分析，设计工作模块、职业能力与职业道德要素、模块课程等。

案例2：

某职业院校矿山机电专业团队通过企业调研，与企业专家、一线工程师等进行系统分析、研讨后，确定了"井上电气设备安装与维修""通排压设备安装与维修"

"采掘设备安装与维修"等 11 个典型工作任务，并对应开发设计了 11 个模块化课程。每个典型工作任务划分为 4~6 个工作模块，并分别对应设计模块课程。

"井上电气设备安装与维修"模块化课程由"地面变电所供电设备试验及安装""地面变电所运行及维护检修""地面变电所故障分析、判断及排除"等 4 个模块课程构成。

4.4.2 专业群课程体系构建（中观编写步骤）

2020 年 7 月 31 日，在职业教育专业升级与数字化改造工作研讨会上，中国职业教育学会会长、教育部原副部长鲁昕教授作了题为"新经济、新技术、新职业、新专业"的主题报告，她指出专业建设要体现"五新"，做到"五个对接"，即要有新定位、新名称、新内涵、新结构、新体系，对接时代发展，对接数字经济，对接科技进步，对接市场需求，对接新职业岗位。

职业教育正在转型升级阶段，目前在职业教育专业名称与专业设置、课程体系与课程名称、课程内容与教材内容等各方面，多数职业院校还是在普通教育学科体系框架内进行修正。要真正将职业教育作为不同于普通教育的一种类型，就必须从专业名称和专业设置开始，跳出普通教育学科体系的框架，原则上基于《中华人民共和国职业分类大典（2015 年版）》中的职业小类重新设置职业教育专业和专业名称，根据职业和企业需求设置专业的职业方向，比如设置"机械热加工"专业（GBM 61802），并下设铸造、锻造、金属热处理、焊接、机械加工材料切割、粉末冶金制品制造等职业方向。各职业院校根据区域经济发展和行业企业需求，选择适宜的职业方向，职业院校的专业设置由省、市教育行政部门审批，报教育部备案，职业方向设置、调整等由各职业院校自己确定组织、论证、审批，报省、市教育行政部门备案。如果专业设置和专业教学标准没有按照职业教育类型进行彻底改革，课程建设和新型教材开发编写工作很难体现出职业教育类型特征。

4.4.2.1 专业群课程体系与教材策划的设计路径

职业院校必须对专业群、专业进行系统设计，为新型教材策划设计奠定基础。其中，行业企业调研、毕业要求设计、工作模块确定分析和模块化课程体系重构是重要的基础工作。基础工作不做扎实，新型教材就难以编写好。模块化课程标准设计、学习成果体系设计、新型教材设计、教师分工协作开展模块化教学 4 项工作尤为重要，这 4 项工作难度相对较大，教师没有经验可循，且涉及职业教育新理念的落地应用。

专业群课程体系与教材策划的设计路径（也是新型教材开发设计的中观步骤）

如图 4-4 所示。其中，工作模块确定分析是职业教育类型特征要求的必须做好的重要工作之一，这一点与《华盛顿协议》《悉尼协议》等规定的专业课程体系构建模式有所不同。教师分工协作开展模块化教学工作也是职业教育类型特征所要求的重要教学模式之一，是不同于普通教育学科体系课程教学的重要特征。

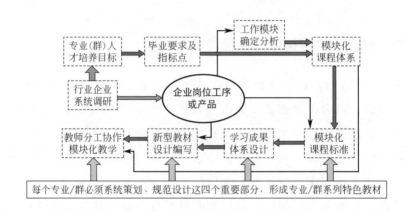

图 4-4　专业群课程体系与教材策划的设计路径

职业教育的课程体系是基于职业的工作过程系统化特征而构建的。姜大源研究认为[2]，工作过程系统化课程有三个基本特征：一是工作过程是综合性的整体结构，学习是在工作过程中应用知识的整体性结构中展开的，学生在学习中同时获得专业能力、方法能力和社会能力；二是工作过程是一个变化的动态过程，工作过程涉及的工作对象、内容、手段、组织、产品和环境六要素不变，但六要素中的具体要求却在变；三是工作过程的结构相对固定不变，即完成具体工作过程的思维活动和行动的"资讯、决策、计划、实施、检查、评价"六个步骤不变。

基于职业教育工作过程系统化课程的三个特征，工作过程系统化课程的结构分为三个层次，即宏观层、中观层和微观层。

◆ 宏观层是专业课程体系的结构。专业群、专业的课程体系中包括哪些课程？这些课程按照什么逻辑关系进行构建？为什么需要这些课程？课程内容的范围如何界定？这些都需要考虑。职业教育的课程类型通常有模块化课程、项目课程、学习领域课程（也称为学习场课程，以下略）等。不同类型课程的内涵特征、构建方法和逻辑有一定的异同点，不同类型专业所选择的课程类型也不相同。目前，有些职业院校在课程改革工作中，要求学校所有专业一律按照学习领域课程或项目课程进行改革，死搬硬套某一种课程类型和模式，全然不顾每一个岗位群、岗位的差异性，不顾及专业类型特征和专业特殊性、特色，这样做很难取得预期成效。

◆ 中观层是每门课程的单元结构。职业教育的课程源于职业工作岗位，课程中的每个单元同样源于职业工作岗位的细分。不同类型课程的单元构成也有所不同，模块化课程通常由 5～7 个模块课程构成，学习领域课程通常由 3 个以上的学习情境构成，项目课程通常由 5～7 个具体项目或子项目构成。课程单元的学习目标和内容设计应满足自迁移、近迁移和远迁移对职业能力养成的要求。

◆ 微观层是每门课程的教学结构。教学结构设计在新型教材中应该得到充分体现，这是解决"如何教"的重要组成部分。结合职业岗位工作过程、工作流程和职业成长规律、学习规律，将行动导向教学方法融合在教材微观结构中进行设计。

4.4.2.2 人才培养目标

（1）学校、专业群和专业三层级人才培养目标及其逻辑关系

作为一所独立的职业院校，应该有学校的总体人才培养目标，体现学校人才培养特色。每个专业群都应该有各自的专业群人才培养目标。每个专业同样都有自己的专业人才培养目标，是各个专业毕业生在工作中差异性特色的体现。

学校人才培养目标应分解到各个专业群，专业群人才培养目标应分解到各个专业。专业人才培养目标的实现支撑专业群人才培养目标的实现，专业群人才培养目标的实现支撑学校人才培养目标的实现。通常情况下，学校人才培养目标应从毕业生工作 5 年时的职业核心能力、职业道德和与职业素养等方面定义，是毕业生在工作中的基础性、做人方面的目标。

（2）人才培养目标及其制定

◆ 人才培养目标的定义。首先要明确什么是人才，2010 年 6 月中共中央、国务院在《国家中长期人才发展规划纲要（2010—2020 年）》中指出"人才是指具有一定的专业知识或专门技能，进行创造性劳动并对社会作出贡献的人，是人力资源中能力和素质较高的劳动者"。毕业生工作 5 年左右能否成为人才，需要职业院校按照国家对人才的宏观定义进行细化，并据此定义每一个专业的人才评价标准。如果毕业生工作之后，一直按部就班地上班工作、完成基本工作任务，这不是人才，只能是普通员工。

所以，人才培养目标是指学生在毕业后 5 年左右所实现的突出工作业绩，以及高水平的职业能力和职业素养的综合体现。

◆ 专业人才培养目标设计与目标分解。专业人才培养目标是在对行业企业、社会和相关方调研基础上设计的。专业人才培养目标要同时满足 6 个方面的需求，即满足"国家法律法规、政府级学校举办方、行业企业"对人才的要求，满足学校和专业群人才培养目标要求、满足学生家长对学生毕业工作的期望和要求、满足学生自己对未来职业期望和要求。

部分职业院校存在一些不良倾向，在设置专业、制定专业人才培养目标和招生过程中，不能综合考虑、平衡上述 6 个方面的需求，导致部分新设置的专业招不到

学生，学生和家长不感兴趣。部分专业大量招生，满足了学生和家长的期望，而企业没有那么多的岗位，导致就业时大量毕业生改行。

◆ 专业人才培养目标分为中观目标和微观目标两个层次。以往制定的专业人才培养目标属于中观目标，还需要将中观目标分解为 5~7 个微观目标。微观目标应该具有可实施性、可测评特征，以便在毕业生工作 5 年左右对其人才培养目标是否实现、实现度多少进行测评。

◆ 人才培养目标实现度测评结果分析与持续改进。应根据专业人才培养微观目标设计目标实现度测评标准、测评规程等。每年组织一次测评，可以对毕业 5 年、3 年和 1 年的毕业生工作业绩、职业能力等进行系统测评。根据毕业 5 年的测评结果进行分析，确定专业人才培养目标实现度，通常要求学生个体的实现度达到 70% 以上为合格，专业所有毕业生合格率到达 70% 以上为专业人才培养质量合格。对不合格原因和存在的问题进行分析，制定改进措施。

4.4.2.3 专业毕业要求及其测评

(1) 专业毕业要求及其指标点

◆ 毕业要求的定义。2019 年 6 月 13 日，教育部在《关于组织做好职业院校专业人才培养方案制订与实施工作的通知》（教职成司函〔2019〕61 号）中指出："毕业要求是学生通过规定年限的学习，须修满的专业人才培养方案所规定的学时学分，完成规定的教学活动，毕业时应达到的素质、知识和能力等方面要求。毕业要求应能支撑培养目标的有效达成"。简而言之，毕业要求是指学生毕业时应达到的知识应用、技能、能力和素养方面的综合要求。

专业学习成果是毕业要求的重要组成部分，专业学习成果应能体现 70% 的毕业要求指标点的实现。

◆ 毕业要求的内容。《悉尼协议》规定的专业毕业要求包括"知识应用、问题分析、设计解决方案、调查研究、使用现代工具、工程与社会、环境和可持续发展、职业规范、个人和团队、有效沟通、项目管理与财务、终身学习"等 12 项要求，每项要求都用相对宏观的内容。目前，国内还没有职业教育专业毕业要求的具体内容要求，我们研究认为，职业教育专业毕业要求可以包括"知识与应用""认知技能""技术技能""合作技能""自主能力""决策判断能力""社会责任"等 7 部分，并对每一部分进行具体定义。如：

决策判断能力是指能准确选择适宜的专业技术技能、方法解决相应复杂程度的技术技能问题、工作任务，在解决问题过程中具有实时、准确的比较分析与判断力。并对解决关键、重大问题制定预防性措施，对解决问题中涉及的相关事项承担全部相关决策责任。

人才培养方案要满足学生毕业时具备工作时的素质、知识和能力方面的职业素养等要求，学习成果要涵盖毕业要求70%以上内容。

◆ 未来方便依据毕业要求设计课程体系和对毕业要求实现度进行测评，应将每一条毕业要求分解为3~5项具体指标点。

（2）毕业要求支持培养目标的矩阵分析

毕业要求确定后，应进行毕业要求设计的合理性分析。其中，要系统分析每一条毕业要求对人才培养微观目标的支撑情况，可做出表4-9所示的矩阵表，进行横向、纵向分析。如果发现某个目标没有得到毕业要求的支撑或者支撑系数小于0.5，则说明这个目标难以实现，需要进行调整。如果发现某个毕业要求对各个目标都不支撑，要分析为什么设计这个毕业要求。总之，每项毕业要求合计支撑系数为1.0，每个微观目标得到的支撑系数在1.0~2.5之间比较合理。

表4-9 毕业要求支撑人才培养微观目标逻辑关系矩阵表

毕业要求	人才培养微观目标					
	目标1	目标2	目标3	目标4	目标5	合计
毕业要求1		0.5		0.2	0.3	1.0
毕业要求2	0.3		0.4	0.3		1.0
…	…	…	…	…	…	1.0
合计	1.3	0.8	1.0	0.7	1.2	…

（3）毕业要求实现度及其测评

应制定毕业要求实现度测评标准、测评规程等，对课程支撑毕业要求的实现度测评安排在课程学习完成后，结合课程学习成果实现进行测评。课程群学习成果、专业学习成果支撑毕业要求实现度的测评在学习成果完成后进行测评。

学生毕业要求测评低于70分为不合格。一个专业所有学生合格率低于70%，这个专业教学质量不合格。

4.4.2.4 专业群五层级模块化课程体系构建

（1）课程体系结构设计与构建方法

◆ 构建模块化课程体系的方法步骤。在图4-4中给出了模块化课程体系构建的基本路径，具体构建方法步骤如图4-5所示。

◆ 基于毕业要求指标点设计课程。职业教育专业毕业要求可以根据专业大类的差别设计7~12条具体毕业要求，将每一条毕业要求分解为3~5个指标点，这样，大约有40个左右的指标点。要支撑这40个指标点的实现，就要研究确定需要开设哪些课程。首先考虑国家、学校规定的学校公共必修课，然后考虑专业群公共课程和企业特色

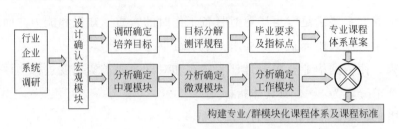

图 4-5 模块化课程体系构建步骤

课程，最后分析确定专业核心课程、专门类型课程。以此确定专业课程体系草案。

◆ 基于工作模块设计课程。基于企业工作模块构建模块化课程体系大致分为 4 个步骤，具体如下。

a. 设计确定宏观工作模块。确定企业产品种类、企业类型特征、经营特征等。

b. 分析确定中观工作模块。确定产品研发、生产制造、市场工程、市场营销等。

c. 分析确定微观工作模块。确定在产品研究中的软件编程、电路设计、SMT 工艺等。按照每个中观工作模块或微观工作模块对应 1 个模块化课程群。

d. 分析确定工作模块。确定微观模块中的每一项工作模块，以及模块输入/输出接口，完成工作任务需要的技能点、能力点、专业素质和知识点。据此，可以完成每门模块化课程的框架和内容广度、深度设计。

◆ 课程结构优化及支持毕业要求矩阵分析。职业教育模块化课程体系构建是基于两个路径，将基于这两个路径设计得到的模块化课程体系进行比较、融合、优化后，最终构建专业群、专业的模块化课程体系，设计各模块化课程标准。

另外，还必须进行矩阵分析，参考表 4-10 设计专业课程体系支撑毕业要求矩阵表，分析确定每一门课程支撑的具体指标点以及支撑系数。通常情况下，一门课程可以支撑 2~5 个指标点，合计支撑系数为 1.0。每一个指标点都应该得到课程的支撑，合计支撑系数在 0.5~1.2 之间比较合适。如果某个指标点没有课程支撑或支撑系数太小，则这个指标点就难以实现。反之，如果某门课程对任何指标点都不支撑，则应该研究这门课程是否应该保留。

表 4-10 专业课程体系支撑毕业要求矩阵表

毕业要求	指标点	支撑系数				支撑的课程数	系数合计 Q_i
		课程1	课程2	…	课程n		
1.知识应用	1.1 能应用数学、物理和电子技术理论知识正确表述电子信息领域中较复杂的技术技能问题	0.2	0.3		0.5	3	1.0
	1.2						
	1.3						

续表

毕业要求	指标点	支撑系数				支撑的课程数	系数合计 Q_i
		课程1	课程2	…	课程 n		
2.问题分析	2.1						
	2.2						
	2.3						
	2.4						
…	…						
	…						
	…						
每门课程支撑的指标点数量							
每门课程支撑系数合计							

（2）五层级课程体系及其特征

基于职业教育类型特征，按照上述思路、方法构建专业群、专业课程体系之后，根据课程类别和学习目标，可按照"学校公共课程""专业群公共课程""专业核心课程""专门类型课程""企业特色课程"五个层级构建模块化课程体系结构。五层级模块化课程体系如图4-6所示。

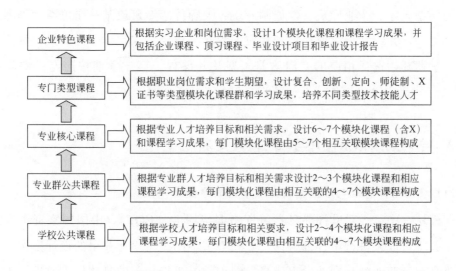

图4-6 专业群五层级模块化课程体系

◆ 企业特色课程。最后一个学期集中安排学生到比较优秀、有规模的企业进行顶岗实习。针对企业产品技术、生产技术、技术标准、生产管理、质量管理、企业文化、制度规范和学生实习岗位工作等具体情况，开发一套企业特色课程和新型教材，将所有实习岗位的学习内容、工作要求等都编入教材中。这样，能够很好地解决目前顶岗实习存在的诸多问题，包括企业、学生和学校存在的问题。

a. 这门课程以学生自学为主，安排企业和学校教师进行定期辅导。教师通过微信群随时收集学生在实习、课程学习中存在的问题，并进行答疑。同时，每周末教师到企业对普遍性、难点问题进行集中答疑、指导。必要时，企业工程技术人员予以配合、帮助，确保课程教学质量。

b. 学生还和以前一样，基本上在1～2个岗位上实习半年，通过学习企业特色课程的新型教材，对自己从事的岗位的相关知识、技能和能力等有了充分认识并牢固掌握，边学习边实践，还可以针对岗位工作中存在的缺陷、不足进行研究，提出改进措施，培养创新能力。

c. 学生在业余时间通过课程教材学习其他岗位的知识，并与其他同学交流，初步了解其他岗位的知识、技能和能力要求。通过同学之间的不断交流、沟通，对企业其他岗位基本了解，学到更多的知识和技能等。

d. 对企业而言，还和以前一样，没有增加负担，仍然将学生当作临时工进行安排和管理。而且，由于学生对实习企业了解得更多，毕业后在该企业就业的人数也会增加，满足企业对技术技能人才的需求。

◆ 专门类型课程。一个专业可以根据企业需要、职业岗位情况，分为复合型人才、创新型人才、企业专班、学徒制专班、大师传承专班或某一岗位类型等多个专门培养类型，并设计相应课程群和相应课程学习成果、课程群学习成果。每位学生在第4学期开始选择相应的专门培养类型及其课程，第5学期按照专门课程组织教学。

4.4.3 学习成果体系设计与教材编写要求

（1）资历框架标准与职业教育专业学习成果标准

在模块3中已经对欧洲终身学习资格框架标准（EQF）、中国国家资历框架标准中相关学习成果进行了详细解读，并列举了不同类型学习成果的设计案例。本模块主要介绍与职业教育专业学习成果、课程学习成果相关的具体标准要求，以及在教材编写中应该如何设计预期学习成果。

◆ EQF的等级标准。2017年版本的EQF中设计了8个等级标准，每一级标准都通过知识、技能、责任与自主性三部分进行定义。在8个等级中，8级等同博士学位标准，7级等同硕士学位标准，6级等同学士学位标准，1～5级没有学位与之对应。其中，4～6级标准如表4-11所示。

表 4-11　EQF 标准中 4～6 级学习成果标准要求

等级	知识	技能	责任与自主性
4 级学习成果	在某一工作或研究领域的广泛背景下的事实和理论知识	解决工作或研究领域中的具体问题所需的一系列认知和实践技能	在通常可预测但可改变的工作或学习环境中进行自我管理；指导他人的日常工作，对工作或学习活动的评价和改进负一定责任
5 级学习成果	在某一工作或研究领域内的全面、专业背景下的事实和理论知识，以及对该知识界限的认识	培养创造性解决抽象问题所需的全面的认知和实践技能	在工作或学习活动中有不可预知变化的情况下，进行管理和监督；检讨和发展自我和他人的表现
6 级学习成果	工作或研究领域中的高深知识，包括对理论和原则的批判性理解	掌握高级技能并能进行创新，以解决工作或学习中某一专门领域的复杂和不可预测的问题	管理复杂的技术或专业活动或项目，在不可预测的工作或学习环境中承担决策责任；负责管理个人和团体的专业发展

◆ 中国国家资历框架等级标准。中国国家资历框架标准是在学习欧盟、英国、美国等先进经验和标准基础上，结合中国国情设计开发的，目前在试验应用阶段，设计了 10 个等级，通过知识、技能、能力进行定义。其中，10 级等同博士学位，9 级等同硕士学位，8 级等同学士学位，7 级等同高职本科学历（无学位），6 级等同高职三年制专科学历，5 级等同高职两年制学历，4 级等同中职三年制学历。表 4-12 是 4～7 级学习成果标准要求[3]。

表 4-12　中国国家资历框架标准中 4～7 级学习成果标准要求

等级	知识	技能	能力
4 级学习成果	具有某一专业领域或宽泛的工作或学习领域广泛的、事实性的、技术性的及一些理论性的知识	具有基本的、认知的、技术的沟通技能，并能应用适当的方法、工具、材料及现成的信息，完成常规或非常规活动，为一些可预见的问题提供解决方案	在已知的、变化的环境中和有限的范围内应用知识和技能，展示其自主性和判断力，并承担有限责任
5 级学习成果	具有在一个专业领域或宽泛的工作和学习领域的技术性的或理论性的知识	具有一系列认知、技术和表达技能，能选择和运用各种专业化方法、工具、材料和信息完成一系列的活动，能对可预测的、偶尔为复杂的问题提出和传达解决方案	能在不断变化的环境中和宽泛的范围内应用知识和技能，展示自主性和判断力，承担明确的责任
6 级学习成果	具有在一个专业领域或宽泛的工作和学习领域广泛的、技术性的、理论性的知识	具有广泛认知、技术和表达技能，能选择和运用各种专业化方法、工具、材料和信息完成一系列的活动，能对可预测的和有时是不可预测的及偶尔为复杂的问题提出和传达解决方案	能在不断变化的环境中并在宽泛的范围内应用知识和技能，展示自主性、判断力和责任感
7 级学习成果	具有在一个或多个学习或实践领域的广泛和系统的、有深度的理论和技术知识	具有良好的认知、技术和表达技能，能选择和运用各种方法和技术分析和评价信息，完成各种活动，能对不可预测的和有时是复杂的问题，分析、产生和传达解决方案，向他人传授知识、技能和思想	在需要自主学习和工作的环境中应用知识和技能，展示自主性、良好的判断力和责任感，在广泛的范围内提供专业咨询，发挥专业作用

◆ 职业教育专业学习成果标准。职业院校按照中国国家资历框架标准中 7 级标准，并参考 EQF 6 级标准设计高职本科专业学习成果标准，高职专科按照中国的 6 级标准、参考 EQF 5 级标准设计专业学习成果标准，中职按照中国标准 4 级、参考 EQF 4 级标准设计专业学习成果。应将确定的专业学习成果标准结合每一个专业情况进行细化和创新定义，使其适合于本专业人才培养目标、课程体系特征要求，但其含金量不能低于国家资历框架标准。

设计课程学习成果标准，应根据课程类别、含金量要求，选择等于专业学习成果等级标准或低 1～2 级；课程群学习成果标准应等于或高于课程学习成果标准。

（2）职业教育学习成果体系

为了有效实现培养目标和毕业要求，需要系统策划、设计不同层级的学习成果，通过测评学生完成学习成果的情况，推测、判断培养目标、毕业要求的实现程度。因此职业院校应该设计构建学习成果体系，并有效组织学生完成相关学习成果，提升教育教学质量水平和学生实践能力。表 4-13 是学习成果体系与层级类别。

表 4-13　职业院校学习成果体系与层级类别

层级	学习成果类别	目的	基本要求
学校级	学校学习成果	通过学校学习成果的实现预测学校培养目标的实现程度	包括学校通识课程群学习成果和通识课程学习成果
专业级	专业群学习成果	通过专业群学习成果的实现预测专业群培养目标的实现程度	包括专业群基础课程群和专业群学习成果、课程学习成果
专业级	专业学习成果	将毕业要求作为专业学习成果的知识、技能和能力要素，设计专业学习成果。通过测评毕业要求的实现程度预测专业培养目标预期实现程度	整合性课程和毕业设计可作为专业学习成果的主体部分。通常将专业学习成果分解为课程群学习成果进行学习训练和测评
课程级	课程群学习成果	通过专业课程群学习成果学习训练与测评，确定各专业课程群的学习目标的实现程度	根据专业课程体系和专业的职业方法情况，确定 3～5 门课程为一个课程群，确定课程群学习目标
课程级	课程学习成果	通过学习训练和测评每门模块化课程、每个独立学习项目的学习成果，确定各课程、项目的学习目标实现程度	根据课程学习目标设计课程学习成果
课程级	课程单元/模块课程学习成果	对于内容复杂的课程，可分解为 5～7 个单元或模块课程学习成果进行学习训练，通过测评确定课程学习目标的实现程度	对于相互关联不密切的、难度高的多单元课程，按单元设计学习成果。单元学习成果之间有纵向递进关系或各自独立。课程学习成果应涵盖各单元学习成果

（3）新型教材编写与学习成果要求

在开发编写职业教育新型教材过程中，应该设计模块化课程预期学习成果和每个模块课程的预期学习成果。教师在使用教材过程中，根据预期学习成果设计具体学习成果，提供给学生实际完成。测评学生完成的实际学习成果质量，判断相应预期学习成果是否实现及实现率，最终确定课程学习目标的实现程度。

◆ 预期学习成果设计的六个基本问题。在设计每一个预期学习成果之前，有六个基本问题需要自问自答，有清晰、明确的答案后，再开始设计预期学习成果。

a. 你想让学生取得什么样的学习成果？（目标要明确）

b. 为什么要让学生取得这样的学习成果？（需求要确认）

c. 如何有效地、高质量地帮助学生取得这些学习成果？（过程要设计好）

d. 如何知道学生已经取得了这些学习成果？（检测要实时）

e. 学生对其取得的学习成果满意度是多少？（评价要完整）

f. 如何保证让学生能够有效、按时取得这些学习成果？（要持续改进）

◆ 在设计学习成果时注意行为动词的正确使用。不同类别的行为动词其内涵和具体要求不一样，不能使用内涵不确定、模糊的行为动词，如"了解""熟悉""掌握"等。

◆ 在教材编写内容中，通常不设计具体学习成果，只设计预期学习成果，这一点要注意。

◆ 一般的学习任务训练不是学习成果。在每个模块课程中，通常设计一些不同内容、技能的学习或实践训练任务，这些任务相对单一、简单，不具备完整学习成果的内涵和含金量要求，是为学生集中完成模块学习成果、课程学习成果进行基础准备的训练内容。这些学习任务训练是必要的，其评价标准应根据具体任务内容进行设计。

4.4.4 模块化课程、模块课程与教材系统策划

4.4.4.1 模块课程的定义与案例分析

（1）模块课程的定义与内涵理解

◆ 模块课程的定义。模块课程是指具有相对完整的知识单元或相对完整的知识、技能、能力单元的课程，模块课程具有相对的独立性，有明确的起点和终点。

学科体系的模块课程需要有相对完整的知识单元；对职业教育来说，模块课程需要具有相对完整的知识、技能、能力单元，属于行动类模块课程。学科类模块课程和行动类模块课程可以统称为模块课程。以下所讲的模块课程都是指行动类模块课程。

◆ 模块课程的特征与内涵理解。行动体系模块课程的基本结构如图4-7所示。

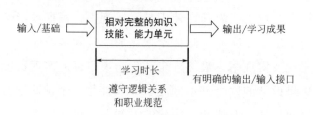

图 4-7 行动体系模块课程结构简图

模块课程有以下几个特征。

a. 模块课程是一个小型的单元课程，通常在几个周内（15～30 课时）可以完成教学任务。

b. 在一门模块化课程中，各个模块课程之间存在密切的逻辑关系，但各个模块课程是相对独立的。

c. 每个模块课程都有自己的评价标准和模块学习成果，这些标准具有可操作性。

d. 模块课程是基于工作模块、工作内容而划分，不是基于知识逻辑而划分的。

e. 在专业群、专业的模块化课程体系中，一个模块课程可以作为多门模块化课程中的组成部分。

（2）模块课程与教材设计案例分析

案例 3：《报关方法与实践》教材

当地具有海关机构，企业内设有负责进出口业务的工作岗位，对其工作过程、工作任务进行系统分析后，按照工作过程先后顺序划分出新员工岗位认知、进出口商品归类管理、报关单填制、进出口税费申报、一般进出口货物报关等 5 个工作模块。这 5 个工作模块之间是串行关系。分别以完成这 5 个工作模块中的工作任务需要的知识点、技能点、能力点和职业素养、职业道德要求构建 5 个模块课程。如图 4-8 所示。

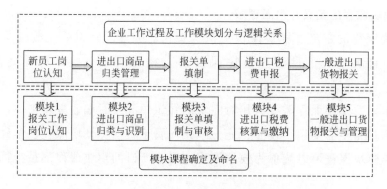

图 4-8 工作模块划分与模块课程确定

模块课程的名称应和工作模块的名称一致并按照学习特征进行适当修正。如："进出口商品归类与识别""报关单填制与审核""进出口税费核算与缴纳"3个课程模块名称是根据学习特征要求对工作模块名称修正后得到的。模块课程的名称应该是行动导向的语句结构，按照相关要求进行命名。

4.4.4.2 模块化课程的定义与构建方法

(1) 模块化课程的定义与内涵理解

◆ 模块化课程的定义。模块化课程是基于职业岗位、企业产品或项目而策划设计的行动体系的课程。模块化课程是由一组与职业岗位或企业产品或项目实施需要的知识、技能、能力和职业道德、职业素养密切相关的模块课程，按照职业规律、工作逻辑和学习逻辑而构成的一种完整的、独立的课程。

模块化课程不是学科体系的课程，是职业教育类型特征所固有的行动体系课程。

◆ 模块化课程中模块课程的数量。基于学习迁移理论分析，一门模块化课程至少应该由3个具有一定逻辑关系的模块课程构成，在相同参照系（典型工作任务的六要素）中实现自迁移、近迁移和远迁移的学习成效，使学生能够基本具备举一反三的分析、学习能力。通常以设置5～7个模块课程为宜，这样既能保证有效实现自迁移、近迁移和远迁移的学习成效，又使模块化课程的内容不庞大，编写的新型教材确保在200页左右为宜。

(2) 基于职业工作构建的三种类型模块化课程及教材案例

◆ 基于企业产品构建的模块化课程。在策划编写有关某一类产品设计开发工作的新型教材过程中，通常以某一种典型产品的"市场调研 → 需求设计 → 概要设计 → 具体设计 → 编写代码 → 试验测试 → 改进完善"工作过程，或者以"设计 → 物料准备 → 工艺设计 → 生产制造 → 质量检验"工作过程，设计每一个工作模块和模块课程，以此构建完整的模块化课程。

不能只讲授理论、方法，没有完整、可行的产品作为载体。作为载体的产品应选择行业企业通用的，在知识、技术和技能等方面具有典型性的产品。适合不同区域、职业院校的特殊产品可作为学生完成的具体学习成果进行训练。

案例4：

在模块化课程《手机充电器设计与制作》校本教材中，通过对企业电子整机类产品从设计开发、物料选用与检验，到产品质量检验试验全过程进行系统分析，设计了5个模块课程，分别是：AC/DC开关电源设计与仿真，物料选用与参数检验，电路板布线设计与制作，元器件焊接与产品装配，产品检验方案设计与实施。这5个模块课程之间基本上是串行关系。

◆ **基于企业工作岗位构建的模块化课程。** 通常选择行业内通用的职业工作岗位，且工作岗位中涉及的工作任务比较多、比较复杂、技术技能含量高，其中每一项工作任务都有行业内相对规范的工作标准和要求。如出纳会计岗位、物料仓库管理岗位、数控车床操作岗位、货运汽车驾驶岗位等。这些工作岗位中的各项工作任务可以分析作为工作模块，据此设计模块课程。每个工作模块之间存在一定的串行、包含、递进等逻辑关系。

案例5：

模块化课程《数控车床编程与操作》教材。有关数控车床编程与操作类的教材很多，有基于知识、技术逻辑编写的，也有项目化的，各有其优缺点。对于数控车床编程与操作工作来说，企业产品不同，需要加工的零件也不同。因此，在选择学习载体——典型产品时，要按照被加工工件的类别选择、设计模块课程。在每个模块课程中选择3～5个典型产品作为学习训练载体。通过行业分析，设计了6个模块课程，分别为：数控车床编程与操作基本方法与训练，轴类零件编程与加工，轮盘类零件编程与加工，套类零件编程与加工，螺纹类零件编程与加工，配合件的编程与加工。

还可以按照数控车床的种类设计7个模块课程，分别是：数控车床编程与操作基本方法与训练，卡盘式数控车床编程与操作，顶尖式数控车床编程与操作，切削加工中心编程与操作，螺纹数控车床编程与操作，活塞数控车床，曲轴数控车床编程与操作。

◆ **基于职业工作流程构建的模块化课程。** 基于行业企业中具有普及性、先进性的典型职业工作流程，将整个工作流程划分为5～7个工作模块，对应工作模块设计5～7个模块课程。每个模块课程中都要有行业规范的工作步骤、标准和质量要求等。在一个具体模块课程中，可以设计3～5不同产品作为载体进行学习与训练。

案例6：

在模块化课程《物联网监控系统安装与数据分析》校本教材中，通过对企业具有串行、并行关系的6个工作模块进行系统分析，设计了6个模块课程，构成了模块化课程。6个模块课程分别是：数据采集与分析，有线通信组网搭建，短距离无线通信组网搭建，低功耗窄带组网搭建，通讯协议应用，安全文明施工规范。

4.4.4.3 模块课程的输入/输出接口设计与要求

(1) 模块课程之间的逻辑关系分析

◆ 在一门模块化课程中的各模块课程之间，存在串行、并行、包含、递进等逻辑关系。原则上按照对应的工作模块之间的逻辑关系设计模块课程之间的逻辑关系，但在特殊情况下，可以调整模块课程之间的逻辑关系。

案例 7：

模块化课程《报关方法与实践》教材中，7 个模块课程按照一定逻辑关系构成，前 4 个模块课程是基于工作模块的串行关系构建，后 3 个模块是并行关系。根据不同区域、不同企业实际工作需求，后 3 个模块课程可以都学，也可学习其中的 1 个或 2 个。各个模块课程之间的逻辑关系如图 4-9 所示。图 4-10 是模块化课程"手机充电器设计与制作"中各模块课程之间的逻辑关系。

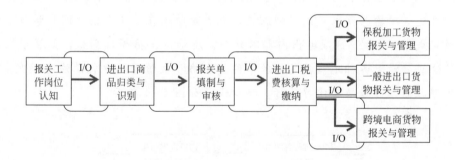

图 4-9　模块化课程中各模块课程之间的逻辑关系

图 4-10　"手机充电器设计与制作"课程中各模块之间的逻辑关系

◆ 在模块化课程中，各个模块课程之间有一条看不见的主线——模块化课程的学习目的和学习目标。每个模块课程都要围绕这个主线开展教学和训练活动，通过学生完成每个模块课程和模块化课程的具体学习成果，测评学习目标的实现度。所以，模块化课程教学团队中每位教师都要理解课程主线和各模块的内容，理解后续模块课程对输入的要求。

◆ 在每个模块课程之间存在一个输入/输出接口，前面模块课程的输出/学习成果作为后续模块课程的输入和基础，确保后续模块课程学习成果、学习目标的有效实现。所以，每个模块课程学完后都要及时进行学习成果达成度测评，并获得后续模块课程任课教师的确认。

(2) 模块课程的输入/输出接口设计与要求

前一个模块课程的输出内容必须大于或等于后一个串行关系的模块课程的输入要求，否则就没法满足下一个模块课程的学习任务和学习质量。也就是说，当一个模块课程的输入或基础条件不能满足规定要求时，这个模块课程的学习质量就难以保证预期实现。这里要注意：输入不等于资源。完成一个模块课程的学习不仅需要输入，还要根据情况提供必要的资源保障。

案例8：

在图4-10所示的模块化课程"手机充电器设计与制作"的校本教材中，第1个模块课程至少应该有6项输出内容，其中有3项也是第2个模块课程的输入要求。如果这3项输入要求不能得到满足，或者说学生在第1个模块课程学习中没有高质量完成学习成果，3项输出内容不齐全、质量不合格等，那么，第2个模块课程就没法正确设置各种元器件的检验条件、合格参数值等，也就没法有效完成第2个模块课程的学习成果和学习目标。接口设计如图4-11所示。

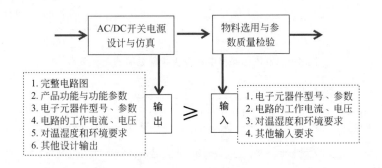

图4-11　模块课程之间的输入/输出接口设计

4.4.5　教师分工协作开展模块化课程教学与编写教材

(1) 深刻理解文件精神和内涵要求

"组建高水平、结构化教师教学创新团队，探索教师分工协作的模块化教学模式，深化教材与教法改革，推动课堂革命"是《教育部　财政部关于实施中国特色高水平高职学校和专业建设计划的意见》（教职成〔2019〕5号）文件中，对"打造高水平专业群"改革发展任务中的一个完整、系统的要求。这句话有以下三个内涵要求：

◆ 作为高水平专业群建设，必须有高水平、结构化教师教学创新团队（以下简称"高水平教师团队"）为主导开展高水平专业群建设。专业群内没有高水平教师团队，这个专业群就不是高水平专业群。

◆ 一个专业群内建设几个高水平教师团队没有明确规定，结合《教育部教师工作司关于遴选首批国家级职业教育教师教学创新团队的通知》（教师司函〔2019〕35号）可知，它是以专业为主体建设。也就是说，只要一个专业群内有一个专业高水平教师团队，这个专业群就是高水平专业群。

◆ 专业群内各个专业教师团队应该探索教师分工协作的模块化教学模式，模块化教学模式与新型教材建设、教学方法改革密切相关。应该按照模块化课程结构设计新型教材结构，将模块化教学模式融合在新型教材结构中。

（2）为什么要多位教师分工协作开展模块化教学？

在各职业院校，基本上都是一门课程由一位老师从头讲授到尾，学生多的分成几个班，也是由一位老师给一个班授课，或者一位老师给两个班级授课，没有多位教师分工协作讲授一门课程的情况。那么，为什么教育部提出模块化课程教学需要教师团队内多位教师分工协作完成呢？

◆ 模块化课程中的各个模块课程来源于不同工作模块。完成不同工作模块中的工作任务通常需要学习的知识点归属于不同的一级学科或二级学科。如图4-10中模块化课程教材"手机充电器设计与制作"中的5个模块课程中需要学习的知识点分别来源于：模块1来源于510电子、通信与自动控制技术/510.10电子技术/510.1010电子电路；模块2和模块4来源于630管理学/630.40企业管理/630.4055质量管理；模块3和模块4来源于510.99电子、通信与自动控制技术其他学科/电子产品制造技术。

◆ 职业院校教师全部毕业于普通高校学科体系的专业，从小学到研究生毕业都是接受的学科体系的教育和培养，无论是思维模式还是专业知识、职业技能、职业能力都是在有限一级学科或二级学科范围内，不能同时胜任多个一级学科或二级学科知识点、技能点和能力点构建的模块化课程的教学工作。

◆ 如果强行安排一位老师来完成模块化课程的讲授任务，教师将面临较大的压力，需要不断学习自己不熟悉、不会的学科知识并进行实践应用，这个难度非常大。鉴于此，教师结合各自的专业特长、学科知识水平分工协作的模块化教学模式就应运而生。根据模块化课程中的各个模块课程的知识点来源，分别安排多位教师分工协作，发挥每一位教师的能力水平优势，这样构建的模块化课程教学团队整体水平就得到大幅度提升，教学质量也会得到提高。这种教学模式还有以下4个优点。

a. 能够使每位教师专注于一个一级学科或二级学科内的某个模块课程进行专门研究、试验探索，很快会成为这个模块课程教学与研究方面的高水平、专家级的工匠型教师。

　　b. 能够使教师有时间、有精力更好地把握教学重点、难点，有效实现理论实践一体化教学，取得高水平教育教学成果和成效。

　　c. 多位高水平教师共同讲授一门模块化课程，能够展现出各位教师不同的教学风格和教风，提高学生的学习兴趣，提高教学质量，提升人才培养水平。

　　d. 每个教师专注于自己讲授的模块课程的教学与新型教材的开发编写工作。教学质量和教材编写质量都同步得到提升。

　　例如，一位教师负责 2～4 门模块化课程中的 2～4 个模块课程的教学任务和教材编写任务，并定期到企业进行相关内容的学习与实践锻炼，经过 3～5 年该教师整体职业能力水平便会快速得到提升。

（3）模块化课程教学团队的组建原则与要求

　　模块化课程教学团队的组建与以往学科体系课程教学团队组建差异很大，应该按照如下原则进行组建。

　　◆ 组团范围：以专业群为基本单位，按照模块化课程组建每一个教学团队。

　　◆ 团队负责人：模块化课程团队负责人也是模块化课程负责人，系统策划教学工作和成员分工协作。

　　◆ 教师教学任务：每位教师负责 2～4 门模块化课程中的 2～4 个模块课程的教学任务。

　　◆ 系统策划模块化课程：专业群和专业负责人应科学设计模块课程，系统构建专业群中各模块化课程。

（4）模块化课程教学团队的组建方法

　　根据模块化课程教学团队的组建原则与要求，一个专业群内各模块化课程教学团队的组建如表 4-14 所示。

表 4-14　专业群内各模块化课程教学团队的组建矩阵表

课程 教师	模块化课程1	模块化课程2	模块化课程3	模块化课程4	…	模块化课程n	模块合计
教师1	2		1		…	2	3/5
教师2	2	1		1			3/4
教师3	1		2	1		1	4/5
…	…	…	…	…	…	…	…
教师m							2/5
教师人数合计	3/5	3/3	4/5		…		78/412

◆ 对表 4-14 说明如下。对于模块化课程 1 而言，由 3 名教师负责 5 个模块课程的教学任务和新型教材编写工作，其中教师 1 和教师 2 各承担其中的 2 个模块课程教学和新型教材编写工作。对于教师 3 而言，其承担了 4 个模块化课程中的 5 个模块课程的教学工作及新型教材编写工作，其中在模块化课程 3 中担任了 2 个模块课程的教学工作与新型教材编写工作。其余以此类推。

这个专业群内有 3 个专业，共计开始了 78 门模块化课程，有 412 个模块课程。其中，有部分模块课程在相关模块化课程中被重复应用。

◆ 专业群内，有多少门模块化课程就有多少个模块化课程教学团队。通常，每个团队由 3~7 名教师组成。

(5) 模块化课程构建和教学应用的三个特点

在一个专业群或专业内，基于职业岗位、工作模块构建的各门模块化课程中，可能会出现部分模块课程是多个模块化课程的组成部分的情况，如表 4-15 中的模块课程 b3、模块课程 e2 分别是两个模块化课程的组成部分。模块化课程中的模块课程组建有 3 个特点。

◆ 模块化课程中各模块课程都直接为完成工作模块中的工作任务提供支撑。

◆ 模块化课程中的各模块课程需要学习的知识点可能来源于不同的学科体系，通常只用到某个学科中的几个知识点，而不是一门学科体系的课程或章节。

◆ 一个模块课程可能是多个模块化课程的组成部分。遇到这种情况时，在保持模块课程框架、含金量不变前提下，可以根据不同模块化课程的需求适当调整模块课程的内容。另外，在教学课时安排方面，后续学习该模块课程时，应适当减少学习课时，但对该模块课程的学习目标和学习成果要求不能降低。

表 4-15 模块化课程中的模块课程组建表

全部模块课程及代码	模块课程 a1,模块课程 a2,模块课程 a3,…模块课程 an 模块课程 b1,模块课程 b2,模块课程 b3,…模块课程 bn 模块课程 c1,模块课程 c2,模块课程 c3,…模块课程 cn … 模块课程 m1,模块课程 m2,模块课程 m3,…模块课程 mn
具体模块化课程	模块化课程的组成(模块课程代码)
模块化课程 A	由 a1、b2、**b3**、c2、d4 等 5 个模块课程组成
模块化课程 B	由 b1、b4、d3、d6、**e2**、c4 等 6 个模块课程组成
模块化课程 C	由 a4、c1、c3、**e2**、e4、**b3**、d5 等 7 个模块课程组成
…	…

4.4.6 模块化课程标准及学习目标

(1) 模块化课程标准

课程标准（course specification）是规定某一课程的性质、学习目标、学习内容、学习成果、教学实施、资源要求、评价方法的规范性教学指导文件,具有全国性或职业院校内部的法规性地位和作用。课程标准是进行课程设计、新型教材编写、教学设计、教学成效评价的法定依据。因此,在职业教育专业群、专业模块化课程体系重构完成后,应该对每一门模块化课程制定课程标准,为后续新型教材编写、教学工作提供标准和依据。

◆ 模块化课程标准包括"课程信息、学习目标、课程内容、教学计划、学习考核、课程评价"6部分内容,每部分都有具体内容要求。

a. 课程信息。包括课程的名称、代码、类型、修读方式、学时学分、学习地点、答疑安排、联系方式、教学助理等信息。

b. 学习目标。课程描述、学习目标、核心能力培养、权重分配、学分分配等。

c. 课程内容。学与教的内容、教学方式、模块课程名称与内容、预期学习成果、指定教材、参考书籍、融媒体信息化学习资源、先修/后续课程等。

d. 教学计划。包括参考的教学进度(按周)、学习单元与内容、能力指标、学习目标等。

e. 学习考核。是对学生学业成绩的考核,包括学习成果评价标准、具体学习成果选择建议、测评方式、成绩项目分类及配分、考试标准、实践测评标准等。

f. 课程评价。是对模块化课程本身的质量评价,包括学习成绩分析、核心能力达成评价、课程质量评价等。

◆ 课程标准中的相关指标说明。

a. 核心能力培养及权重分配是指所有模块化课程都应该具备培养学生专业核心能力的功能,其中专业技能所占权重原则上应大于50%,沟通能力、学习创新、责任关怀、解决问题、职业素养等所占权重分别在5%～20%之间。

b. 具体学习成果选择建议。依据预期学习成果对知识、技能和能力的标准要求,设计3个以上的具体学习成果供教师选择使用,教师也可以依据预期学习成果自己设计具体学习成果。

c. 教学计划仅提供参考,各教师应根据具体情况设计教学计划安排。

(2) 学习目标与教学目标内涵理解及设计案例

以往,在教学设计中都是以教学目标替代学习目标。在中文语境内,教学目标这个术语有三种内涵,一是教师教的目标,二是学生学的目标,三是教师教和学生学的混合目标。那么,使用教学目标这个术语就有很多问题。在职业教育强调"以学生为中心"的情况下,应该使用学习目标更好,让学生知道通过课程学习后自己能够实现的目标,而教师教的目标没有必要告诉学生,教师自己知道就可以了。

◆ 模块课程的学习目标必须支撑模块化课程学习目标的实现,通过学生最后完成的学习成果来评价这个目标是否实现,学习成果里包含知识、技能、能力和职业道德、职业素养要求。

◆ 学习目标分为模块化课程学习目标、模块课程学习目标、任务学习目标三个层次，三个层次相互关联，低层次是高层次的分解和细化，低层次目标支撑高层次目标的实现。

在不同层次学习目标设计中，其涵盖的知识、技能、能力和职业道德、职业素养要求可能不一样，侧重点也有所不同。高层次的学习目标相对比较中观，低层次的学习目标相对比较微观。

◆ 模块化课程学习目标应该充分支撑对应的毕业要求指标点的有效实现，确保对应工作模块中对职业技能、能力和职业道德、职业素养要求的实现。模块化课程学习目标的制定是有逻辑依据的，如果不能满足逻辑关系和支撑系数要求，则应修正学习目标，否则毕业要求就难以实现，也难以完成工作模块中的工作任务。

案例 9：

"电路分析与设计应用"模块化课程的学习目标按照如下逻辑关系进行设计，三个课程学习目标支撑两个毕业要求指标点，两个指标点支撑一项毕业要求。

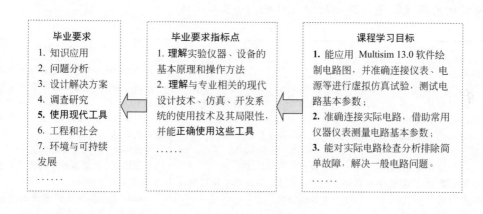

◆ 在学习目标设计中，一般情况下对知识的实现要求不使用行为动词，直接用陈述性语句表示知识点名称即可。因为在职业教育中，强调的是学生通过学习后将知识通过实践进行内化，在职业技能、能力方面的提升和职业道德、职业素养的养成，不是死记硬背知识。

案例 10：

模块化课程"手机充电器设计与制作"校本教材中的学习目标：

目标代码	课程学习目标	能力指标代码
M1	能正确、有效地将数学、物理等知识应用于电路分析中，正确选择电子元器件，准确设计、分析计算电路参数	FXy2
M2	能应用 Multisim 14.0 软件绘制电路图，并准确连接相关电子元器件、仪器仪表等进行虚拟仿真试验，测试电路基本参数和进行电路设计改进	FXy1 BXy1
M3	理解产品和元器件、物料的功能和参数，能正确制定检验方案并实施检验	FXy1DXy1
M4	能够设计制作 PCB 电路板，并规范性进行元器件焊接和产品装配	FXy1 EXy1
M5	在产品设计和装配中，考虑安全和环保因素，遵守相关标准和职业规范	CXy2 EXy1
M6	能对电路进行分析并解决基本问题，养成自主学习的习惯	BXy1 DXy1
M7	能够养成严谨求实的科学态度、诚实守信的职业道德和团队合作的良好习惯	AXy1 FXy1

案例 11：

威海职业院校路景、翟政凯编著的校本教材《移动应用开发技术》中"登录及注册模块的实现"模块课程的学习目标。

知识目标	技能目标	能力及道德、素养目标
1. 基本控件 Button、TextView、EditText 等的使用 2. 常用布局 LinearLayout、RelativeLayout 的使用 3. Activity 生命周期及 Intent 的使用 4. Android 样式及主题 5. 简单数据存储 SharedPreferences 的应用 6. 文件存储的应用	1. 综合运用基本控件、常用布局、样式及主题设计并实现界面 2. 通过 Intent 实现 Activity 之间的调准及数据传递 3. 通过 SharedPreferences 实现数据的存取功能 4. 通过文件存储实现数据存储功能	1. 能自觉按照网络安全和国家规范要求设计程序，通过实践提高自主学习能力 2. 能精益求精、适度冗余、节约资源进行设计，提升工匠能力 3. 能够关注技术发展及创新 4. 能够自主探索各种不同技术实现方法，具备科学精神 5. 能够主动按照规范开展程序设计，养成良好的职业素养

案例 12：

校本教材《汽车发动机电控部分检修》中的学习任务"怠速控制系统与电子节气门控制系统检修"的学习目标如下：

通过本任务的学习和实践训练后，你应该能：

1. 正确、完整地描述怠速控制系统的结构组成与工作原理；

2. 正确、完整地描述电子节气门控制系统的结构组成与工作原理；

3.阅读、看懂怠速控制阀、油门踏板位置传感器和节气门位置传感器的电路图，会检修怠速控制阀、油门踏板位置传感器和节气门位置传感器与 ECU 的连接电路，恢复工作性能；

4.排除怠速控制阀、油门踏板位置传感器和节气门位置传感器的故障；

5.自觉按照相关规范，做好检查维修过程中的车辆保护工作，确保车辆、工具和设备不受伤害，并养成以客户至上的工作意识和作风。

◆ 模块课程学习目标和学习成果的设计应满足如下要求：
a.模块课程学习目标应有效支撑模块化课程学习目标的实现。
b.模块课程学习成果应有效支撑模块课程学习目标的全部实现。
c.模块课程的教学内容应支撑学习成果有效实现。
d.模块课程学习目标和学习成果（输出）必须满足后续模块课程的输入要求。

（3）预期学习成果等级设计及要点分析

预期学习成果也可以看作是与其对应的具体学习成果选择和测评的标准。因此，在课程标准、新型教材中设计各层次的预期学习成果非常重要。通常情况下，应该先开发制定模块化课程标准，再依据课程标准编写新型教材。

◆ 预期学习成果等级设计。针对一个专业而言，专业学习成果等级可以直接按照中国国家资历框架标准的相应学习成果等级分解细化设计专业学习成果等级标准。如前所述，高职本科对应 7 级，高职专科对应 6 级，中职对应 4 级。那么，对应具体一门模块化课程、课程群和模块课程的预期学习成果的等级标准如何设计确定呢？这里有一个可参考的确定方法。

以高职专科为例分别按照表 4-16 中所给出的学习成果等级设计每门模块化课程、课程群和模块课程的预期学习成果等级标准。

表 4-16　高职专科课程的预期学习成果参考等级标准

预期学习成果类别	学校公共课程	专业群公共课程	专业核心课程	专门类型课程	企业特色课程
模块化课程群	5级	4级,5级	5级,6级	6级	……
模块化课程	4级,5级	4级	4级,5级	5级,6级	6级
课程单元或模块课程	4级,5级	4级	4级,5级	4级,5级	5级,6级

4.5　新型教材融媒体教学资源库系统设计

新型活页式、工作手册式、融媒体教材不是一本纸质教材，而是以纸质教材为核心，配套完整的新形态、立体化、数字化的融媒体教学资源库（以下简称教学资源库）的教材，两者缺一不可。前面几个模块及相关内容都是围绕纸质教材的系统策划、设计等进行详细讲授和说明。这一部分则针对教学资源库的设计要点进行说明。

4.5.1 配套教学资源库系统设计及融媒体要求

（1）教学资源库的系统性设计原则

新型教材配套的教学资源库设计不是孤立的，应该以纸质教材为核心进行整体性、系统化设计，以便高质量、有效地实现融媒体教材系统。为此，应按照如下原则进行策划设计。

◆ 以纸质教材为核心。纸质教材应该体现出新型教材整个结构体系的全部框架和重要、关键内容。纸质教材中全部呈现重点、难点和定义、行动导向、详细的解析、拓展、第二案例和微课、图像、仿真、系统性训练题目等，在纸质教材中的相关页面、功能区通过二维码与教学资源库全部对应链接，实现融媒体教材体系。

◆ 以学习资源为主体。教学资源库中80%左右的资源都应该按照学习资源模式进行设计，将"以学生为中心"落实到学习资源的形式、内容、结构设计中，对学生有吸引力，促进学生自主学习，而不是抄袭、挪用其他地方的资源放到资源库中。所以，无论是教师自己设计开发的资源，还是从企业、其他媒介中引入的资源，都要按照"以学生为中心"的要求，从学生学的角度入手进行改造、完善。资源库中有20%左右的资源是提供给教师使用的，教师使用的资源应单独分区存放和建设，并且按照行动导向教学模式进行策划设计，同样不能照搬其他媒介中的教学资源直接应用，要结合本课程特色进行改进完善。

◆ 遵纪守法。2021年6月1日起正式实施的新修订的《中华人民共和国著作权法》中，对相关知识产权界定、保护和侵权等进行了新的规定。凡是从其他地方、媒介获取教学资源，必须办理合法使用手续，绝对不容许有盗版、抄袭等侵权违法行为。

（2）建设配套的教学资源库网站

学校应提供支持，为每一套新型教材建立一个教学资源库网站，或者在其他公共课程平台中建设教学资源库。

◆ 学习资源的主体学习内容。这部分内容是给学生学习使用的学习资源库，包括如下内容。

a. 课程学习指南。从学生的学习思维、习惯等角度入手，指导学生如何学习本课程内容，对重点、难点和实践、创新训练的内容等进行详细指导，提高学生的学习兴趣和自主学习能力。

b. 数字教材。先从第一层次"纸质教材数字化"做起，逐步升级到第四层"集聚式数字教材"。

c. 按照纸质教材中的结构目录设计资源包的目录，便于学生对照纸质教材自主学习。

d. 几十集微课分别与相关模块、项目或任务对应，便于学生学习查找。

e. 需深化理解的知识、技能和能力等学习资料，分别与相关模块课程、项目或任务对应，便于学生学习查阅。

f. 从多角度解析难点的案例，与教材中基本案例对应。

g. 进阶式训练题库、自我测试题库、课程考核标准与考核方法。

h. 行业企业拓展性学习资料，企业不同的案例。

i. 师哥师姐的作品鉴赏。包括优秀作品、存在缺陷的作品，供学生点评，培养学生质疑、批判和建设性能力。

j. X证书标准、解读、考核规范、考试样张等相关资料，相关国家或行业标准。

k. 课程学习中必备的工具、仪器和工具类软件使用方法、技巧和下载。如数字万用表、指针万用表、扭矩扳手、数显千分尺，以及AutoCAD、Protel等。

l. 关联知识点、技能点的链接。其他课程中与本课程中密切关联的知识点、技能点或模块课程，包括作为本课程知识点、技能点的支撑或应用的链接。

二维码链接要求：上述各个栏目及具体内容，都应该在教材中相应页面、位置设置二维码进行链接，实现融媒体教材要求。

◆ 学习资源中的辅助栏目。这部分作为学生自主学习的辅助内容，不同类型的课程教材，这部分内容不同，不做统一要求。

a. 相关专业期刊、专业网站链接。

b. 相关企业链接。

c. 相关大学生技能比赛网站。

d. 国家学分银行网站。

e. X证书开发、考试企业网站。

学习资源库中的辅助栏目按照如下原则进行设计。

a. 辅助学习资源中，能够与主体结构目录中的相关内容直接对应时，添加在目录的对应位置中。

b. 辅助学习资源中，不能与主体结构目录中的相关内容直接对应时，可放置在对应的每个一级目录后边。

c. 没法与一级目录对应的辅助学习资源，可根据资源的类型分类独立设置。如相关网站、期刊、X证书标准、学分银行等。

◆ 教师教学资源的主要栏目。课程教学设计方案、各具体学习成果设计及其评价标准、教案、行动导向具体教学方法应用、实践教学条件设计、教学反思等。

(3) 二维码应用与融媒体有效实现

矩阵式二维码有 Code one、Aztec、Data Matrix、QR Code 码等不同标准。教师应该提前与对接安装新型教材教学资源库的网站、平台负责人进行沟通，由他们提供二维码标准和生成器，按照二维码规范设计使用即可。

目前，很多教师使用草料二维码生成器编制二维码，效果比较好。上网站后进行免费注册，在右上角"帮助"栏目中有使用讲解视频，可根据需要学习使用。在"模板"栏目中有很多免费使用的模板可供选择使用。

4.5.2 微课视频设计要点

为推动高校教师专业发展和教学能力提升，促进现代信息技术与学科教学融合，2012年12月教育部启动了首届全国高校微课教学比赛。现在，微课已经成为新型教材融媒体系统中不可缺少的必备学习资源之一。很多教师都设计制作了大量微课，但是，微课不是课堂教学录像，是经过专门策划设计和制作的以视频为主要载体，记录教师围绕某个知识点或技能点开展的完整的教学活动[4]。

(1) 选择适宜的微课候选点设计微课

◆ 候选点选择的原则与方法。一门模块化课程的内容结构通常分为模块、任务、主题。为了使不同类别的课程能够统一进行表述，这里将课程内容按照层次划分为1级标题、2级标题和3级标题。有些课程没有明确的3级标题，这时，应该在2级标题的内容中选择适宜的主题作为3级标题。为此：

a. 原则上将3级标题作为微课候选点。如果3级标题中的知识点过多，则可分为2个或2个以上的微课候选点。

b. 如果课程中没有明确的3级标题，则需要分析2级标题下的课程内容，找出具备3级标题地位和特征的主题内容，单独命名作为微课候选点。

c. 每个微课候选点所包含的主体内容是一个知识点或技能点。例题、案例应与其密切关联的微课候选点合并在一起，原则上（特殊情况例外）不宜作为微课候选点。

◆ 对微课候选点逐个进行分析，选择其中重要、有难度、疑点等不通过微课难以学会的候选点设计制作成微课。而那些简单易懂、不重要的候选点可由学生通过教材、助学资料的学习就能很好地掌握，不必设计制作微课。

（2）分镜头设计与景别选择

在微课脚本编写过程中，首先要确定每一个镜头的起点、过程和终点，按照顺序进行编号，然后确定每个镜头应选择哪种景别，想突出呈现什么内容，并根据不同景别要求选择相应镜头进行拍摄。在微课视频拍摄过程中，常见的景别有中景、近景、特写。这3种景别的应用场合如表4-17所示[5]。

表 4-17 不同景别的应用场合与表现内容

景别	一般应用场合	微课中的表现内容
中景	是表现人物交流特别好的景别，能使观众看清人物半身的形体动作和情绪交流。在拍摄中景时场面调度要富于变化，构图要新颖优美	适用于各种类型的微课，重点展示主体教学内容以及与其密切关联的出镜人员（教师、学生和其他人员）、背景内容（设备仪器、工作场所等）
近景	侧重于揭示人物内心世界，表现成年人胸部以上部分或物体局部的画面，它的内容更加集中到主体上，主体所处的环境空间几乎被排除出画面以外。表现人物面部神态和情绪，刻画人物性格，用它可以充分表现人物或物体富有意义的局部。可拉近被摄人物与观众之间的距离，容易产生交流感	适用于各种类型的微课，重点展示主体内容画面、文字内容、图像以及实践操作场面，或展示出镜人员（教师、学生、其他人员），或展示设备仪器，或展示工作环境等
特写	特写出情绪，由远到近适于表现愈益高涨的情绪；由近到远适于表现愈益宁静、深远或低沉的情绪。通过特写，可以表现人物瞬间的表情、情绪，展现人物的生活背景和经历	适用于各种类型的微课，重点清晰地展示公式、动作操作、面部表情、样品、图样、标牌等局部内容

（3）微课脚本编写要点

◆ 脚本的主要作用。在微课拍摄和制作过程中，脚本的主要作用有以下2点：

a. 是对微课拍摄操作的指导书。在微课拍摄过程中，教师按照脚本要求分镜头开展教学，摄像师按照脚本要求选择景别、镜头、角度等进行拍摄。

b. 是微课视频剪辑、制作的作业指导书。按照脚本要求对录制的微课视频进行编辑制作。

◆ 在脚本编写中，要体现出相关重点要素，主要包括：

a. 用详细的语言和画面描述出所需要的内容和结果。

b. 描述微课呈现的文字、主体内容、渲染气氛、背景和每个镜头的时长（秒）。

c. 根据镜头中预表现的内容确定选用中景、近景还是特写。

d. 根据镜头中预表现的重点确定采取平视、仰视还是俯视等角度进行拍摄。

◆ 脚本中的主要栏目。包括：镜头及编号、语音及行动、文字内容、视图级画面要求、拍摄景别与角度、预计时长（秒）等。设计成表格方式，每一个镜头占一行，每个镜头中都包括这6个栏目。特殊情况下可以增加新栏目。

（4）微课中对实践教学的职业规范要求

在设计微课教学过程中，如果有实践教学内容和相应职业场所，则要求选择规范、符合职业要求的着装、设备仪器、环境条件和操作规范等。注意以下几点情况：

◆ 实训室内，其氛围、文化应符合职业标准要求，设备仪器、工具物料符合职业要求，定置管理、8S管理符合职业要求。

◆ 在实训室或车间教学，教师、学生或其他参与人必须按照职业规范进行着装，包括工作服、防静电服、安全帽、细纱手套、口罩等。不能随意穿戴不符合职业规范要求的服装。

◆ 实践操作部分最好是教师进行示范操作、讲授安全要求和操作要点等，不需要安排专门实践操作师傅进行操作，教师在边上讲解。

4.5.3 三段递进式职业能力训练设计要点

很多职业院校的实践证明，结合线上线下教学模式设计三段递进式职业能力训练题库系统，具有很多优势，并能取得非常好的教学效果。

（1）三段递进式职业能力训练的主要作用

◆ 三段包括两层内容，一是按照时间分为课前自学、课中研讨学习、课后强化训练三段，二是按照难易程度分为简单、复杂、创新三段。这种设计符合职业成长规律、学习规律，减少学生学习难度和压力，提升学习兴趣和成就感。

◆ 在设计的训练题目中，复杂、创新题目都来源于行业企业实践或社会实际，避免随意编造，使其失去职业特征和对学生的吸引力。以此培养学生的职业素养、工匠精神和创新能力。

（2）课前、课中、课后作业设计与训练要求

◆ 课前自学的进阶式作业设计要求。每集微课后设计4~9个题，包含微课教学焦点和相关知识点/技能点，分为2~3个难度等级，满足不同学生的需求。

a.题型为选择题、填空题、判断题、简答题，必要时，可设计综合分析题。

b.采取激励方式，实行阶梯式升级考核体系，自动评分，鼓励、促进学生越学越感兴趣。

c.微课程教学平台应具备自动评分、激励、晋级，做错提示禁止继续做题，直到全会后再启动放行功能。

◆ 课堂中、课后完成的综合性作业要求。设计2~4个较为复杂的应用计算、综合分析类作业题，每个题通常需要10~15分钟完成。或者开展实训、试验、实验、实践操作训练。

a.每个题中涵盖2个以上知识点、技能点，包括对应的微课中所有教学焦点和

微课以外的相关知识点、技能点。

b. 完成单元学习总结，针对问题提出改进措施。课中没有完成的创新题目可在课后继续完成。复杂的创新题目应给学生较长的课余时间予以完成，确保质量。

c. 原则上可以安排学生团队轮换批改部分作业和创新题，培养学生发现问题、分析问题和解决问题的能力。

◆ 对设计创新题目的要求。来源于行业企业、社会需求等方面的真实题目。

a. 开始先设计简单一些，逐步加大题目难度和应用知识广度、深度。
b. 每门模块化课程安排 8～12 个创新题目，分阶段进行学习训练。
c. 创新性题目通常没有标准答案和解决方案，只有最佳方案。
d. 可采取研讨、试验方式或以教师为主进行测评，要注意发现创新点。
e. 每个创新题目要写出一份技术报告或论文，培养学术规范和研究方法。

（3）基于职业岗位任务训练的题库建设

职业院校要组织教师经常到企业进行调研，充分得到更多的系统性、完整性信息，以便不断完善实践训练题库内容。通常情况下，将典型工作任务作为新型教材中的主要内容用于课堂教学，将调研得到的相关工作任务、新增工作任务等进行规范、完善后纳入题库中，用于学习强化训练和深度学习。

设计职业岗位任务训练题的基本原则是：

a. 源于企业：必须基于行业企业的工作过程系统化调研获取信息。
b. 纵向深化：对企业任务进行技术技能深度挖掘，培养创新型人才。
c. 横向扩展：对企业任务进行技术技能横向扩展，培养复合型人才。
d. 问题分析：对企业任务设置问题等，训练学生分析解决问题能力。
e. 技术改进：对企业任务提出新功能指标，训练学生技术研发能力。

4.6 教师在开发新型教材时的常见问题及改进建议

4.6.1 缺乏专业建设与课程建设基础

（1）产生问题的原因

◆ 学校对专业建设、课程建设工作的开展力度不够，满足于一般性教学组织和管理；专业人才培养方案制定基本模仿其他学校类似或相同专业；课程建设没有明确要求；课程大纲或课程标准也是模仿式编写。

◆ 学校没有建立完善可行的质量管理体系及其标准体系，主要以教学督导作为质量管理工作的主体，督导作用不显著，难以取得预期质量成效。

◆ 学校和院系、教师没有将人才培养方案、课程标准作为开展教学工作、编写教案和编写新型教材的重要依据，人才培养方案和课程标准没有被作为权威性、标准性文件认真执行，最终导致教师对专业建设、课程建设工作没有理解透彻并深度参与，基础不牢固。

◆ 教师不积极参加专业建设、课程建设工作，应付式参与，不理解专业建设、课程建设的重要性，及对自己职业能力提升、提高人才培养质量的促进作用。

（2）解决上述问题的相关建议

解决上述问题，主要应该从学校角度考虑。如果学校对专业建设、课程建设工作不重视、没有相关制度要求，通常院系及专业带头人开展专业建设、课程建设工作的积极性也就会受到影响，基本上就是忙于日常事务，年复一年，忙忙碌碌，只要不发生重大事故就可以。学校、院系的创新改革环境、风气和文化氛围对每位教师影响非常大。因此，提出以下几条改进建议。

◆ 建立校级、省级、国家级专业群和课程建设工作规划，制定相应激励政策，鼓励各院系、专业和教师按计划、高质量开展专业建设、课程建设和新型教材建设等工作。

◆ 制定标志性成果标准和考核评价机制，将引导措施和推进制度相结合，形成合力，促使院系领导、专业带头人和教师有计划、有步骤、有目标地开展相关工作。

◆ 教育教学能力、创新改革能力是在实践中才能得到提升的，不参加专业建设、课程建设工作，就不可能具备专业建设、课程建设能力与业绩，没有这方面的基础能力和经验，就难以开展新型教材开发编写工作。所以，教师应该改变心态和理念，主动参与专业建设和课程建设工作。

◆ 作为专业带头人，无论学校和院系是否有相关激励政策和制度，都可以主动、自觉开展专业建设、课程建设工作，因为这是专业带头人职责范围内的工作。专业带头人积极主动地开展工作是非常重要的，这不仅使自身的组织管理能力、教育教学改革能力得到提升，还为教师创造了积极参与专业建设、课程建设的环境和条件。

◆ 作为普通教师，无论院系、专业带头人是否安排课程建设与改革工作，在自己授课权限内，都可以对课程教学、课程建设、新型教材编写等工作进行研究、改革与创新，并在自己讲授的课程中进行试验、验证。当然，这种改革要注意不能出现方向性、政治性错误。

◆ 应该树立终身学习理念，通过网络了解和学习职业教育新理念、新方法和新要求，并在理解、接受的基础上结合相关专业、课程进行研究试验，创造条件参加相关培训学习，并通过实践应用快速提升职业教育改革创新能力。

4.6.2 对职业教育类型特征及相关新理念、新理论理解不到位

（1）产生问题的主要原因

◆ 学校、院系对职业教育改革与新理念不够重视，在这方面的宣传、培训工作做

得不多，没有在校内形成改革创新的氛围和环境，也没有制定相关改革创新、质量工程建设的制度机制。现在，各省市都在开展双高建设计划工程，国家级、省市级双高学校的数量约占高职院校总数的 40%～50%，这些学校已经开始形成很好的双高建设、创新改革的新校风、新氛围。还有大约一半多的高职院校在这方面相对差一些。

◆ 学校、院系领导虽然重视职业教育改革创新工作，但是在传达教育部、省市相关文件的过程中，基本上就是读一遍文件原文，对关键内容、新理念、新要求等不做深度解读，一是自己就没搞明白其内涵要求，二是习惯于上传下达的管理工作方式，三是怕解读错误，承担领导责任。

◆ 教师平时只关注课程教学、班级管理和科研项目等工作，对职业教育类型特征、职业教育改革创新等不关心、不感兴趣。特别是在专业领域具有较高造诣和研究成果的教师，一心扑在科研工作中，没有时间关注职业教育改革。

◆ 教师主动学习能力差，不爱学习新理念、新思想和新知识，对职业教育转型升级要求不清楚、也不感兴趣，认为只要把课上好就可以了。岂不知，职业教育改革创新，只有将新理念、新思想落地生根，才能更好地把课上好，并在实际教育教学过程中得到开花结果之成效。

（2）解决该问题的相关建议

对于该问题，各个职业院校的情况差异较大，不能一概而论。对一般职业院校而言，提出以下几点改进建议还是有必要的。

◆ 职业教育改革创新工作会持续不断地进行下去，以各级双高建设计划实施为载体和主线，经过三轮持续推进，在"十四五""十五五"期间各职业院校在办学质量、办学理念和人才培养质量等方面会产生较大变化；不仅要考虑当下，还要考虑中长期发展。为此，应该抓紧制定院校职业教育改革创新发展规划、制度和运行机制，从学校顶层进行系统策划与设计，为贯彻执行改革计划创造环境和条件。

◆ 加大宣传力度，开展以学习成果为导向的教师"四循环"模式培训，将以往注重培训形式、培训过程转变到注重培训后的学习成果质量、学习成果推广应用方面。教师参加培训不是为了教师每年度积累继续教育学分，而是提升教师职业能力、教育教学能力、技术研究能力和社会服务能力，并取得预期成果。

◆ 教师本身也应该认清职业教育现在、未来的发展形势和发展方向，不积极主动学习新思想、新理念并在工作中进行应用，不仅难以提高教育教学质量，还会被淘汰。思想理念落后必然导致行动落后，导致教育教学工作业绩和成果质量不高，对自己职业发展也不利。

◆ 主动参加相关职业教育改革创新、新型教材开发编写、双高建设、课程建设等方面的师资培训，不断学习新知识、新理念，提升自己的思想意识，跟上职业教育快速发展的步伐。

4.6.3 喜欢急于求成、照猫画虎的学习模式

(1) 产生问题的原因

通过十多年的师资培训工作发现，无论是教师科研培训、微课教学培训、1+X 书证融通培训，还是新型教材开发编写培训等，总有部分教师在索取走捷径、快速取得相关成果的办法，不想打牢理论与实践基础。

为什么很多职业院校考核教师发表研究论文时，注重 SCI、CSCI、中文核心期刊，轻视普通期刊？当你围绕某一个主题到知网上下载大量论文研读后你会发现，有理论创新、方法创新和实践应用模式创新的研究论文比例不高，普通期刊中有创新成果的论文数量更是少得可怜。所以，只有通过自己努力研究、探索、试验后得到的成果，才可能具有真正意义上的创新和实用价值，才能得到同行认可，并产生一定成效。

◆ 照猫画虎的学习模式存在很多弊端，这种学习模式会使教师不能深刻理解其理论基础、理论依据，对其中存在的局限性或者缺陷察觉不到，照搬到自己的课程建设、新型教材编写工作中，不能根据自己的课程、教材的特点和职业要求等改进完善，而是死搬硬套地应用，就会产生各种各样的错误、不适应和缺陷等。

◆ 在师资培训方面，有的院校领导、教师认为，不用要讲原理，就讲"干活"，使教师们快速上手即可。他们不了解教师的基本功和基础水平。在基础水平不具备、不达标情况下，只讲"干活"的结果就是教师听不懂、学不会，难以实现师资培训工作的预期成效。

◆ 教师没有自己的职业发展规划和年度学习进步计划，总是被动地应付学校安排的各种质量工程项目，基本上每个项目都同等重要，学校每个行政部门部署到教师头上的工作都很重要。由于教师没有学会相关的管理工作方法，在自身时间、精力和能力有限的情况下，面对繁多的各种工作，就会手忙脚乱，分不清哪些工作该优先完成，哪些工作该高质量完成，一个学期结束，发现自己忙忙碌碌，却拿不出像样的研究或工作成果。

◆ 学校缺乏对教师管理工作方法的相关培训，没有认识到教师的日常工作也是很重要的管理工作。教师们基本上都没有学过管理工作方法，当各种工作接踵而来时必然会产生各种各样的问题。所以，在这种情况下，教师们把"急于求成、照猫画虎"学习模式当作法宝，就不足为奇。

(2) 解决该问题的几点建议

◆ 职业院校教师职业发展中心应该系统研究教师职业发展的方向、路径、目标和节点要求，针对不同基础水平的教师制定相应的指导、培训方案，使教师能够根据自身情况选择适宜的职业发展轨迹和目标，参加适宜的教师主题培训。

◆ 对教师培训工作建议采用"四段闭环学习成果导向师资培训模式"。在培训前，由培训师拟定预期学习成果，经师资培训工作负责人、人事处、教务处负责人审核后，作为教师参加主题培训后必须完成的学习成果，在工作中进行推广应用。将学习成果和推广应用成效作为对师资培训质量的主要评价依据，对参加培训的过程表现作为次要评价依据。

◆ 职业院校和教师都应该按照科学规律办事，"急于求成、照猫画虎""天上掉馅饼""抄袭、盗版"等错误做法都不是教师职业能力发展、职业院校高质量发展、培养高水平技术技能人才的有效方法。只有打牢基础、扎扎实实、稳步推进，才能取得高质量研究成果，"弯道超车"固然是一种模式，但存在很多隐藏的风险、危险，没有高水平的风险预测、预判能力，"弯道翻车"的案例也很多。

◆ 教师不能只重视教材编写方法、步骤，而轻视相关理论知识的学习。理论知识是基础，缺乏理论基础便难以进行创新应用。高职院校教师的本职工作包括教育教学、技术研究和社会服务三部分，要在技术研究方面取得预期成果，就必须学习相应的理论知识，包括陈述性知识和策略性知识等；同样，要研究编写高质量的新型教材，也必须掌握与编写教材相关的陈述性新理论、新知识，以及策略性的理论知识等。

4.6.4 教师没有教材编写经验，导致无从下手

（1）产生问题的原因

存在这个问题的职业院校教师大概有3种类型，大致分析如下。

◆ 有学科体系教材编写经历，但经验积累不足，这类教师大约占25%。他们能够基本学会按照"理论知识体系与一级学科、理论知识分类与二级学科、理论知识点与三级学科体系"关系对学科体系的理论知识编写教材，以大量引用加案例方式编写，并没有实际性理论知识创新和贡献。这类教师在开发编写职业教育新型教材过程中，存在的障碍点主要有以下三个方面。

a.没有从学科体系转型到职业教育行动体系的内心动力，或者不知道需要转型，或者不知道职业教育行动体系及其特征。

b.对职业岗位及其工作过程等不熟悉，对到行业企业调研工作不感兴趣或不知道如何进行调研。

c.对新型教材开发编写的理论依据、系统方法等不感兴趣，只关心具体步骤并进行模仿，总想照猫画虎、弯道超车、走捷径，不想付出更多的能力和艰辛。

◆ 没有学科体系教材编写经历，也没有职业教育行动体系教材编写经历，这类教师占比较大。这类教师在开发编写职业教育新型教材过程中，存在的障碍点主要

有以下四个方面。

a. 不知道、也不理解职业教育新型教材定义及其内涵特征要求，一般不主动学习上级有关文件，很少参加相关教师培训，平时以上课和管理事务为主。

b. 对职业岗位及其工作过程不熟悉，偶尔到企业调研基本上是走马观花，感觉没有意思，企业工作基本上一看就懂。

c. 不积极、不主动参与新型教材编写工作，而是迫于学校工作安排和评职称等需求，被动性参与新型教材编写、课程改革等教研工作，希望能够拿到一本高质量新型教材样本，参考学习，模仿即可。

d. 参加相关教材培训，由于基础薄弱，对很多原理、理论听不懂又不想学，更缺乏主动研究探索的决心和行动。

◆ 主编了几本职业教育行动体系教材，但不是现在要求的新型教材。这类教师在开发编写职业教育新型教材过程中，存在的障碍点主要有以下三个方面。

a. 对新型教材定义和内涵特征认识不足，感觉自己以往出版的教材质量比较好，认为在已有教材基础上完善一下即可。

b. 参加相关培训学习，听课和思考时容易从自己固有的职业教育理念和编写教材思路入手，对职业教育类型特征、新型教材内涵特征等不愿意接受，仍然停留在教材就是课程内容的载体的传统教材观念之中。

c. 对新型教材的研究只注重某些个人熟悉、感兴趣的角度，不能站在更高的站位，多角度系统分析职业教育新型教材的内涵要求。对新术语、新理念缺乏深度研究，缺乏刨根问底的研究思维和方法。

（2）解决这个问题的相关建议

其实，对这三类教师产生问题的各种原因分析清楚之后，解决问题的措施就已经显现出来了。教师根据自身情况，对照上述分析得到的10条主要原因进行改进即可。最关键的措施是教师要从内心深处下决心解决这些问题，如果教师不从自己内因方面入手解决，而只依靠学校行政命令、政策等强迫解决这些问题，则效果相对会差一些，俗话说"上有政策下有对策"。为此，提供如下四条通用的学校和院系层面的改进建议。

◆ 重新确定专业群、专业服务及对应的产业链、岗位群。专业群建设是职业教育今后很长一段时期内专业建设的方向和路径、目标要求。如果专业群、专业建设存在问题较多，那么职业岗位的定位就不准确，新型教材改革的逻辑起点、终点和依据就不准确。

◆ 对应职业岗位群重构职业教育课程体系、课程标准，这是在专业群重构之后必须做的重要工作。专业群、专业课程体系和课程标准不确定、不规范、不科学，直接影响新型教材策划设计的质量；每门课程对应一套新型教材，课程标准是新型教材编写的依据。

◆ 依据课程标准组织教材编写团队,到5~7个相关企业开展针对性调研,理清完成各工作模块、工作任务的步骤、要求、质量、标准,以及需要的职业能力、职业技能和职业道德、职业素养等内容,为设计编写新型教材奠定基础。

◆ 参加培训学习研讨,按要求编写教材。参加培训学习很重要,要带着问题参加学习,主动参与问题研讨。无论自己具备的基础水平如何,都应该认真听讲,发现不同的观点、理论和方法,进行深度分析比较,得出更佳、更准确的结论。

4.6.5 缺乏相关职业岗位、企业工作经验

(1) 产生问题的原因分析

◆ 这个问题在职业院校中带有普遍性,也是职业院校没有好办法解决的难题之一。在与一些院校领导、院系领导交流时,他们总是抱怨"很多教师都是从学校到学校,没有企业工作经验,难以承担实践教学任务"等。其实,老师们没有企业工作经验是公开的信息,是学校和教师的共识。因此,学校应该有针对性地、有计划地研究解决这个问题,而不是在抱怨中一拖再拖。这个问题从2006年示范院校建设时期就存在,至今都15年了却一直没有解决好。

◆ 2016年5月11日,教育部等七部门发布《职业学校教师企业实践规定》(教师〔2016〕3号),其中第四条规定"职业学校专业课教师(含实习指导教师)要根据专业特点每5年必须累计不少于6个月到企业或生产服务一线实践,没有企业工作经历的新任教师应先实践再上岗。公共基础课教师也应定期到企业进行考察、调研和学习"。第二十二条规定"地方各级教育行政部门要会同人力资源社会保障行政部门建立教师企业实践考核和成绩登记制度,把教师企业实践学时(学分)纳入教师考核内容"。第二十三条规定"职业学校要会同企业对教师企业实践情况进行考核,对取得突出成绩、重大成果的教师给予表彰奖励"。这三条是对教师本人到企业实践学习的具体规定。综合文件内容和这三条规定,部分职业院校对教师到企业实践考核重点就是累计不少于6个月,以到企业实践的申请、过程证明为考核依据,这属于"照猫画虎、死搬硬套",缺乏对文件深层次的内涵理解,不关注教育部为什么要求教师到企业实践学习,实施这项工作的目标、预期结果应该是什么,学校现状如何,对照文件要求学校应该如何做会更好;至于教师实践之后哪些职业能力要素应该得到提高、提高到什么水平,回校后应该承担哪些实践教学或技术研究任务等,基本也没人关注;在实践中做出突出成绩、重大成果的教师也基本没有被发现。所以,教师到企业实践学习,重视形式,不重视内涵、学习成果及应用等就成为一种"常态、病态",这个问题也就一直存在这么多年,是否会继

续存在下去不得而知。

◆ 职业院校教师本身也知道自己实践经验不足，缺乏到企业实际工作岗位进行实习训练的历练。但是，由于时间问题、个人职业发展动力不足、家庭生活等原因，不能充分利用好假期自主联系企业进行实践学习。

◆ 学校制定的双师型教师相关制度存在一些不科学、不合理和不适用等问题，导致教师提高实践教学能力、到企业实践学习的动力不足。

（2）解决该问题的几点建议

◆ 学校应该充分理解双师型教师的内涵要求和教育部关于教师到企业实践的相关文件的内涵要求，在深度理解基础上，结合学校现状、"十四五"发展规划和学校中长期发展目标，完善制定双师型教师内涵定义、标准和测评办法，促使教师能够自觉采取适宜的措施提升自身的职业能力和实践教学能力水平。

◆ 学校制定相关制度、政策时应该将"以人为本，持续发展"作为底线，以成果为导向开展教师到企业实践的工作，以学习成果应用成效为重点考评依据，避免制定形式主义的行政化管理制度和财务制度，以充分调动广大教师的工作积极性。

◆ 这项工作以学校统一部署为好，专业群、专业负责人应该结合学校制度，在充分开展企业调研基础上，设计制定不同企业、不同职业岗位的技术技能等级，根据教师基础和实践教学能力水平，分等级、分层次安排到适宜的企业、岗位开展实践学习工作。这样，才能使不同职业能力、实践能力水平的教师在原有基础上得到提高，避免随意性、应付式地到企业实践，导致浪费时间，收效不大。

◆ 没有企业工作经验的教师，应该主动联系合适的企业，利用休息日、假期到企业参加实践学习，自觉提升自身的综合职业能力。如果自己都不重视个人职业发展问题，学校采取再多的政策、制度，都难以达到预期成效。

4.6.6 企业调研走马观花，缺乏发现问题的能力

（1）产生问题的原因分析

这个问题不仅是职业院校存在的问题，也是很多组织机构开展国内外调研、考察所存在的问题。在职业院校这个问题相对不是很突出，因为无论企业调研收集到的信息是否准确、完整或准确，都不会在短时间内对职业教育人才培养质量产生影响。这个问题虽然不是职业院校存在的主要问题，但如果不能很好地解决，这种浮躁、应付的工作心态和形式会蔓延到其他重要工作中。通过对多数职业院校情况分析，发现产生这个问题的主要原因有以下几种。

◆ 部分院校领导、院系领导到企业考察、商谈校企合作事宜等，也经常是走马观花，被企业领导引领观看，听企业领导的重点介绍，由于对专业技术、生产管

理、质量管理等不懂,难以发现校企合作相关方面存在的中观、微观问题。所以,走马观花式企业调研、考察也是无奈的选择。

◆ 教师到企业调研、生产线参观、与企业员工交流时,由于对企业工作本身不了解,也就难以提出有助于合作、专业建设、课程建设、新型教材开发等方面的问题,再加上调研之前没有做好充分准备,缺乏深度调研工作计划、调研关键点等,导致调研效果不理想。

◆ 企业中部分工作岗位的工作任务有时看起来比较简单,基本上是重复性操作。教师调研、参观过程中往往感觉一看就会,不存在问题,但实际上,有些问题是隐藏的,只有亲自操作、亲自参与其中才能发现。

◆ 教师缺乏企业调研方法、问题分析、参观考察方面的深度培训,没有透过现象看本质的洞察能力,也缺乏这方面的理论知识和实践训练。部分有 5~10 年企业工作经历的教师,由于没有担任企业中下层管理岗位工作经历,对很多问题也难以发现。

(2) 解决该问题的几点建议

◆ 学校应该对领导层、教师分别开展关于到相关企业、相关院校、国外院校参观调研的基本理论知识和应用方法的培训,以学习成果为导向对培训效果进行评价,快速提升学校领导、教师的参观调研工作能力和业绩。

◆ 教师应该主动参加相关培训,提升自身职业能力和调研能力。包括提前对调研对象的相关信息进行收集、分析和应用,提前制定好调研工作方案,预测可能出现问题的解决预案等,确保每次调研都能取得预期成效。

◆ 以专业群、专业和新型教材编写团队为基本单位开展企业调研,提前由经验丰富的教师有针对性地开展专题培训、指导,对教师调研工作进行合理分工,促使每位教师能够集中精力,有效开展好调研工作。

◆ 学校或专业群负责部门可以将教师开展企业调研工作作为一项长期工作进行系统策划,定期安排教师开展专题调研工作,制定调研工作质量标准和基本工作程序,对调研工作质量进行考核、测评,以此促进教师快速提升调研工作水平和质量。

4.6.7 不会将课程思政、创新创业与教材融合

(1) 产生问题的原因分析

在职业院校内这个问题具有一定的普遍性。产生这个问题的原因是多方面的,有政策制度方面的原因,有学校层面的原因,也有教师职业岗位定位和职业标准方面的原因,还有教师本人对教师工作岗位的理解原因等。

◆ 学校、教师等没有很好地按照《中华人民共和国教师法》中第八条第（三）款"对学生进行宪法所确定的基本原则的教育和爱国主义、民族团结的教育，法制教育以及思想品德、文化、科学技术教育，组织、带领学生开展有益的社会活动"要求，将立德树人、课程思政教育落实到教师专业教学工作中。

◆ 部分教师、学校领导对国家相关教师工作的法律法规、制度等缺乏认真研读、理解与落实，把课程思政、创新创业教育当作是额外的工作，没有意识到这是职业院校教师应尽的义务。

◆ 部分教师对思政课程教育教学之目的、目标不知道、不理解或不接受，导致开展课程思政工作的基础不牢、方向不明、阶段性主攻目标不明确等，难以做好高质量、有显效的课程思政工作。

◆ 思政课程的部分教师对思政课程涉及的内容理解不透彻，缺乏个人亲身体验和体会，难以形成正确的人生观、价值观以及个人职业发展、职业成长的动机和动力，导致照本宣科式教学，缺乏思政课程的实践教学项目设计和组织实施，难以将理论内容通过实践活动内化为实际行动能力，没有对后续课程学习起到奠定坚实思想基础的作用，也难以产生立德树人方面的预期成果。

◆ 课程思政未与思政课程保持同向同行。多数院校思政课程教师与专业教师、公共课教师等保持相对独立，导致专业课程、公共课程教师不了解、不知道思政课程教学内容、方向、阶段主题等，难以实现同向同行。

（2）解决该问题的几点建议

◆ 建议学校成立课程思政与思政课程同向同行委员会或其他类似组织，将课程思政与思政课程进行适度融合。全面构建以思政课程为引领，其他课程和项目为实践应用载体的"同向同行阶梯式立德树人课程体系"。

◆ 对所有教师、行政人员开展思政课程专题培训，促使专业教师、辅导员、行政教职工理解、接受思政课程中的主体思想，实现学习目标和学习成果，并结合教职工具体工作岗位进行实践应用训练，以形成个人职业能力的核心要素。只有专业教师、辅导员、行政教职工等的思想意识和思政理论水平达到一定高度，才能系统策划、设计好与自己岗位工作相关的课程思政教学模式、行政工作模式，否则育人结果会适得其反。

◆ 开展教师师德师风教育，正人先正己，建立良好的校风、教风。学校教职工在校内校外、课内课外的一言一行对学生都有着重要的隐形影响作用。教职工的负能量表现对学生的负面影响力远远超过正能量影响力。因此，学院校风、教风对学风必将产生直接的隐形影响。

◆ 培养高素质创新型技术技能人才离不开创新创业教育。创新创业教育应该贯穿于职业教育全过程，学生的创新创业能力不是依靠3～4门课程能够培养出来的。

因此，学校应该组织教师参加新型教材编写方面的培训，学习将课程思政、创新创业教育内容融合到专业课程教材中的思路、方法等。

◆ 教师应该主动参加相关培训学习，或者自主学习课程思政、创新创业与专业课程新型教材融合的理论依据和方法，并不断进行教学试验、探索，形成最佳的融合模式，提升人才培养质量水平。

4.6.8 不能及时增加新知识、新技术等内容

（1）产生问题的主要原因

产生这个问题的原因较多，通过调研分析，主要有以下六种原因。再对其进行深层次分析，就可以刨根问底找到根本原因，并制定改进措施。只有针对根本原因采取根治措施，才能彻底解决问题。

◆ 不学习，不知道。产生"不学习、不知道"的原因主要有：部分教师自主学习能力跟不上时代步伐，没有要求自己持续不断地学习；学校和教师都没有改革创新与持续发展的动力和压力；学校没有明确规定教师要学习，整个学校学习风气不浓厚；学校没有相关激励政策或者激励政策不完善。

◆ 不调研，不了解。产生"不调研、不了解"的原因主要有：教师没有时间到企业调研，教师不到企业调研也能进行常规教学，课程改革、专业建设走形式、做表面文章，到企业调研基本上是走马观花、走过场；领导没有明确要求到企业调研；学校没有对企业调研工作进行整体策划安排。

◆ 不研究，没技术。产生"不研究、没技术"的主要原因有：没有合适的横向课题或纵向课题，对有技术难度、有前瞻性的课题没有能力承担；忙于教学上课，没有时间开展科研，没有技术也能正常上课；纵向课题申报几次没有成功则放弃科研，学校激励政策不完善、作用不明显，没有合适的专家进行指导。

◆ 不知道是否增加。产生"不知道是否增加"的主要原因有：对具体相关的新技术等了解不透彻，对企业职业岗位了解不充分，对行业企业技术发展方向、目标不了解，对课程建设和课程标准内涵要求了解不透彻，学校没有这方面的具体政策和规定。

◆ 不知道增加哪些。产生"不知道增加哪些"的主要原因有：对该项新技术、新理论等内涵和用途了解不透彻，对相关企业职业岗位升级要求不了解，对行业企业技术发展方向、目标不了解，对课程建设和课程标准内涵要求了解不透彻，不知道与相关教师进行交流通过。

◆ 不知道在哪增加。产生"不知道在哪增加"的主要原因有：对该项新技术、新理论等内涵和用途了解不透彻，对相关课程标准和教材内容理解不深，缺乏对课

程内容的系统深入研究。

(2) 解决这个问题的几点建议

◆ 对于职业院校而言，建议在充分进行校内外调研基础上，结合学校"十四五"院校发展规划和教育部相关文件内涵要求，制定、完善新的相关制度、规范。

　　a. 制定相关制度为教师职业发展指明方向和路径。

　　b. 经常邀请行业企业、职教领域专家到学校开展专题讲座、专题指导等工作。

　　c. 激励教师在职业发展道路上快速前进，职业能力得到持续提升。

　　d. 积极创造条件，为教师职业发展、提升职业能力提供实践载体。

　　e. 建立新理论、新技术、新标准、新业态等定义与发布机制，及时向教师发布相关信息和要求。

　　f. 完善、改进科学合理的考核评价机制，实施专业技术技能增量评价机制，为教师职业发展提供驱动力。

◆ 对于职业院校教师而言，主要从以下几个方面提供改进建议。

　　a. 制定个人职业发展规划，结合学校相关规定和要求，有计划、有步骤地开展相关研究工作，不断提升个人职业能力水平。

　　b. 主动学习，开展自主学习能力训练与自我评价，主动参加相关专家讲座培训，开展技术技能交流，相互学习相互促进。

　　c. 订阅国内外期刊，经常到图书馆查阅资料学习，经常浏览行业企业和专业网站，学习和研讨新技术。

　　d. 主动联系企业开展横向课题和研究创新工作，在为企业创造收益的同时，提升教师自身创新能力，了解行业企业技术发展信息。

　　e. 利用授课之外时间主动到企业挂职锻炼、开展技术研究，参加行业企业学术组织及相关学术交流活动。参加职业教育相关组织，及时了解职业教育类型特征和发展目标、质量工程，以及提高职业教育适应性的新要求、新理念。

参考文献

[1] 赵志群. 职业教育工学结合一体化课程开发指南[M]. 北京：清华大学出版社，2009.

[2] 姜大源. 工作过程系统化课程的结构逻辑[J]. 教育与职业，2017(17)：5-12.

[3] 框架通用指标[EB/OL]. http://cbouc.ouchn.edu.cn/kj/kjtyzb/index.shtml.

[4] 王亚盛，丛迎九. 微课程设计制作与翻转课堂教学应用[M]. 北京：机械工业出版社，2016.

[5] 尹媛. 数码影像创作的画面构图技巧[J]. 科技信息，2008(34)：69.

模块 5

新型教材结构与内容设计及其案例分析

导语：在专业群组建、课程体系重构、课程标准设计和模块化课程系统设计等前期工作完成之后，便可依据课程标准、新型教材系统化策划设计方案，开始组织新型教材内容的设计与编写工作。如前所述，如果没有进行前期工作或者前期工作质量较差，就急于动手编写新型教材的具体内容，就会产生不知如何下手编写、在原有学科体系教材基础上继续修修补补、跳不出学科体系框架束缚等问题。

学习借鉴符合职业教育类型特征的样本教材固然重要，但是在"摸着石头过河"的研究探索阶段，无论从哪个角度、哪个方向研究职业教育新型教材，都会有新发现和创新点，也都不免存在"盲人摸象"的结果；在对职业教育类型特征不理解、不接受的情况下，很难对职业教育新型教材的六大基本特征理解透彻，并基于六大基本特征产生的机理、要求，结合一套教材的具体现状进行系统分析。因此，要开发编写一套真正符合职业教育类型特征的教材，必须有一系列的理论予以指导，否则容易出现"画虎不成反类犬"的问题。职业教育新型教材在知识点的深度、广度方面的要求是"必需、适度、够用"。

为此，本模块将围绕"新型教材开发流程及设计原则、新型教材中观结构设计编写及其案例分析、新型教材微观结构设计编写及其案例分析、新型教材内容序化与三类知识的选用、新型教材特征内容编写及其案例分析"5个方面进行分析和说明，使教师理解新型教材开发编写的原理、方法。

5.1 新型教材开发流程及设计原则

5.1.1 新型教材的开发流程及方法步骤（微观编写步骤）

可按照"职业岗位工作系统分析→典型工作任务分析→工作模块划分→标准规范设计→模块课程设计→学习情境设计→教材结构设计→教材功能设计→知识点规范选用→完成样张编写→评审样张→完成教材编写"12 个微观步骤进行开发编写。

(1) 职业岗位工作系统分析与典型工作任务分析

a.首先以专业群、专业为单位对相关产业和 15～20 个企业进行系统调研，分析确定专业群对应服务的产业链（宏观、中观或微观）企业及职业岗位，分析确定专业对应服务的职业小类或岗位群。

b.分析确定专业群课程体系对应的职业岗位群、专业课程体系对应的职业岗位群。对职业岗位群进行工作系统化分析，初步划分出各典型工作任务的节点。

c.组织职业教育专家、企业专家等进行研讨，按照模块 4 中给出的方法分析确定每个典型工作任务。

(2) 工作模块划分与标准规范设计

a.对每个典型工作任务再进行分析，选择节点，按照模块 4 中给出的工作模块定义和要求划分出 5～7 个工作模块。明确各个模块课程之间的逻辑关系。

b.对每个工作模块的六要素进行补充、完善，将相关标准纳入其中，对不规范的内容进行标准化、规范化改进，使每个工作模块都具有科学性、可行性、先进性和普适性。

c.对每个工作模块的输入要求、输出成果及要求、工作活动等进行完善、规范。特别应注意有逻辑关系的各工作模块之间的输入/输出接口设计，确保前一个工作模块的输出大于等于后一个工作模块的输入要求。

(3) 模块课程设计与学习情境设计

a.基于模块课程的定义，对各工作模块中的工作任务的职业技能、能力和职业道德、职业素养要求进行逐条分析、确定。

b.根据职业技术技能发展需求，对横向拓展、纵向深化的职业技能、能力要求进行分析，确定需要深化、拓展的技能点、能力点。

c.根据工作模块的输入、输出和工作活动过程特点，设计模块课程的输入、输出和工作手册式基本模式。模块课程之间的逻辑关系同工作模块之间的逻辑关系原则上保持一致。

d.根据工作模块和工作手册式基本模式，设计必要的学习情境，进行教学框架设计、行动导向教学方法选择与教学环境、条件策划，为新型教材结构设计、功能设计奠定基础。

（4）教材结构设计与教材功能设计

a. 按照本模块 5.2.1 给出的方法进行新型教材中观结构设计和微观结构设计。将行动导向教学方法恰当融合在新型教材结构设计中，使工作手册式模式与教学方法融为一体。

b. 根据专业群、专业课程体系和新型教材体系的系统策划要求，设计六大功能域及其适用的功能栏目。每个专业群或专业自成一体，建设具有专业特色的新型教材体系。

c. 立德树人、课程思政功能域设计应该按照专业课程体系整体策划、规划，形成模块化、渐进式育人体系，对重点、关键点进行深度强化，避免重复、遗漏或矛盾冲突等问题发生。每个模块课程可以设计 1~2 个课程思政主题单元，通过隐性或显性方式与课程内容有机融合。

（5）知识点规范选用与完成样张编写

a. 完成上述步骤之后，选择其中一个具有代表性、各个要素齐全的模块课程作为样张进行详细设计。

b. 基于职业技能、能力和职业道德、职业素养各个要素，按照"必需、够用、适度"原则选用，并优化陈述性知识点、程序性知识点和策略性知识点。具体做法参照 5.4 中给出的方法和要求。

c. 完成样张之后，教材编写团队应该进行审读、研讨，组织专家评审，进行改进和完善后形成范式，各个模块课程按照样张范式和模块课程特点进行编写。

d. 各模块课程对应的新型教材编写完成后，编写团队应该进行详细审读、研讨和完善，最后提交学校教材工作委员会评审。

5.1.2 新型教材的设计原则及策划的关注点

（1）新型教材设计原则一：职业教育新型教材不是源于学科体系的教材

这个原则在本书中曾多次予以强调，这是因为到目前为止，还有部分职业院校教师没有理解和接受这个彰显职业教育类型特征的新型教材设计原则，他们始终在普通教育学科体系框架内寻找编写新型教材的切入点、思路和方法，不知道需要进行行业企业调研，没有分析确定工作模块，直接把原有的学科体系教材拿过来研究如何改革、编写。

原则一主要从以下三个方面予以体现。

◆ 新型教材内容要源于企业且高于企业。首先，职业教育不是职业培训，职业教育要逐步实现"跟跑企业、并跑企业、领跑企业"的职业教育高水平建设目标。其次，在企业调研基础上，对获取的案例、工作任务等进行完善、改进和系统凝练，使其具有科学性、先进性和适应性。所以，要求新型教材内容中的案例、工作任务、训练题目、学习成果等都不是从企业直接照搬的，而是经过技术加工、教育教学改进后形成的高于企业的内容。

◆ 校企"双元"合作开发编写新型教材。这里的"双元"是指职业院校与企业合作，具体安排相关教师、工程师等组建新型教材编写团队开展工作，不是在编写团队中增加几个校外或企业人员。也就是说，企业参编人员必须是作为企业的代表，不是代表个人；同样，教师也是代表学校不是代表个人。所以，任何参加编写团队的成员都应该站在学校、企业立场上开展合作，优势互补，形成合力。实行学校和企业代表的双主编负责制，按照模块4中4.1的相关要求组织团队开展新型教材开发编写工作。

◆ 新型教材的中观结构、微观结构设计必须综合考虑职业岗位工作逻辑、学生学习规律、职业成长规律、产学研融合规律，四种规律相结合并进行优化后，才能设计新型教材的中观结构、微观结构。

（2）新型教材设计原则二：职业教育新型教材不是企业工作手册的再现

原则二主要从以下三个方面予以体现。

◆ 重点体现如何做，少解析。新型教材内容以"做中学"为主导，以程序性知识为主体，配以必要的陈述性知识和策略性知识，重点强化"如何做"。必要知识点穿插于各个"做"的步骤中，边学、边实践。而深化解析、多角度的案例、佐证资料、扩展资料等都放在配套的信息化教学资源库中。

◆ 新型教材的功能转化、增加和水平升级。将传统的以教师的"教"为主导的教材，转变为以学生的"学"为主导的学材和学习工具，并将行动导向教学方法融合其中，重点培养学生的自主学习能力和职业能力。纸质教材与配套的信息化教学资源库相结合，实现线上线下结合学习、移动学习、泛在学习等适合信息时代需求的各种学习模式。因此，新型教材不再仅仅是学习内容的载体，还可以实现六大功能域30多个功能栏目，满足立德树人、培养高素质技术技能人才的需求。

◆ 职业化与标准化。新型教材既不是学科体系的知识库，也不是企业工作手册的再现，而是经过加工、凝练和基于教学改造的"工作手册式"结构的教材，一定要符合职业规范、职业道德和职业素养要求，将行业标准融合在课程内容中，将立德树人作为根本任务，将专业技术技能学习融合为一体。

（3）新型教材进行策划设计时的几个关注点

编写团队成员，特别是主编在进行新型教材策划设计时不仅要重视、关注教材本身，还要关注校外、企业外的相关信息，及时获取对新型教材开发编写有借鉴、促进作用的信息，并有效应用。

◆ 关注并认真研读相关文件。部分教师不注重学习国家、教育部和省市相关部门的文件，或者一般性浏览阅读，不能系统分析、深度解读文件内涵，不能有效地将文件的内涵要求落实到新型教材开发编写工作中。应该对已经发布、有效的文件进行系统研读，研读透彻，科学、实时地应用于新型教材编写中。

◆ 课程标准是新型教材开发设计和编写的重要依据。按照学习成果导向模式设计职业教育模块化课程学习成果，通过校内外专家评审、改进后予以实施，依据课程标准开发设计新型教材，依据课程标准进行课程设计、编写教案等。

◆ 学习借鉴国内外同行的经验。一是经常参加有关课程建设、新型教材编写方面的培训班，多交流和学习。二是通过各种媒体学习与新型教材有关的论文、经验介绍等。三是通过研读已经出版的高质量新型教材，学习其策划、设计思想、理念和方法。

5.1.3 模块化课程与新型教材之关系与活页装订要点

（1）模块化课程与新型教材的活页装订设计

模块化课程通常由 5～7 个模块课程按照职业工作逻辑、学习逻辑和职业成长逻辑构建而成。当对应一门模块化课程的新型教材编写完成之后，如何按照活页方式进行装订，是一个应该充分考虑，但通常被忽略的问题。

◆ 我们在近两年的新型教材开发编写、校本教材装订试用过程中发现，采取活页方式装订后，每本纸质教材在 200 页左右比较合适。页数太多，翻页不方便、不顺畅，容易导致纸张破裂；页数太少有些浪费。

◆ 如果一本模块化课程纸质教材编写完成后，页数在 210～240 页范围内，建议采取以下措施进行调整。

a.对内容进行适当简化，部分内容可以安排在配套的信息化教学资源库里。

b.通过页面布局进行合理调整，减少空白，去掉使用价值不大的图片。

c.对表格、逻辑框图进行调整，表内、图内字号为小五号字，表格行距为 7mm。

◆ 如果一本模块化课程纸质教材编写完成后，页数在 240～300 页范围内，可采用两册或一册装订。

a.当分为上、下两册装订时，可以分别增加部分学生实践训练的内容，每册在 180～200 页范围内。

b.当采用一册装订时，需要采取上述 a.、b.、c.三种措施进行综合调整。

◆ 如果一本模块化课程纸质教材编写完成后，页数在 300～400 页范围内，建议分成上、下两册装订。

（2）打孔数量与纸张选择及边沿处理

◆ 活页式装订的纸质教材应该选择撕裂度较大的纸张，因为经常翻页容易导致装订孔边沿处撕裂。

◆ 打孔的数量。我们分别试验了9孔、6孔、4孔和2孔活页装订方式。孔数多，使用不方便，翻页不灵活。孔数少，翻页灵活，但容易导致孔边沿撕裂。选用4孔相对比较合适。

◆ 孔边沿加固处理。建议在印刷完毕、打孔后，对纸张打孔边沿进行固化处理，以增强纸张边沿抗撕裂能力，可采用特制的稀薄快干塑胶浸泡后晾干方式。

5.2 新型教材中观结构设计编写及其案例分析

5.2.1 不同类型课程的新型教材中观结构设计

部分教师对新型教材的"工作手册式"要求的内涵理解过于表面化，没有从"什么是工作手册式？""为什么要编写工作手册式新型教材？""教材现状情况如何？""我们应该如何做？"等方面进行系统、深入的研究与探索，将"工作"理解为仅限定在企业范围内，缺乏对职业范畴的理解，对职业范畴内的"工作手册"定义和内涵理解过于机械，将"工作手册"等同于"工作手册式"，认为"新型活页式、工作手册式、融媒体教材"适用于专业教材，特别适用于工科类专业教材，对于学校公共基础课、专业基础课则不适用，因为这些课程没有职业岗位与之对应，也就没法构建来源于职业岗位中工作模块的模块课程。

我们进行系统研究和试验后认为，在深刻理解了"新型""活页式""工作手册式""融媒体""新形态""数字教材"等概念及内涵后，上述问题就容易解决了。首先，职业教育作为一种不同于普通教育的类型，其专业（职业）、课程体系、课程和教材建设的逻辑起点和终点都是行业企业、职业岗位，而不是学科体系中的一级学科、二级学科等。其次，完成行业企业工作岗位任务需要掌握的知识点是必需的知识点，不需要的知识点原则上不用学、不用在教材中出现。据此，从"工作手册式"角度进行研究，可以将职业教育新型教材分为职业院校公共课程教材、产业链/行业职业基础工作课程教材、规范类职业工作课程教材、非规范类职业工作课程教材4种类型。

（1）职业院校公共课程教材及教材结构设计

职业院校公共课程看起来都没有职业岗位与之对应，也没有"工作手册"，但是如果从以下角度进行分析，就会得到"工作手册式"的相关内容和结构模式。

◆ 教育部和学校为什么规定要开设这些全校学生都要学习的公共课程（有部分思想政治课的任课教师在培训班上的回答是：教育部规定的必修课，不学不行）？公共课程是使学生理解并接受后内化为实际行动的理论与实践一体化课程，学生自主实践训练将伴随其三年乃至一生，学校应有组织地安排充分的课时，开展好公共课程实践训练教学工作，这些课程的课内外实践课时应该远远超过职业工作类课程的实践课时。

◆ 既然这类课程必须有实践课时和实践内容，就应该设计不同课程内容及其实践模块，基于不同类型的思想、理念内化为行动的最佳路径和已经被社会认可的典型范式，设计新型教材中"工作手册式"内容及考核评价规程。充分利用好学生在校3年的时间，将这类课程与其他课程充分结合，实施全过程一体化育人模式。

◆ 目前国内职业教育课程体系教学计划中，将这类课程集中安排在第1至第3学期，在后续学期集中学习专业课程，这种安排存在一定缺陷，应该制定改革措施。德国职业教育从2005年开始实施学习领域课程改革，将学校公共课程（通识课程）由以前集中在前两个学期学习，改为三年半全程分散学习模式，给学生一定的思考、研讨、消化和转变为行动的时间，经过十几年发展，取得了非常好的教育成效。

◆ 实施"知、情，意，行，果"五循环内生动力、螺旋提质一体化新型教材的中观结构设计。其中，"知"是指对理论与思想的认知，"情"是指产生背景与价值情感，"意"是指引起共鸣与意志改变，"行"是指通过实践和行为改变，"果"是指对其他课程和方面产生效果。选择每个模块课程中关键、重要的理论、思想知识点作为核心，按照"知、情、意、行、果"五个过程设计相应背景材料、案例，通过学习、研讨和讲演等方式完成"知、情、意"三个过程，再设计相关实践活动、实践项目，并与职业工作类课程结合，完成"行"，则"果"就是水到渠成的事情。以测评"果"为重点，配合测评"行"，设计课程与教材的"工作手册式"内容。

以关键词"毛概，实践教学"搜索知网2008年1月18日至2021年3月13日13年期间的文献，仅有35篇研究毛泽东思想和中国特色社会主义理论体系概论课程实践教学的论文，其中只有2008年1月18日发表的1篇研究"学生自学也是实践教学"的论文发表在中文核心期刊上，在其余34篇论文中，将"课堂专题研讨""主题讲演比赛"等强化对理论理解的教学方法也作为实践教学，有的将"参加社会公益活动""到敬老院帮扶老人""主题社会调研"等作为实践教学。这些教学方法固然重要，但仍然是用固化的学科体系思维模式研究这类课程开设的目的和学习目标，从而设计类似的实践教学项目。可以看出，并没有真正理解职业教育"立德树人根本任务"的内涵和要求，导致在设计实践教学模块过程中，仅限定在"自迁移"层次，个别考虑"近迁移"层次，没有考虑"远迁移"层次才是真正需要的迁移层次。所以，职业院校公共课程教学只有实现了"远迁移"预期目标，才能完成"立德树人根本任务"。

案例1：

系统分析高职"大学生职业生涯规划与就业指导"课程，发现没有职业岗位与之对应，也难以在职业工作过程中划分出多个工作模块。那么，这门课程的教材如何按照新型教材的六大基本特征进行中观结构策划呢？

a. 结合专业群、专业调研行业企业发展前景和企业对毕业生的职业能力、职业道德和职业素质要求，为学生职业发展规划提供方向和路径。

b. 调研企业招聘毕业生时关注哪些内容，常见的问题和不满意事项，作为改进课程和新型教材内容的依据之一。

c. 本课程教材设计"自我认知与制定职业发展规划、制定职业能力提升措施与有效实施、创新能力实践训练与创业素质养成、创业规划与初级创业试验、正确择业与就业面试训练"等5个模块课程。教材模块1目录结构如下：

模块1：自我认知与制定职业发展规划

一、模块描述

（一）产生背景与目的

（二）相关任务及关联

（三）人生价值与职业发展

二、模块学习目标

三、任务学习与实施

任务1.1：撰写个人认知报告书

（一）任务导入与部署

1. 问题思考与交流

2. 案例分析

3. 任务部署与要求

（二）任务实施

步骤1. 个人偏好分析方法与应用训练

步骤2. 心理分析与职业关系及应用训练

步骤3. 撰写初步个人认知分析报告

注意事项：个人隐私与保护

（三）评价与改进

1. 任务评价标准

2. 自我检查分析，团队交流，改进完善

3. 团队之间互评，提出改进建议

4. 理解、接受后，完善、修改个人认知报告书

（四）强化相关职业性格方面的概念理解训练题目

任务1.2：分析自己职业性格特征并预定职业发展方向

（一）任务导入与部署

1. 问题思考与交流

2. 案例分析

3. 任务部署与要求

（二）任务实施

步骤1：个人偏好分析方法与应用训练

步骤2：心理分析与职业关系及应用训练

步骤3：完成任务训练报告初稿

（三）任务评价：自我评价及疑惑点交流，团队交流评价

（四）完善改进：根据评价结果，修正报告初稿，形成正式报告

（五）强化相关职业性格方面的概念理解训练题目

任务1.3：研究制定寒假团队一项集体活动工作计划

（制定团队计划的方法，团队合作意识和能力训练，为完成任务1.4奠定基础）

任务1.4：研究制定在校三年的职业发展规划

（职业规划相关知识理解与应用，明确自己在校三年应该如何学习，如何围绕规划目标进行定期自我检查与改进，需要在其他课程学习中进行应用训练，为完成模块学习成果奠定基础）

四、巩固训练与创新研究

五、模块1的学习成果

1. 预期学习成果：制定今后8～10年个人职业发展规划

2. 学习成果评价标准

◆ 巩固训练与创新研究内容应按照"术语概念理解→知识理论强化理解→知识方法应用练习→综合能力训练提高→创新能力训练指引"五段递进式技术知识应用训练模式进行设计，融合立德树人、创业素质的基本训练设计。通过理论与实践递进式一体化系统，提高学生的技术知识应用能力、职业素质水平和职业能力。每段设计3～5个不同难度等级的题目，如图5-1所示。

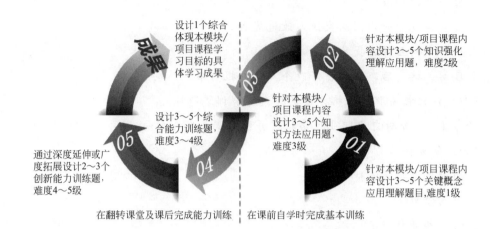

图 5-1　五段递进式技术知识应用训练模式

案例 2：

《公司文案设计创作与制作》是在职业院校公共课程教材《高职应用写作》基础上，基于国内规范经营企业常用文案类型及撰写工作创新开发设计的新型教材。高职毕业生就业单位多数都是企业，因此，设计了企业常用的报请工作类文案、下达工作类文案、会务工作类文案、经贸工作类文案、调研类工作文案、研究工作类文案 6 种类型工作文案作为模块课程来源，研究分析完成这些工作文案撰写需要学习的知识点、技能点、能力点和职业道德、职业素养等，开发设计了"报请工作类文案撰写与制作""下达工作类文案撰写与制作""会务工作类文案撰写与制作""经贸工作类文案创作与制作""调研工作类文案创作与制作""研究工作类文案创作与制作" 6 个模块课程。

这里，撰写、创作、制作的定义和内涵要求是不一样的。创作这些文案是有一定难度、困难的，需要进行理论创新、技术创新、方法创新、应用创新等，不是一般性按照常用模板撰写。根据文案公布、上报等要求，需要对文案进行设计制作，包括文本格式、打印载体、装订方式等。其中模块 4 目录结构如下：

模块 4：经贸工作类文案创作与制作

一、模块及任务背景

（一）企业需求与岗位

（二）目的与要求

（三）诚实守信与法规

二、模块学习目标

三、任务学习与实施

任务 4.1：制定 2021 年度工作创新与降低成本实施方案

任务 4.2：产品销售合同的撰写

任务 4.3：合作项目协议的创作

任务 4.4：招标书的创作与制作

（一）任务导入与部署

1. 任务背景

2. 案例导入

3. 任务部署与要求

（二）任务实施

步骤 1.调研与学习

（1）明确招标的机构对象、标的物、目的、目标和时间等要求

（2）学习国家和地方政府相关招标工作文件和新要求

（3）调查、选择 5~7 家供给企业进行比较分析

（4）研究确定招标内容与指标

步骤 2.制定计划与实施

（1）制定团队分工计划

（2）互惠互利与生态平衡、持续发展

（3）按照计划组织实施，完成招标书初稿，创新点要明确

（4）自我检查分析，团队交流，改进完善

（三）评价与改进

（1）任务评价标准及评价方法

（2）团队及相关专家参加研讨、完善与审核

（3）制作规范的招标书

（4）招标书上报与相关事项处理

（四）强化相关招标、标的物等方面的概念理解训练题目

任务 4.5：投标书的创作与制作

四、巩固训练与创新研究

五、预期学习成果

1. 说明：本模块课程涉及的各个任务相对独立，且是企业不同工作岗位的任务，难以形成一个模块课程学习成果。因此，可以将各个任务作为学习成果的组成部分，设计权重和综合评价标准进行测评。

2. 学习成果评价标准

3. 具体学习成果选择建议

◆ 在新型教材的每个任务中都设计一个相对完整、具体普适性的案例，结合案例实施步骤，介绍必需、够用和适度的知识点、方法，并对实施结果的质量提出规范要求。教师在实际教学过程中，应针对每个任务设计多个岗位、对象、标的物以及相关指标要求，供学生团队选择，完成任务训练。

(2) 产业链/行业职业基础工作课程教材及教材结构设计

以往专业群、专业基础课程教材中，部分是普通教育学科体系课程教材的压缩版，如《高等数学》《大学化学》《大学物理》《机械制图》《电路基础》《经济学基础》《××××专业导论》等教材。这类教材的改革有两种基本方法。

① 通过改造使其成为产业链/行业的职业基础工作新型课程教材，也是专业群的公共课程新型教材。改造的基本方法是：结合专业群中应用该门课程的知识点、技能点的其他相关课程进行分析，根据应用需要设计实践教学任务，使其成为模块化课程。

案例3：

"常用机械零件测量与制图"是对"机械制图"改造后的模块化课程，是机械大类各专业群的公共课程，来源于机械行业基础性工作过程。根据行业基础工作情况可划分为"图纸识读""绘制图纸""零件测量""零件图纸绘制"等工作模块。对应这些工作模块设计"单体零件测量、图纸绘制与CAD应用""组合体零件测量、图纸绘制与CAD仿真""特殊结构零件图绘制与CAD仿真""典型零件测量、图纸绘制与CAD仿真""轴套类零件测量、图纸绘制与CAD仿真""箱体类零件测量、图纸绘制与CAD仿真""装配图绘制与CAD仿真"等7个模块课程。根据不同类型零件图绘制需要，分别将绘图基本方法、三视图、剖视图、CAD使用方法等分解到相应模块课程中，而不是单独讲理论、讲方法，将理论、方法与零件图绘制结合在一起，学用结合。每个模块课程中设计3～7个不同零件图测量、绘制任务。以下是模块4的目录结构。

模块4：典型零件测量、图纸绘制与CAD仿真

一、常用典型零件及任务说明

（一）常用典型零件及任务

（二）学习目的与要求

（三）职业安全、国家标准与质量

二、模块学习目标

三、任务学习与实施

任务4.1：螺纹紧固件测量、图纸绘制与CAD仿真

任务4.2：弹簧件测量、图纸绘制与CAD仿真

任务4.3：键销连接件测量、图纸绘制与CAD仿真

任务4.4：轴承测量、图纸绘制与CAD仿真

任务4.5：轴测量、图纸绘制与CAD仿真

任务4.6：齿轮测量、图纸绘制与CAD仿真

（一）任务部署

1. 案例分析

2. 齿轮类型与用途

3. 直齿圆柱齿轮样品、直齿圆锥齿轮样品

4. 任务部署与要求

（二）任务准备

1. 直齿圆柱齿轮绘制方法

2. 分析确定选择测量工具、测量方法和公差

3. 工具准备与检查

（三）任务实施

1. 按照计划对样品各个参数进行测量，分别测量3～5次后取值

2. 绘制直齿圆锥齿轮图纸，标注尺寸与公差

3. 自我检查分析，团队交流，改进完善

（四）评价与改进

1. 任务评价标准及评价方法

2. 团队展示讲解，研讨与答疑

3. 完善与改进设计图纸

4. 对特殊加工方法和要求进行说明

（五）强化相关常用齿轮、钢材、公差等方面的概念理解训练题目

四、巩固训练与研究创新

五、预期学习成果

1. 学习成果名称：设计一级传动变速箱及CAD仿真试验

2. 学习成果评价标准

3. 具体学习成果选择建议

② 取消这种课程，将有使用价值的知识点分别纳入有需求的相应职业工作课程中，并适当增加课程学习课时。如高等数学课程中的极限、定积分、级数等知识点，分解到需要解决职业工作任务的相应模块课程中，边学习边解决问题，使知识得到应用。

(3) 规范类职业工作课程教材及教材结构设计

◆ 这类职业工作过程、工作标准和工作方法通常有行业统一标准规范，如会计、税务、机械加工、铁道设计与运营、航空运营、通信设备与运营、电力设备与运营等。在行业标准规范框架内，各个企业可能在允许范围内进行微调。所以，要通过对行业企业相关标准规范、企业工作任务、工作过程和标准等进行调研，在相同层级参照系（工作任务六要素）范围内设计典型工作任务、典型工作过程，对应设计 5～7 个模块课程或项目课程。每个模块/项目课程中设计 5～7 个典型工作环节或任务。

◆ 在编写每个典型工作环节或任务内容时，原则上按照如下要求设计微观结构和内容。

a. 任务实施中，按照不同岗位特征的"工作手册式"要求、步骤设计微观结构和内容，将工作过程中涉及的知识点及时嵌入。

b. 通过企业工作活动再现、职业规范、企业案例等将立德树人、创新创业等内容有机、隐形嵌入。必要时，可以进行显性嵌入。

c. 根据实际需求设计工作六要素和六个学习实施步骤等相关内容。

案例 4：

"出纳会计业务与实施"是对"出纳会计"改造后的模块化课程。将公司出纳会计工作业务范围和工作过程划分为 5 个工作模块，并对应各工作模块设计了"填制与审核会计凭证""编制出纳交接书和交接日记账""办理现金收支业务""办理银行转账结算业务""登记日记账和清查货币资金""出纳岗位综合业务训练（1）"等 6 个模块课程。每个模块课程中设计 3～7 个不同的工作任务。以下为模块 4 的目录结构。

模块 4：办理银行转账结算业务

一、业务背景及任务说明

（一）银行业务说明

（二）学习目的与要求

（三）严谨精细、诚实守信要求

二、模块学习目标

三、任务学习与实施

任务 4.1：办理银行汇票转账结算业务

任务 4.2：办理商业汇票转账结算业务

任务 4.3：办理银行本票转账结算业务

任务 4.4：办理支票和汇兑转账结算业务

任务 4.5：办理委托收款转账结算业务

（一）任务信息

1. 案例分析

2. 销售、采购合同等债务证明

3. 任务说明与要求

（二）任务实施

1. 填制委托收款凭证

2. 审查委托收款凭证和债务证明是否符合规定

3. 到开户行交付委托凭证和债务证明

4. 注意事项：严谨精细，零缺陷，文字数码规范

（三）拒付分析

1. 自然人拒付及原因分析

2. 银行拒付及原因分析

3. 单位拒付及原因分析

（四）评价与改进

1. 任务评价标准及评价方法

2. 团队审核委托收款凭证、债务证明，审核拒付理由

3. 改进后重新填制凭证

（五）强化相关银行转账业务等方面的概念理解训练题目

任务 4.6：办理托收承付转账结算业务

四、预期学习成果

1. 学习成果名称：办理银行转账结算综合业务

2. 学习成果评价标准

3. 具体学习成果选择建议

(4) 非规范类职业工作课程教材及教材结构设计

◆ 这类职业工作过程、工作标准和工作方法通常行业内没有统一标准规范，各个企业自己制定的标准规范差异较大，如产品销售、市场开拓、商务谈判、生产管理、艺术品设计与制作、一般性服务岗位等。这类工作任务的六大要素难以统一规范。在这类课程的新型教材中，可以设计 5～7 个相对规范或各具特色的模块课程、项目课程或学习情景。

◆ 在编写每个典型工作环节或任务内容时，原则上按照如下要求设计微观结构和内容。

a.以企业或社会需求的工作环节、任务作为学习载体，通过在相应学习情境中完成工作任务，将知识内化为职业能力。

b.结合企业或社会的案例、任务实施等将立德树人、社会责任、公共安全、创新创业等内容以隐性、显性方式有机嵌入课程中。

c.根据行业企业和岗位特点设计必要的六要素和六个学习实施步骤等具体内容。

案例5：

"幼儿教师礼仪与实践"是对"幼儿教师礼仪"改造后的模块化课程。各个幼儿园的工作过程、管理规范有所不同，将幼儿教师工作业务范围和工作过程划分为5个工作模块，并对应各工作模块设计了"幼儿教师礼仪修养提升规划""幼儿教师形象礼仪与实践""幼儿教师社会交往礼仪与实践""幼儿教师工作礼仪与实践""幼儿教师面试礼仪与实践""幼儿礼仪教育与实践"等6个模块课程。每个模块课程中设计3~7个不同的学习情境。以下为模块3的目录结构。

模块3：幼儿教师社会交往礼仪与实践

一、背景及任务说明

（一）背景情况与任务说明

（二）学习目的与要求

（三）诚心待人、高尚文明、示范引领

二、模块学习目标

三、任务学习与实施

学习情境3.1：见面礼仪与训练

（一）任务信息

1.学习情境设置与相关知识

2.任务说明与要求

（二）任务实施

步骤1.案例学习：正确完整的案例

（在案例中隐含着知识点，在案例的重要/关键技能点处，增加必需的知识内容）

（相关视频放在配套的学习资源库中，通过二维码链接）

步骤2.情景训练1：有问题的任务

（学生进行训练、研讨，发现问题，分析原因）（学生角色扮演参加真实情景训练）

步骤3.情景训练2：难度较大的任务训练

(学生角色扮演参加真实情景训练)

注意事项：角色扮演，调整心态位置，诚心体验体会

（三）评价与改进

1. 任务评价标准及评价方法

2. 个人交流感受，团队观摩评价

（四）强化相关社会交往礼仪等方面的概念理解训练题目，包括日常生活中的训练与习惯养成

学习情境3.2：交通礼仪与训练

学习情境3.3：介绍礼仪与训练

学习情境3.4：餐饮礼仪与训练

学习情境3.5：握手礼仪与训练

四、预期学习成果

1. 学习成果名称：幼儿教师社会交往礼仪综合实践

2. 学习成果评价标准

3. 具体学习成果选择建议：参加朋友的孩子周岁宴会（或其他类似的集体活动）

5.2.2 新型教材内容呈现模式及页面布局

（1）新型教材内容采取四位一体呈现模式

新型教材按照"活页教材＋活页笔记＋实践训练＋功能栏目"四位一体呈现模式进行构建，主要组成要素包括：

◆ 活页教材。以学生为中心，从学生的学习角度和工作行动步骤出发，按照"工作手册式"要求设计中观、微观结构和学习内容，以学材为主体，将行动导向教学方法与工作行动相结合，构建"工作手册式"学习内容，在适当的工作学习步骤中引入相关知识点。

◆ 功能栏目。包括学生的模块学习记录、问题研讨、分析解决问题、个人收获等，共设计六大功能域30多个功能栏目，供不同类型教材设计选用。

◆ 活页笔记。学生在学习过程中的学习总结、内容补充、质疑，教师补充的新技术、新知识等，都可及时插到新型教材中。要预留10%左右的空白页供学生记录使用。

◆ 实践训练。结合具体任务、项目等进行实践训练，包括制作产品、设计方案、调研、解决问题等，要结合自主学习手册、实践任务单、实践训练页、学习成果评价单等构建。由于规范职业工作类、非规范职业工作类、学习公共课程类的实

践训练内容和要求差异较大，所以按照如下要求编写教材内容。

a. 规范职业工作类岗位对应的实践训练应采取工作训练方式，按照职业岗位工作规范、标准要求进行训练，以工作质量、产品质量为核心，逐步提高工作效率。

b. 非规范职业工作类岗位对应的实践训练采取应用训练方式，参照行业企业中具有代表性的工作程序、标准设计知识应用训练项目、任务，以工作质量为核心，逐步降低成本、提高工作效率。

c. 学校公共课程类中的实践训练采取以专业（群）为知识应用领域，设计重点课程、关键知识点或知识面在专业群、专业中进行应用的训练项目、课题等，以应用成效为重点进行实践训练和评价。

案例 6

图 5-2 是"活页笔记"中的学生学习总结插页，每个模块或项目学完之后设计一页"自我分析与总结"活页。

图 5-3 是"功能栏目"中的"学习记录""二维码链接""分析解决问题"功能设计，根据教材内容设计适宜的功能，以增强学生学习兴趣和自主学习能力。

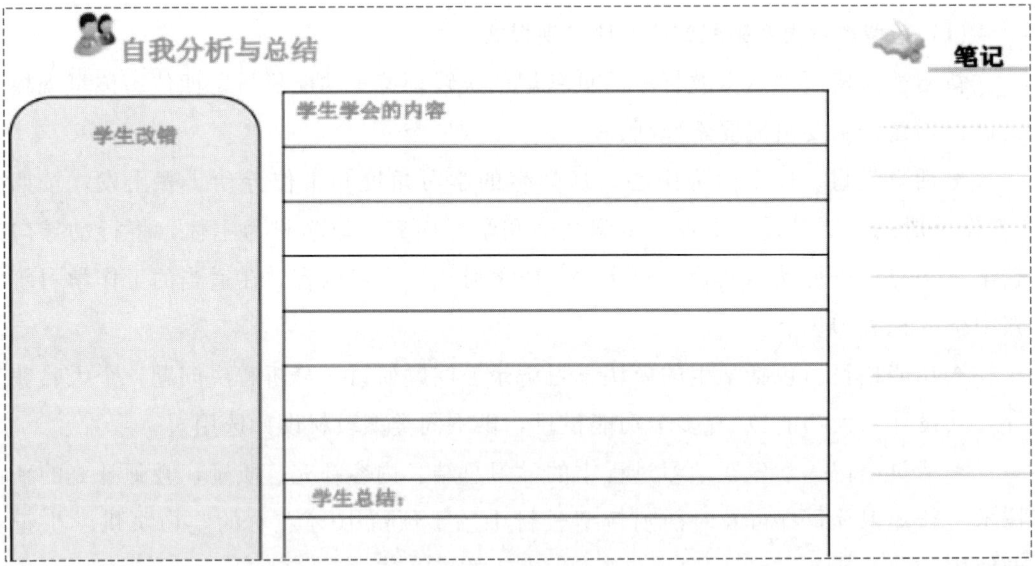

图 5-2　"活页笔记"中的学生学习总结插页

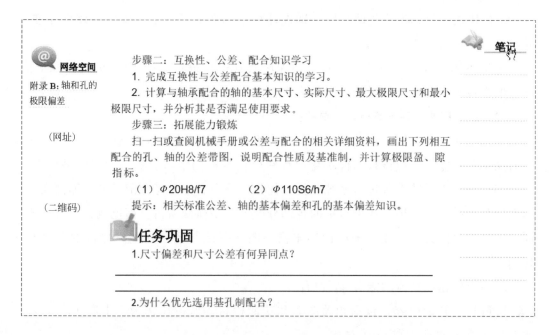

图 5-3 "功能栏目"中的"学习记录""二维码链接"等功能设计

(2) 新型教材页面布局和内容安排原则

新型教材功能较多,因此在页面布局、内容安排、结构安排等方面,应该根据不同专业群、专业课程类型特征和教材特点,彰显专业群、专业特色,做到统一与灵活相结合。新型教材采取活页式装订,主要是满足教材功能转变、增加和升级之需求。

◆ 页面布局原则和基本要求。

a. 每一本纸质教材在策划阶段,就要对四位一体呈现模式进行系统性、整体性布局,并提供、预留相应的页面载体。

b. 预留10%左右的空白插页(背景加上不同的、有特色的水印,增加对学生的吸引力),满足学生大篇幅记录或新增内容记录需求。

c. 按照教材中每个一级目录(模块或项目)编排页码,便于学生插页、教师增加新内容等。

◆ 教材中内容安排原则和要求。

a. 每个模块或项目应该具备模块课程特征,具有相对独立性。如果是模块课程,每个模块应该具备输入/输出接口。

b. 每个一级目录(模块或项目)和二级目录(任务)应该有独立开头和结尾,包括训练题目;在奇数页开头,偶数页结尾,当不能在偶数页结尾时,应该进行页面内容调整,增加或减少1页。

c. 模块或项目、模块化课程应分别设计规范标准的预期学习成果和评价标准，并对具体学习成果提出选用建议。

◆ 应对职业教育新型教材的六大功能域及其栏目进行系统策划和总体页面布局，增强各个功能栏目的教育教学作用。

(3) 合理把握内容丰富与留空白的关系

不同专业群、不同专业、不同职业岗位所对应的新型教材，其各部分内容所占页面比例有所差异。应该根据模块化课程和模块课程的学习目标、学习成果要求、一级职业岗位工作特点等进行系统分析、优化，分类做出参考分配意见。即使在一本纸质教材中，各个模块或项目中的各部分内容、功能域所占页面比例也会有所不同，应具体研究设置。要处理好内容丰富、图文并茂与预留功能空白区的关系与比例。

a. 各级标题和其他功能占 5% 左右。

b. 陈述性知识内容，包括相关图表和功能栏目，所占比例为：中职 10%，高职专科 15%，高职本科 20% 左右。

c. 程序性知识内容，包括相关图表和功能栏目，所占比例为：中职 50%，高职专科 40%，高职本科 30% 左右。

d. 策略性知识内容，包括相关图表和功能栏目，所占比例为：中职 10%，高职专科 15%，高职本科 20% 左右。

e. 能力训练内容及空白页约占 15%。

f. 自学记录与总结内容约占 10%。

5.2.3 基于职业能力清单进行新型教材中观结构设计

(1) 基于职业能力清单设计新型教材中观结构的优点

基于职业能力清单开发设计新型教材中观结构，是职业教育新型教材建设过程中必不可少的一个重要环节，是对基于"工作模块"对应设计"模块课程"方法的细化，主要有如下优点。

◆ 在新型教材开发过程中，企业专家主要负责分析、确定和划分工作模块，并将完成每个工作模块需要的职业能力（含技能、能力和职业道德、职业素养）一一列出来，形成职业能力清单，确保新型教材开发的逻辑起点选择准确，职业能力清单完整、规范和正确，为开发编写高质量新型教材奠定坚实基础。

◆ 是职业教育教材改革冲破普通教育学科体系框架束缚的有效手段和方法，也是实现职业教育新型教材"工作手册式"特征的基础，将培养学生职业技能、职业能力和职业道德、职业素养作为教材内容选择的逻辑起点，确保新型教材开发编写目标、方向和质量水平达到预期要求。

◆ 职业能力清单中的每条具体职业能力要素之间既存在一定的相互关系，同时也各有其相对完整性、独立性。当某项技术、工艺、标准与规范更新导致相应职业能力要素内容发生变化时，可以灵活调整、更换相关职业能力要素，同时相应调整、增加知识点或增加知识深度、广度。所以，它为职业教育新型教材提供了更为便捷、清晰、有效的更新机制，实现了新型教材"活页式"内涵要求之目的。

(2) 几个关键术语的定义与理解

◆ 职业。《中华人民共和国职业分类大典（2015年版）》中，对职业的规范性定义如下：职业是指从业人员为获取主要生活来源所从事的社会工作类别。职业需要具备目的性、社会性、稳定性、规范性、群体性等五个特征。

职业分为大类、中类、小类、细类四个层次，其中细类就是我们平常所说的职业。人社部开发公布的《国家职业技能标准》是按照职业分类大典中的细类逐步进行开发的每个职业的技能标准。通常情况下，职业教育的专业原则上可对应434个小类职业进行设置，对应1481个细类设置专业中的职业方向。有些职业小类、细类不在职业教育范围内，可不予考虑。在7位数的职业代码中，第一位代表大类，第二、三位代表中类，第四、五位代表职业小类，第六、七位代表职业。如4-12-01-02为摩托车修理工，2-08-01-00为高等教育教师。

◆ 工种。工种是对职业的细分，一个职业包含一个或多个工种。《中华人民共和国工种分类目录》中给出了具体工作代码、名称和内涵定义。

◆ 岗位。岗位是在工种范围内细分的、个体完成的一项或多项工作责任以及为此赋予个体的权力的总和。岗位是因事设岗，岗位与人对应，通常一个岗位只能由一个人承担。

(3) 基于职业能力清单设计新型教材中观结构的基本方法和案例

◆ 基于职业能力清单设计新型教材中观结构的基本方法、路径如图5-4所示。

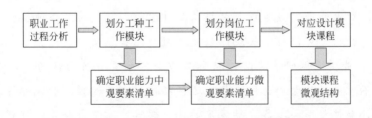

图5-4 设计新型教材中观结构的基本方法、路径

a. 首先对职业工作过程进行系统分析，划分出每个工种的工作模块。分析确定完成每个工种工作任务需要的各个职业能力中观要素清单。对应一个工作或多个工

种设计模块化课程或课程群。这项工作以企业专家为主完成。

b. 基于工作对象、工作组织、工作环节或工作手段等，针对每一个工种工作模块进行细分，划分出多个岗位工作模块。分析确定完成每个岗位工作模块任务需要的各职业能力微观要素清单。这项工作以企业专家为主完成。

c. 对应每一个岗位工作模块和职业能力微观要素清单要求，确定完成工作模块任务和实现职业能力微观要素需要学习的各个知识点，并构建模块课程。这项工作以学校专业教师为主、企业专家配合完成。

d. 基于完成每个岗位工作模块的工作程序、工作规程或步骤逻辑，设计模块课程的微观结构。这项工作以学校专业教师为主、企业专家配合完成。

◆ 基于职业能力清单设计新型教材中观结构应注意的事项。

a. 邀请在该工作岗位从事实际工作的企业员工和设计该岗位工艺规程、技术方法等方面的工程技术人员作为企业专家，从技术原理层面和操作方法层面分别对岗位工作质量、操作方法、职业能力要素做出具体分析，形成初步的职业能力清单。

b. 由专业课教师组成的团队对职业能力清单进行教学化处理，确保培养学生每个能力要素需要的课时数充足、均衡，实践教学条件能够得到保障；且各能力要素逻辑清晰、过渡顺畅、表述合理、覆盖对应的工作任务要求，最终形成用于教材体例的职业能力清单。

c. 应通过流程图、表格形式设计呈现工作过程、操作过程中"工作手册式"做与学相结合的逻辑步骤，以"做中学"为主导，将知识点分别相应融合在各个"做"的步骤中，实现新型教材微观结构的理论与实践一体化格局。

d. 在进行职业→工种→岗位分析过程中，有部分新职业、新工种、新岗位等没有列入国家职业分类大典中，要根据企业实际需求进行分析研究。

案例7：

对职业"广电和通信设备电子装接工"（6-25-04-08）的工作过程、工种、岗位逐级进行系统分析，可以确定模块课程及其微观结构框架。

① 结合行业企业调研情况，对职业工作进行系统分析后认为，这个岗位完成的工作产品不仅包括广电和通信设备，还包括各种自动控制、智能部件。其工作范围包括元器件零件整形与准备、插装元器件、焊接、质量自查等。可划分出手工装接工、波峰焊接工、表面贴装工、质量检验与管控工等工种工作模块。

② 对完成每个工种工作模块中的工作任务应该具备的职业能力中观要素进行分析，列出职业能力中观要素清单。其中，完成质量检验与管控工种中的工作任务应具备的职业能力中观要素包括：制定物料质量标准和检测规程，物料检验组织管

理与结果处理，生产过程质量控制点管控处理，制定产品质量标准与检验规程，产品检验试验组织实施与管控，质量缺陷统计分析与改进措施。

③ 对质量检验与管控工种模块进一步分析，划分出岗位工作模块，包括元器件及物料检验、关键生产过程质量点检验、在制品和产品质量检验、质量控制与分析改进、产品可靠性试验等。

④ 对完成每个岗位工作模块中的工作任务应该具备的职业能力微观要素进行分析，列出职业能力微观要素清单。其中，完成元器件及物料检验岗位工作应具备的职业能力微观要素包括：a. 按照规定标准对不同批次数量的元器件和物料正确抽取检验样品；b. 能正确安全地使用检验检查仪器、工具进行检测；c. 能根据参数标准判断被检验样品是否合格；d. 能按照规定对不合格品进行处置；e. 能正确填写检验记录和统计分析报告；f. 能按照规定做好接班和交班工作；g. 对突发事故能进行合理、科学的处置；h. 诚实守信，确保检验结果及相关信息数据的准确性。

⑤ 模块课程微观结构设计。基于完成每个岗位工作模块中工作任务的程序、规程或步骤等，按照学习逻辑、职业能力成长逻辑进行改进完善后，对应设计每个模块课程的微观结构。

5.3 新型教材微观结构设计编写及其案例分析

5.3.1 新型教材的六大功能域设计

(1) 新型教材六大功能域及其栏目设计应用说明

六大功能域及栏目内容如下：

a. 立德树人根本任务。主要栏目可包括企业工友、你与工匠、想法做法、积少成多、慎终如始、社会责任、榜样力量、新闻点评、历史启迪、诚实守信等。

b. 创新创业及其复合。主要栏目可包括创新任务、多学一点、做得更好、企业难题、你能创业、举一反三等。

c. 案例分析及案例训练。主要栏目可包括企业案例、社会案例、校园案例、国际案例、经典案例、校友案例、历史故事等。

d. 知识应用强化训练。主要栏目可包括深度理解、知识应用、广度理解、解决问题、让我来做、判断评价、又一见解、学习自测等。

e. 学习过程提示引导。主要栏目可包括安全警示、重点提示、易出错点、提出问题、再做一次、他山之石、三岔路口等。

f. 自主学习资源链接。自主学习栏目可包括随时记录、问题研讨、我的收获、我的观点等。资源链接栏目可包括企业方案、标准法规、更多案例、刨根问底、跟大师学、视频演示、动画分解、图片展示、研究创新、多能复合等。

在功能栏目标识设计方面，每个专业群、专业应该统一策划设计各个功能域、功能栏目的简易图标，图标要内涵清晰明确，与功能栏目相匹配。根据新型教材中观结构布局、微观结构布局，合理部署相关功能栏目名称和数量。栏目数量过少，难以发挥其功能作用；功能栏目过多，容易导致主次颠倒、喧宾夺主，甚至引起学生反感。

资源链接各个功能栏目图标设计中，建议按照"内容主题＋二维码＋网址"方式设计图标组合。

（2）新型教材的六大功能域设计原则

新型教材采取活页式装订、工作手册式结构设计，并形成融媒体教材体系，结束了纸质教材只具备承载课程内容这种单一功能的时代，使职业教育新型教材具备了更多的功能，且教材功能水平也得到了不同程度的提升，能够使职业教育类型特征在新型教材中得到充分展现，提升了新型教材的适应性、先进性和有效性等质量要求。因此，在设计新型教材具体每一项功能域、功能栏目时，应坚持如下原则开展研究、编写工作。

每个专业群、专业的课程体系对应的所有教材，建议系统设计各个功能域，构建统一、规范的功能栏目框架结构。功能栏目内容应该按照课程体系内的课程逻辑、模块化课程内的结构特点逐步强化。对重点栏目和内容通过深度延伸、广度扩展适当进行强化，避免内容重复。形成具有专业群特色、专业特色的系列新型教材。

不同类别、职业岗位的系列新型教材，应根据职业类别特征系统设计好每一套新型教材各功能栏目的数量、占比和内容，形成具有职业特色的系列新型教材。

作为职业教育新型教材，必须具备六大功能域，不同类型课程教材，可以对其中某些功能域进行侧重考虑，但不能缺少某个功能域。立德树人、创新创业及其复合两个功能域应该作为重点策划设计，这是职业教育完成立德树人根本任务和培养高水平技术技能人才的必备选项。

5.3.2 基于综合能力训练设计新型教材微观结构

（1）职业综合能力定义及其内涵理解

关于职业综合能力，需要对以下几个术语理解之后，才能分析完成各个职业、工种和岗位工作任务需要的职业综合能力，并完整列出相应的职业综合能力要素清单，然后按照职业综合能力要素清单分析确定需要学习的知识点。

◆ 技能和能力。技能是指运用知识和使用专门技术，按照相关规定完成任务、解决问题的水平。在国家资历框架背景下，技能被描述为认知技能、技术技能、沟通和表达技能、实践与操作技能。

能力是指在工作或学习过程以及专业和个人职业发展中，使用知识、技能以及方法的能力。在国家资历框架背景下，能力被描述为自主性、有判断力并有责任地运用知识和技能。

◆ 专业能力和专业核心能力。专业能力是指在完成职业任务过程中能主动、有责任地应用相应职业技能与知识的能力，包括单项的技能与知识、综合的技能与知识。专业技能是专业能力中的一个重要组成部分，不能用专业技能代替专业能力。

专业核心能力是指在职业能力各要素中起到关键作用的能力要素，主要包括对专业知识和局域性知识的理解与应用、设计或开发解决问题的方案、判断与决策、手段方法选用、综合分析应用等。

◆ 方法能力和方法核心能力。方法能力是指从事职业工作过程中能有效选用适宜的工作方法和学习创新方法的能力。

方法核心能力是指在方法能力各要素中起到关键作用的能力要素，主要包括数字应用能力、信息处理能力、分析问题能力、解决问题能力、创新创造能力、自我学习管理能力等。

◆ 社会能力和社会核心能力。社会能力是以不妨碍他人、社会的方式从事职业工作、完成职业任务的相关行为和言论。

社会核心能力是指在社会能力各要素中起到关键作用的能力要素，主要包括遵纪守法能力、与人交流能力、与人合作能力、外语应用能力、心理调节能力、礼仪礼节能力、诚实守信、社会责任等。

◆ 职业能力和职业综合能力。职业能力是胜任某一项职业工作所必需的所有要素的综合，是一种综合能力，是知识和技能、过程和方法、情感态度和价值观的综合体现，由专业能力、社会能力和方法能力 3 维度内容有机融合而成。

职业综合能力是指在从事相关职业工作、完成职业任务中将专业核心能力、方法核心能力、社会核心能力进行综合应用的能力。

（2）基于职业综合能力分析选用知识点

在职业教育教学过程中，经常出现用专业技能替代职业能力、职业核心能力或职业综合能力的现象。在由普通教育学科体系人才培养向职业教育行动体系人才培养转型过程中，要强化专业技能培养，但不能忽视能力培养，而能力培养更为重要。因此，在开发设计职业教育新型教材过程中，不能忽视基于职业综合能力分析选用知识点的工作。

在新型教材微观结构设计中，对企业案例中涉及的程序性知识、陈述性知识和策略性知识进行安排、表述时，最好将企业的职业道德、员工优秀品质和敬业精神、工匠精神等适宜的立德树人要素，以隐性方式融合其中，实现润物细无声的育人效果。

对来源于企业的任务进行训练设计时，对其涉及的知识应用训练、学习成果达成、学习成果测评与改进等内容，应将必要的职业规范、社会责任、安全环保等适宜的立德树人要素以显性方式融合其中，有些要素需要强化表述，以引起重视。有些立德树人要素也可以隐性方式融合其中。

案例 8：

在案例 7 中，分析确定了元器件及物料检验岗位工作应具备的 8 项职业能力微观要素，这 8 项能力都是从事这个岗位需要具备的基本能力要求，也是培养高素质技术技能人才的要求。如要成为该岗位工作的创新型技术技能人才，就应该在这 8 项基本能力基础上再具备职业综合能力。如图 5-5 所示。

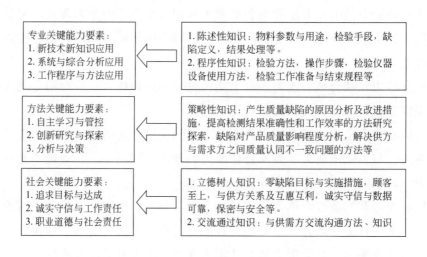

图 5-5　元器件及物料检验岗位职业综合能力与需要学习的知识点

（3）"工作手册"与"知识逻辑"结合，构建教材"工作手册式"结构与内容

首先要明确，职业教育新型教材的"工作手册式"结构设计要求，不是把职业岗位、某企业的作业指导书、操作规程、工作程序文件等"工作手册"内容直接搬到教材中，这些"工作手册"是企业完成职业岗位工作的规范文件，具有职业工作逻辑的正确性和规范性特征。但是，有些职业工作逻辑与学习逻辑、职业成长逻辑等不一致，必须对调研获得的企业各种"工作手册"进行分析研究，消除"工作手册"与"知识逻辑"之间存在的不一致或矛盾，构建符合职业教育类型特征的新型教材"工作手册式"微观结构和内容布局。

◆ 在按照"工作手册"设计教材微观结构时，按照行动逻辑分析，如果几个任务或步骤之间是串行关系，但是相关任务或步骤中涉及的知识点之间的逻辑关系不能同步构成串行关系，而后边任务或步骤中需要学习的知识点是前边任务或步骤中需要学习的知识点的基础，这时应该将后边的知识点调整到前面先学，在后边完成任务或步骤时再复习一次，并在完成任务或步骤过程中进行强化应用。

◆ 如果几个任务或步骤之间是并行关系，按照企业习惯做法可能会产生如上所述的逻辑矛盾，则应该修正企业习惯做法，按照"知识逻辑"设计完成任务或步骤的先后顺序。

◆ 通常情况下，企业"工作手册"要求是对企业员工完成职业工作任务的基本、规范要求，照搬"工作手册"不利于培养创新型、复合型技术技能人才。因此，应根据"工作手册"内容、结构和工作要求情况，在合适环节中增加培养创新型、复合型技术技能人才的策略性知识、程序性知识和陈述性知识，增加相应行动过程或环节，提升人才培养能力水平。

5.3.3 "做中学"的学习路径与模式

（1）"做中学"的内涵理解

著名美国教育家约翰·杜威认为，人与生俱来就具备"制造、交际、表现、探索"4种基本本能，从"做"当中得来知识、积累经验和方法，容易记住，"行"和"知"是相互关联的。因此，杜威主张教学应从学生的经验和活动出发，使学生在游戏和工作中，采用与儿童和青年在校外从事的活动类似的形式[1]。我国著名教育家陶行知很早就提出"做中学，学中做"理论，他认为学生应通过自主运用多样实践活动的方式、方法，试验、失败、改进后再试验，在尝试性解决问题、获得成功的过程中来获得实践能力、积累经验和发展能力。

在职业教育的"做中学"模式中，课内教学由于受到时间、实践教学设施和条件等方面的制约，难以给学生更大的自主空间，让学生自主运用多元实践活动的方式、方法进行实践学习与探索。因此，有必要在新型教材设计中，以"做"为学生学习的主线，按照"工作手册式"模式设计"做"的步骤、规程，以此提高学生"做"的成功率和成就感，避免学生完全自主地探索"做"的方式、方法和路径而导致的失败、危险甚至安全事故。为此，在新型教材编写中应按照如下基本方法设计好"做中学"的相关内容。

◆ 设计基于职业岗位要求完成基本工作任务需要学习的知识、具备的技术技能时，原则上按照典型工作任务的六要素组织编写"做"的步骤、质量标准等内容，培养学生规范操作的能力，并形成预期职业能力。

◆ 在"做中学"内容设计中，按照"做"的步骤设计教材微观结构，如何将"必需、够用、适度"的知识点插入其中呢？通常有以下三种做法。

a. 对于一个完整、简单的典型工作任务，当需要学习的知识点数量不多、内容相对简单时，可以在开始作为"咨询"内容之一进行安排编写。学生学习后能够理解并记住，再"做"就容易获得成功。

b. 当需要学习的知识点数量较多、有一定难度时，应该将知识点分解到需要的具体步骤中进行学习，以减轻学习压力，使学生容易"做"成功并积累经验，将知识内化为能力。

c. 当需要对完成"做"所必需的知识点补充基础知识时，原则上在必需知识点之前进行补充，使补充的知识与必需知识点构成一个整体。

◆ 基于培养复合型、创新型技术技能人才的需要，可设计一些来源于企业的技术技能难题（包括技术问题、技能问题、管理问题、质量问题等），对学生研究探索解决问题的方式、方法等不作规定，给出多个思路和参考，当涉及安全、环保、社会责任、法律法规等要求时，应明确提示。这样，可以给学生更多的自由试验、失败、再试验、获得成功的机会，更好地培养学生创新思维、工匠精神和创新能力。

（2）"做中学"四层次递进模式与实现路径

"做中学"是一个中观层面的概念，是通过"玩中学→用中学→作中学→创中学"四层次递进模式来实现的。这四种微观教学方法逐步递进应用，是基于职业院校学生的基础和现状，培养学生自主学习能力、使其成长为创新型技术技能人才的最佳路径之一。

◆ 玩中学。开始，设计一些具有游戏、竞争、素质训练等性质的活动、项目或任务，其中不同难度"玩"的要素对学生有较大吸引力，可促使学生在不同难度的"玩"中获得快感、兴趣，体会和理解"玩"的相关技能、知识和原理，自然引导学生深入学习、研究探索，使其能力不断提升。

案例9：

在讲授企业管理课程时，让学生组成团队，成立虚拟创业公司，进行经营与管理，与课程内容同步进行。同时，为了培养学生团队合作能力、发现问题和分析问题能力，设计了4人中国象棋、6人中国象棋下棋新方法，在学生中进行推广试验，效果很好。在4人中国象棋下法中，2人一组，交替走棋，不准语言沟通。每位学生不仅要分析对方下法、走棋的意图、方向，还要分析队友的应对措施、走棋的意图是什么，自己应该如何配合队友的策略实现其意图，如果发现队友被对方战略迷惑，自己该如何扭转局面等。

在 6 人中国象棋下法中，先各增加一枚"车""马""炮"，棋子不对称布局。3 人一组交替走棋，不准语言沟通和手势沟通，增加了下棋取胜、团队合作的难度。

◆ 用中学。在实践教学过程中，相对简单易学的工具、设备、仪器等直接让学生使用操作，学生之间相互观看、交流如何使用，从中体会和理解相关原理，引导学生研究提高使用效率的知识和方法。但要注意，对于操作不当容易发生爆炸、电击、化学腐蚀等危险情况的实践，应该提前进行指导、示范，避免发生事故。

◆ 作中学。对应相对简单、单一功能的产品、作品等，只提出结果要求和安全要求，具体方法由学生在试验、制作中探索、研究和学习。引导学生在"制作"中学习产品工作原理和制作方法、技能等，使学生从中获得成就感。必要时，教师可提出一些高质量结果、新增功能等要求，激励学生再深入试验、探索，基于初步学会的理论进行改进，从而培养学生分析问题、解决问题的能力。

◆ 创中学。一套新型教材整体设计时，在"玩中学""用中学""作中学"逐步训练的基础上，学生的自主学习能力将逐步得到提高，学习本课程的兴趣也会越来越大。然后再设计"创中学"——来源于企业产品、管理、质量、工程等方面的难题，引导学生进行深层次创新研究与试验、探索，将国家标准、企业规范等引入创新过程中。遇到难点，在学生自己、团队研究难以解决的情况下，教师要及时进行引导，促进学生的学习兴趣得到加强，避免绕道走或半途而废；培养学生的工匠精神和克服困难、百折不挠的抗压能力，使学生的创新能力、创业素质得到进一步提升。

(3)"做中学"在新型教材编写中整体策划

在新型教材设计编写过程中，要在各个模块课程中，从中观角度按照递进关系策划"玩中学""用中学""作中学"和"创中学"各训练任务的具体数量、内容等，从一门模块化课程整体角度进行设计。

培养学生创新能力，首先要培养其专注力，学生只有对某件事情有兴趣，才能有专注力。当学习任务与兴趣结合之后，专注力就会自动升级为执行力。当学生执行力得到强化并与专注力融合为一体后，创造力就会产生。没有专注力就难以形成创造力。因此，按照"做中学"四层次递进模式建立培养学生创新能力的实施路径，能够使学生在解决问题、创新创造中不断进步和发展。

5.3.4 行动导向教学方法融入新型教材微观结构中

(1) 行动导向教学方法与新型教材内容融合之目的和作用

◆ 职业教育实践教学的类型。职业教育类型特征之一是通过实践教学使学生将知识内化为能力，高质量、高效率完成职业工作任务，以及完成创新性、复合性工作任务。从宏观角度而言，实践教学通常分为实验教学、试验教学、实训教学、顶岗实习教学四种类型。

a. 实验教学是对某一理论、原理等通过设计相应方法、步骤等予以实施，以此证明该理论、原理是否正确。

b. 试验教学主要通过产品设计与试验验证、项目设计与实施验证等教学模式，培养学生具备某项技术应用能力及创新能力。

c. 实训教学是在真实职业条件和环境下，按照职业岗位规范要求，围绕某项专业技能或技术技能进行反复训练，主要培养学生达到某项职业岗位工作所要求的基本技术技能水平，为初步胜任该岗位工作奠定基础。

d. 顶岗实习是在实验教学、试验教学、实训教学基础上，在企业工作岗位上结合实际工作规范、标准进行工作训练，是相对综合的实践训练，以培养学生技术技能综合应用能力、职业适应性能力，使职业能力得到综合提升。

◆ 行动导向教学方法是实训教学、试验教学过程中常用的教学方法，使不同内容的"做中学"形成某种相对完整、独立的教学方法模式。因此，将行动导向教学方法与教材微观结构结合编写教材，具有以下优势。

a. 行动导向教学方法能够很好地实现在教师"教"的引导下，促使学生自主按照预设或隐含的"学"的路径和方法自由学习，从而取得预期"做""学"的成效。

b. 新型教材微观体例结构设计可以从学生"学"的角度设计行动导向教学方法，而不是按照教师"教"的路径和方法设计教材微观结构。

c. 可避免把新型教材编写成教师的教案，将适宜、有效的行动导向具体教学方法隐含在教材内容中。

(2) 常用的行动导向教学方法及主要方法的应用要点

行动导向教学方法是一种宏观教学方法，不是具体的微观教学方法。目前常用的行动导向教学方法有"项目教学法""任务驱动法""案例教学法""张贴板教学法""头脑风暴教学法""角色扮演法""角色互换法""小组合作法""观点评论法""学生出题法""现场辩论法""现场汇谈法""模拟教学法""媒体展示法""畅想模式法""引导文教学法""自学探究法""自学指导法""比赛教学法"等至少19种方法。以下几种方法在使用中应注意。

◆ 项目教学法。项目教学法相对比较复杂、涉及的内容较多，所以要求项目教学以学生团队合作、教师指导来组织实施。很多不具备项目要求的简单教学活动，不是项目教学，只是任务驱动或者就是一个简单的教学步骤而已。

◆ 案例教学法。案例是已经发生的事情、活动或行动，教学中只是把相关初始信息告诉学生，让学生去研究解决，然后与实际情况比对，判断正误。项目教学法、任务驱动教学法和案例教学法之间的差异要搞清楚，避免在新型教材编写中出现错误。项目、任务都是含有实践内容且没有做过的事件、活动、行动，因此在实施教学过程中，学生可能会出现错误而导致失败和安全事故。在一些项目化教材中，把案例当作项目、任务的情况时有发生，应该引起注意。

◆ 角色扮演法、体验式与模拟结合法。当学生扮演的角色与学生在年龄、家庭条件、社会经历、职务等方面差异较大时，采取角色扮演法通常难以取得预期成效。因为在角色差异较大情况下，学生很难进入被扮演角色的心境、处境中，也不会有被扮演角色的内心体验、情感和思想意识的转变，更难转变自己的言行，起不到教育效果。最多当作一场无谓的游戏或活动而已，过后很快就忘记了。

因此，根据职业岗位工作情况和实践训练需要，应该采用体验与模拟结合的教学方法，创造环境、条件和职业氛围，使学生在模拟真实环境、条件下进行一定时间、强度的训练，模拟训练合格后再进行适当真实训练，这样既节约时间成本、提高安全性，又能提升学生职业能力水平，实现预期教学效果。

◆ 持续思考追问方法。在培养创新型技术技能人才的课程教材中，为提高学生发现问题、分析解决问题的能力，对于某些重要技术技能的深度应用，可以应用持续思考追问方法组织教学，并在新型教材中针对具体内容或问题提出要求。持续思考追问方法基本模型如图 5-6 所示。

图 5-6　持续思考追问方法应用

案例 10：

山东某钟表有限公司在生产室外塔钟过程中，经常发现蓝色、绿色 LED 发生故障，且没有规律，在入库检验、生产过程检验、出厂检验和客户处工程安装、使用之后等各个阶段都会发生故障，这个问题困扰公司技术人员多日。

针对 LED 故障问题，首先要明确发生了什么问题（1W），并对问题界定清楚。然后，正向追问至少 2 次（2W），分析预测 LED 故障问题不解决是否会导致连锁反应，使问题更大、损失更严重，以此确定是否必须解决这个问题。逆向追问至少 2 次（2W），分层查找 LED 发生故障的深层次原因，找到根本原因，制定措施彻底解决问题。不能头痛医头脚痛医脚，使问题得不到根本解决，反复发生。

（3）在新型教材中如何将行动导向教学方法融合在微观结构中

行动导向教学方法中的每种具体方法都有其优点、不足、局限性和适用场合、内容和学习成果要求，不能死搬硬套别人成功使用某种具体方法的经验，而应该结合教材中相关内容、任务等具体情况，结合行动导向教学方法的优点选择和设计最佳方法，并将学生"学"的路径和方法融合到新型教材中。

对于一些内容多、行动类型多、复杂的学习内容，可以根据情况使用 2～3 种具体方法，使其产生更佳的教学成效。

案例 11：

在编写《质量检验与质量管理》和《电磁兼容与防静电》课程教材时，我们把到山东某钟表有限公司调研时得到的关于 LED 质量问题的实例编入了教材中。具体如下：

山东某钟表有限公司总工程师告诉我，公司生产室外塔钟使用大量的红色、绿色、蓝色等发光二极管（LED），通过南方某正规公司进口购买。但发现蓝色、绿色 LED 经常发生故障，有时在公司生产过程检验时出现故障，有时在塔钟出厂检验时发现故障，有时在安装现场出现故障，也有安装后不定时出现故障。公司加强进料检验、生产过程检验和成品检验后，这种情况基本没有好转。红色 LED 没有这种情况。当我问道"你们的防静电措施是否正常"时，总工程师回答"那些措施有用吗？"

请各组同学根据提供的相关信息，小组内研讨分析 LED 发生故障的原因及解决措施。研讨结束后由一个小组汇报研讨分析结果，其他小组进行质疑、答辩。各组均可进行补充、解析和应答。

具有相同进口渠道、相同来料检验措施的 LED，为什么红色 LED 基本不发生故障？加强检验后为何问题得不到解决？这两个问题成为实际教学过程中研讨、答疑的焦点。在这个案例教学法中，将小组合作法、现场辩论法、观点评价法融合为一体。以企业案例引出问题，以小组合作作为开局，通过观点评论法、现场辩论法将学生引入深度思考、分析问题、深度学习之中。最后，教师对未解决的疑点进行答疑。

案例 12：

《老年康复与训练》新型教材中，针对老年人不同身体情况分类进行了体验式教学。通过体验式教学，使学生深刻理解老化带来的生理变化特点，激发同理心和代入感，能够从老年人身体和处境出发换位思考，从而提供更好的护理服务。行动不便的老年人和视力残疾老年人的体验式训练如图 5-7 和图 5-8 所示。

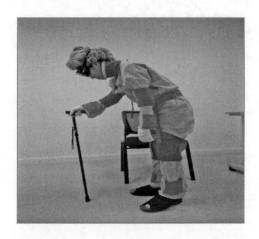

图 5-7　行动不便的老年人体验式训练

图 5-8　视力残疾老年人体验式训练

（4）基于学生认知规律、全脑学习和技术积累构建教材微观结构

学生基本认知规律是"感知→动作→表象→概念→符号"。在新型教材微观结构中，要考虑认知规律，让学生在感知知识、方法过程中，通过实践行动训练建立牢固而清晰的表象，通过"做中学"逐步认识并接受岗位工作内在的知识逻辑、能力逻辑规律，以此在大脑中不断进行技术技能积累，并逐步形成经验。

图 5-9 是人的左脑、右脑思维能力特征图。应将新型教材微观结构顺序涉及的语言、文字、图片等内容类型，与左脑、右脑接受处理的信息和功能交替、融合呈现，不能长时间让左脑或右脑一直在处理信息，应该使左脑、右脑共同交替处理学习内容信息，交替休息和工作，最大限度地让大脑发挥作用，提高记忆、分析、理解能力和学习成效。

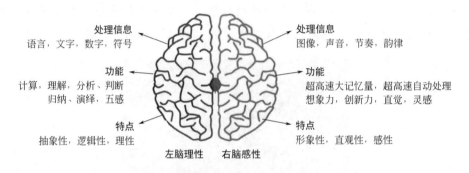

图 5-9　左脑和右脑思维能力特征

5.4　新型教材内容序化与三类知识的选用

5.4.1　新型教材内容序化原则

（1）按照学生知识认证规律进行新型教材内容序化

在遵循"工作手册式"新型教材的宏观结构、中观结构和微观结构框架基础上，按照"从简单知识到复杂知识""从单一知识到综合知识""从易学到难学"的原则序化、设计教学内容。在对知识点进行序化过程中与结构框架产生矛盾时，遵循结构框架优先原则。

（2）按照能力提升规律进行新型教材内容序化

在遵循"工作手册式"新型教材的宏观结构、中观结构和微观结构框架基础上，按照"从简单技能到复杂技能""从单一技能到综合技能""从职业技能到职业能力"的原则序化、设计教学内容。在对技能点进行序化过程中与结构框架产生矛盾时，同样遵循结构框架优先原则。

（3）按照"做中学"规律进行新型教材内容序化

在遵循"工作手册式"新型教材的中观结构框架基础上，按照"从玩中学到用中学""从作中学到学中作""从创中学到学中创"的原则序化、设计教学内容。在对"做中学"进行序化过程中与结构框架产生矛盾时，同样遵循结构框架优先原则。

（4）按照职业工作过程逻辑对新型教材内容进行序化

在遵循"工作手册式"新型教材的微观结构框架基础上，按照如下要求进行：

◆ 对于一般性工作过程，按照"准备→开始→中间生产加工→终结"过程进行内容序化、安排，分别将完成每个步骤需要的知识点插入到相应步骤中，边做边学，最终完成任务。

◆ 对于规范性工作过程、模块课程中的实践过程，应该按照"输入→工作活动→输出（学习成果）"步骤进行内容序化和安排。

◆ 对具有串行逻辑关系的各生产过程，按照先后串行关系进行内容序化、安排。

◆ 对具有并行逻辑关系的各生产过程，按照在知识点、技能点方面的先简单、后复杂的关系布局各生产过程，并进行内容序化、安排。

◆ 对具有串行、并行混合逻辑关系的各生产过程，在保证对串行逻辑关系中各生产过程进行内容序化、安排基础上，灵活处理并行逻辑关系中各生产过程的内容序化、安排。

（5）按照教材宏观结构逻辑对中观内容进行序化

◆ 新型教材按照"模块或项目→单元或任务→步骤"设计一级目录、二级目录和必要的三级目录。其他"学习目标""模块说明"等根据具体情况进行序化、安排。

◆ 在新型教材的每个模块课程中，按照"企业案例或问题→学与训→学习成果→测评→巩固训练→创新训练"设计基本目录或栏目。不同类型课程教材的其他特色、必要栏目可适当插入相应位置。

5.4.2 不同课程新型教材中三种知识的关系与比例

（1）陈述性知识、程序性知识和策略性知识的基本定义

陈述性知识（declarative knowledge）是传授实际存在的显性知识，即理论性知识。陈述性知识主要用于说明"是什么"（事务、事实、概念、观点等）和"为什么"（原理、规律等）等问题。这是培养科学型人才的主要途径。

程序性知识（procedural knowledge）是指做什么、如何做的知识，是实践性的知识，包括辨别、概念、规则、行动、解决问题等。

策略性知识（tactical knowledge）是指如何学习、如何思考、如何学得更好、如何做得更好等的知识。让学生学会学习、学会创造的核心就是策略性知识。

(2) 三种知识之间的基本关系

程序性知识学习使学生会做，具备技能；陈述性知识学习使学生知道为什么这样做，知其然，并知其所以然。

通过程序性知识和陈述性知识的学习、训练，促进策略性知识的学习，使学生学习能力、方法能力、创新能力得以提升，三种知识相互关联，可以转化升级。

(3) 不同类型课程中三种类型知识的比例

基于职业教育类型特征，职业教育以培养高素质高水平技术技能人才为目标，为此，职业教育新型教材中应以程序性知识为主体，配置"必需、够用、适度"的陈述性知识和不可缺少的策略性知识。但现在多数职业教育教材是以陈述性知识为主，程序性知识为辅，基本没有或很少有策略性知识。

陈述性知识、程序性知识和策略性知识在中职、高职专科、高职本科及不同类别课程新型教材中所占比例也不一样，在高职五种类型专业课程教材中也有差异。表 5-1 提供的比例可供参考，在此基础上策划设计每一套纸质教材的知识比例。

表 5-1 不同类型课程的新型教材中三种知识所占比例

课程类型	中职	高职专科	高职本科	公共课程	职业基础	专业课程	实践课程
陈述性知识	20%	25%	30%	50%	50%	25%	10%
程序性知识	65%	50%	40%	25%	30%	50%	60%
策略性知识	15%	25%	30%	25%	20%	25%	30%
重点培养的能力要素范围	职业道德,职业素养,社会责任			职业道德,职业素养,社会责任			
	专业技能 工匠能力	专业能力 方法能力 复合能力	专业能力 创新能力 迁移能力	迁移能力 工匠精神	基础能力 工匠精神 迁移能力	专业能力 方法能力 复合能力	职业能力 工匠能力 劳动能力

5.4.3 选取"必需、够用、适度"知识点的方法

(1) 新型教材中知识点选取的基本原则

职业教育课程建设和新型教材建设的逻辑起点是职业岗位，因此，在设计编写新型教材过程中，选用多少陈述性知识、程序性知识和策略性知识比较合理、合适呢？在近 20 年的职业教育改革中，一直倡导知识内容应该满足"必需、够用、适度"六字原则，但是到目前为止仍然没有有关这六字原则的权威性的内涵解读和定义，导致部分教师在编写教材过程中将普通学科体系教材压缩、删减后变成职业教育教材。基于职业教育新型教材建设的逻辑起点——职业岗位工作任务分析可知：

◆ "必需"是指完成基本职业岗位工作任务或工作过程必须学会的知识点，不学会这些知识点就没法完成该工作任务。

◆ "适度"有两个内涵，一是为"必需"知识点补充必要的支撑知识点，如必需知识点是三重积分与应用，支撑知识点则是定积分。二是确认与"必需"知识点有密切关联的知识点以及确定是否需要进行补充，如必需知识点是三重积分与应用，密切关联的知识点是与三重积分应用对象相关的各种实际函数公式。

◆ "够用"是指基于完成基本职业岗位工作或工作过程基础上，根据需要深化或扩展职业技能、能力需要而增加学习的知识点范围，是在"必需"基础上培养横向复合或纵向创新能力需要的知识点限度。

案例 13：

商业企业成本会计岗位工作中，需要学习商品成本核算的相关公式、商品进货价、管理费用、人工费用等，这是"必需"的知识点。计算公式中涉及的加减法、乘除法知识点是否为"适度"的知识点呢？如果学生在学习本课程以前已经学过加减法、乘除法知识，则这部分知识点就不需要纳入教材中，如果没学则应该作为"适度"知识纳入教材中。

如果公司要求成本会计还应该学会并在成本核算中应用好与经营商品直接相关的知识点，则应根据学生已经具备的基础知识来确定哪些商品的基本知识应作为"够用"范围内的知识点纳入教材中，如危险化学药品、易燃易爆等商品的相关知识；哪些不用纳入教材中，如拖把、塑料桶等商品的相关知识。

（2）新型教材中知识点选取的基本方法

新型教材中选取的知识点应该由企业专家和学校课程负责人、骨干教师共同合作完成。图 5-10 是知识点选取方法逻辑图。

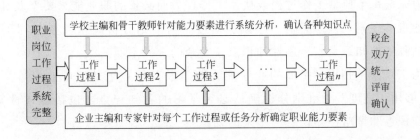

图 5-10 新型教材中知识点选取方法逻辑图

◆ 以企业主编和专家、工匠大师为主，对职业岗位工作进行分析确认职业能力要素。

a. 对每个典型工作过程或典型工作任务进行分析，列出必备的所有职业能力要素、职业道德与职业素养要素，按照"行为动词＋结果＋其他"语句进行表述。

案例 14：

① 能按照电子产品作业指导书、质量标准和定额要求完成电路板插装元器件，并自检合格。

② 能按照相关工业会计制度规定按时正确完成常用外购物料分类记账工作。

b. 企业如果考虑毕业生工作后的职业发展需求，必要时可提出相应纵向拓展的职业能力要素及其配套的职业道德、职业素养要素，以实现"做得更好""降低成本""提高效率"等目标。

c. 企业如果考虑毕业生工作后的职业发展需求，必要时可提出相应横向扩展的职业能力要素及其配套的职业道德、职业素养要素，以实现"还能做什么""多承担一些任务"等目标。

案例 15：

在案例 14①基础上提出横向扩展的职业能力要素和职业素养要素如下：
对自检发现的不合格、缺陷等质量问题应能分析原因并制定改进措施。涉及其他岗位工作质量需要改进时，应按照规定程序进行沟通、协商与确认。

◆ 以学校主编和骨干教师为主，针对完成职业岗位工作需要的每条职业能力要素进行完整分析，结合学生已经具备的知识、技能、能力和职业道德、职业素养基础确定需要学习的三种知识点。

a. 为完成每个典型工作过程或典型工作任务而必备的职业能力要素及其职业道德、职业素养要素，以"必需、够用、适度"为准则分析确认需要学习的各知识点，包括陈述性知识点、程序性知识点。多余的一概不要。

b. 为实现某一拓展、扩展的职业能力要素及其职业道德、职业素养要素，以"必需、够用、适度"为准则分析确认必须学习的各知识点，包括陈述性知识点、程序性知识点和策略性知识点。多余的知识点一概不要。

案例 16：

① 针对案例 14①进行分析确定的知识点为：陈述性知识点包括"元器件识别、

电路板图和符号识别""插装质量标准""防静电工作要求以及相关工作制度",程序性知识点包括"拿件顺序与方法""插件顺序与方法""自检方法和不合格处理方法"。

② 针对案例15进行分析确定的知识点为:陈述性知识点包括"元器件""插装产生不合格""缺陷的各种原因",程序性知识点包括"处理不合格的程序及要求",策略性知识点包括"消除产生元器件""插装质量不合格""缺陷原因的措施"及"与其他相关岗位员工沟通、协商的方法与技巧"。

5.5 新型教材特征内容编写及其案例分析

5.5.1 工作手册式内容编写与评价及其案例

(1) 工作手册式内容编写及其案例

◆ 工作手册式内涵理解与编写要点。在模块4及其他相关内容中对"工作手册式"进行了简要说明。这里,为了让教师能够很好地理解并应用好"工作手册式"这个术语开发设计新型教材,特别强调以下几点。

a. 工作手册式不等于工作手册,不是将企业的工作手册原封不动地搬到教材中作为教材内容和微观结构,而是要进行整合、凝练和教学改造,使其既符合职业工作逻辑,又符合学习逻辑、职业成长逻辑。

b. 工作手册式是个宏观术语,不是微观术语。在多数行业企业中并没有工作手册,而是根据行业企业不同岗位特征、管理规范等设计了具有各自特征的指导员工开展工作的程序性文件。如表5-2所示。

表5-2 不同岗位的工作手册式设计分析

岗位中类	岗位小类	完成任务六要素	设计工作手册式文件	要求
操作类	加工设备操作 检测仪器操作 产品组装操作	1. 完成典型工作任务的对象、内容、手段、组织、产品和环境,这六个要素都存在。 2. 不同类别任务中,每个要素的具体内容却不同,侧重点也不同	1. 工作手册式是个宏观概念,不是具体的微观方式。 2. 要根据不同大类、小类的典型工作任务,基于六要素,具体步骤设计具体的实施该典型工作任务的操作规程,具体应参照企业习惯和约定成俗的名称。并设计不同行业企业岗位相应适用的工作单、操作规程、作业指导书、记录表、随工单、程序文件等工作程序类文件	1. 按照职业规范和标准设计。 2. 在必要的操作环节加入知识或说明。 3. 要源于企业高于企业
维修类	车辆维修 设备仪器维修 工程系统维修			
设计类	软件开发设计 硬件开发设计 工程设计 系统集成设计			
……	……			

软件设计类岗位的工作手册式新型教材内容结构设计。目前，国家、行业企业已经针对软件开发设计工作制定了很多、系列的标准文件。应根据这些标准要求结合不同类别软件企业的通用做法和学习逻辑进行细化、凝练，形成软件设计的工作手册式新型教材结构和内容。相关标准如下所述。

GB/T 9385—2008　计算机软件需求规格说明规范

GB/T 9386—2008　计算机软件测试文档编制规范

HS/T 2—2006 H2000　通关系统软件开发规范

JT/T 1020—2016　交通运输信息系统 数据字典编制规范

SB/T 10709—2012　农家店管理信息系统功能要求

SJ/T 11234—2001　软件过程能力评估模型

SJ/Z 11289—2003　面向对象领域工程指南

SJ/T 11290—2003　面向对象的软件系统建模规范 第1部分：概念与表示法

案例 17：

软件开发设计类新型教材的中观结构及四个阶段的工作任务如下：

评估阶段的工作任务：产品功能评估，产品概要设计。

立项阶段的工作任务：组建团队，技术准备，项目启动。

设计阶段的工作任务：创建项目，软件需求配置，功能开发，软件逻辑设计，编辑代码，试验与修正……

试验阶段的工作任务：软件功能测试，可靠性测试，软件试用，完善改进……

◆ 不同职业岗位的工作手册式内容编写及案例。不同行业企业类别中，产品检验类岗位工作规程、标准等有一定异同性。因此，在设计编写不同类型行业企业的工作手册式新型教材结构内容时要区别对待。在企业中，"物料、在制品（半成品）、产品、设备仪器"四个术语有时容易混淆。在不同产业链的行业企业中其定义基本相同，但对象却经常不一样。所以，在进行行业企业调研过程中，有些内容不能照搬企业说法或做法，需要进行理论分析和规范调整。

案例 18：

台式电脑，在微机制造企业中是企业最终输出、销售的"产品"，在电子工程系统集成类企业中是企业最终输出、销售的产品系统中的组成部分，是"单元或部件"，有的企业购买台式电脑后与其他检测装置配套构成企业的"检测仪器"等。

通常情况下，物料检验也称为来料或进料检验，在制品检验也称为过程检验，产品检验也称为出厂或入库检验。不同检验类型的工作手册式新型教材结构内容也不一样。案例 19 选自《质量检验与质量管理》[2]。

案例 19：

表 5-3 是在对多个企业调研基础上进行整理、凝练后形成的工作手册式新型教材内容。表中的空白部分由学生进行补充填写，5.1《IQC 检验报告单》由学生在调研、学习基础上进行设计，并在物料检验实践训练中作为检验记录报告完整填写。

表 5-3 二极管进料检验规程[2]

文件名称	二极管 IQC 检验规程		拟制人员	
			审核人员	
文件编号	LY/IQC023A-2021	版本/状态	V1.1,有效	批准人员

1. 目的与范围

为确保公司外购各种二极管的质量能够满足公司产品需求，使公司 IQC 工作有章可循，特制定本规程。

本规程适用于公司对各种硅系列二极管的 IQC 检验、质量评价过程。

2. 检验依据与规则

2.1 采取 GB/T 2828.1—2003 规定的正常检查一次抽样、一般水平 Ⅱ 的抽样方案，A 类缺陷 AQL=0.65,B 类缺陷 AQL=1.0,C 类缺陷 AQL=1.5。

2.2 转移规则：按照 GB/T 2828.1—2003 标准规定，公司质量部和供货方均可根据以往检验情况提出放宽检验或加严检验，但需要双方协商一致后实施。

2.3 主要检验参数及标准

目前公司主要外购的二极管有三种，以后增加新规格二极管时，应由开发部提供参数标准或按照供货方提出的参数标准执行。三种二极管的主要检验参数如下。

主要参数	符号	单位	1N4148	1N5993	1N4004	测试条件
反向电压	V_R	V	75	—	280	IR=10μA
稳压电压	V_Z	mA	—	5.1	—	IZ=5mA
温度系数	$α_{VZ}$	%/℃	—	+0.025	—	IZ=5mA
动态电阻	Z_{ZK}	Ω	—	≤2.5	—	IZK=0.25mA
正向浪涌电流						
正向工作电流						
正向导通电压						
反向恢复时间						

2.4. 缺陷分类与定义

综合分析、考虑二极管在公司产品电路中的作用、对产品质量的影响度、失效时的严重度和不同用途二极管的质量参数水平，确定二极管的缺陷分类和定义如下所示。

续表

缺陷类别	缺陷定义	加权值
A类缺陷	A1. 规定参数值超出误差	1.0
	A2. 二极管的引脚松动,不牢固	
	A3. 二极管的引脚有部分氧化,不容易焊接	
	A4. 二极管的标识与标称值不相符	
	A5.	
	A6.	
	A7.	
	A8.	
B类缺陷	B1. 二极管的标识模糊不清,但能够识别出规格型号	0.6
	B2. 二极管的表面有轻微划伤,但不影响使用	
	B3.	
	B4.	
C类缺陷	C1. 二极管的标识颜色一致性不好	0.4
	C2.	
	C3.	

2.5 不合格品

单位产品中的缺陷累积分数 $L_R \geq 1.0$ 时,判定为不合格品。

缺陷累积分数: $L_R = 1 \times A$ 类缺陷数 $+ 0.6 \times B$ 类缺陷数 $+ 0.4 \times C$ 类缺陷数

3. 参数检测与处理

3.1 常用参数检测:接通 BJ2912B 型稳压二极管测试仪电源后,根据测试参数要求设置相应的测试条件,开始测试二极管。

测试完毕一种参数后,再调整测试条件,测试第二个参数。以此类推,直至全部参数测试完毕。

3.2 反向恢复时间测试:接通 BJ2961A 型晶体管开关参数测试仪电源后,根据测试参数要求设置相应的测试条件,开始测试二极管。

3.3 浪涌电流暂时不做测试,以供货方提供的有效测试数据为准。

3.4 当测试结果判定为不合格批拒收时,应按照公司《不合格品管理控制程序》进行处理。

4. 相关文件资料

4.1 《不合格品管理控制程序》

4.2 《产品监视和测量控制程序》

5. 相关记录

5.1 《IQC检验报告单》

5.2 《不合格品处置单》

案例 20：

选自《质量检验与质量管理》教材[2]。公司张馨予课长与检验科员工李廷祐一起，按照王部长讲解的直方图绘制方法，对最近两天四条打印机生产线组装过程检测数据（打印噪声、打印功率）进行收集，绘制了 8 份直方图，对其进行分析、计算过程能力指数。公司要求打印噪声 = 49±4dB，打印功率 ≤ 320W。

生产线过程能力指数分析步骤：样品参数测试与记录→绘制直方图→直方图形状分析→方差分析→过程能力指数分析→产生问题原因及改进措施→改进成效验证→巩固措施。

其中，绘制直方图方法和步骤如下图所示：

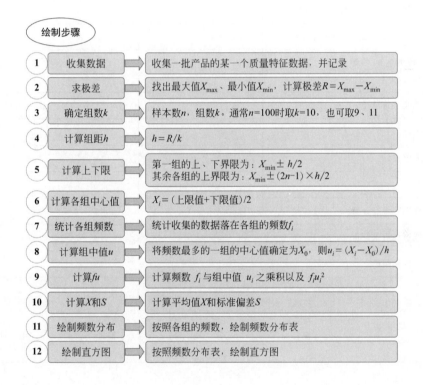

案例 21：

选自"十二五"职业教育国家规划教材《表面贴装工艺设计与管理》[3]。在 SMT 来料加工企业（代工企业），当客户有一种新产品需要代工企业进行产品组装制造时，代工企业相关工作人员在正式签订加工合同前应该完成如下工作：确认客户需求与产品相关信息→确认产品及物料清单→相关资料确认与接受→产品加工可制造性评估→生产能力分析→产品加工合同评审。

根据顾客提供的手机充电器电路版（或其他产品）和代工企业生产设备现状，完成表5-4。

表5-4 产品加工可制造性评估报告[3]

加工客户名称		联系人		
加工产品名称		联系电话		
重点审查项目	检查状况、问题点	工艺改进建议		设计修改建议
1.PCB基材、结构尺寸、形状、夹持边、定位孔				
2.元器件选用				
3.布线设计、焊盘、印刷导线连接				
4.元器件间距、可维性、元器件的排列方向				
5.基准标志点(mark点)、测试点设计				
6.焊盘（特别是IC的焊盘）尺寸机构是否准确、均匀、对称				
7.阻焊层及字符设计				
8.拼版设计				
9.电磁兼容设计				
10.其他				
主要工艺难点分析				
可能造成后果分析				
评估结论				
评估人员签名	签名：　　　　年　月　日 签名：　　　　年　月　日 签名：　　　　年　月　日	审批意见	签名：　　　　　　年　月　日	
发送部门				

案例22:

选自祝政杰专题讲座课件。轿车离合器打滑故障诊断作业步骤按照表5-5要求进行。该作业表中如果再增加使用仪器工具栏目就更好了。

表 5-5　轿车离合器打滑故障诊断作业表

故障原因分析	1. 症状确认： 2. 原因分析：		
故障诊断方法及步骤	检查项目	是否检查	检查/测量结果
	检查离合器踏板自由行程或离合器踏板行程		
	检查分离轴承回位情况及分离杠杆的高度		
	检查离合器固定螺旋是否松动		
	检查摩擦片是否磨损过大或沾有油污		
	检查压紧弹簧是否损坏或弹力不足		
	检查压盘、飞轮的工作表面的平面度误差		
	检查发动机支座是否松动、移位		
结论			
建议解决故障方法			
总结故障诊断流程			

◆ 工作手册式内容编写注意事项。在编写相关工作手册式内容的过程中，要正确理解"图文并茂"的内涵要求，不是图片越多越好。

a. 如果能通过文字简明扼要地表述清楚，就不需要配置图片。

b. 在某些操作难以用文字表述清楚或者需要大段文字表述时，可以配置图片进行说明，减少文字表述内容。

c. 配置的图片应该由编者亲自设计场景和拍摄，彰显照片的作用与效果。

d. 不清晰、主题表现不显著的照片不要作为新型教材内容。

(2) 学习成果及其测评标准设计要求

◆ 预期学习成果设计与质量测评。不同类型课程的预期学习成果质量指标内涵要求会有差异。新型教材编写团队带头人应该提前依据预期学习成果设计质量测评标准，结合课程标准要求、课程新型教材特点等，具体细化、完善"模块化课程预期学习成果质量测评标准""模块/项目课程预期学习成果质量测评标准"中的评价标准/符合度要求。经过教材编写团队成员研讨确定后共同执行。

◆ 具体学习成果及其测评标准设计要求。在新型教材每个模块课程中，应按照模块 3 中给出的具体学习成果设计质量测评标准之测评指标要求，结合课程类型和教材特点，设计每项具体的评价标准/符合度内容。各职业院校教师在使用本教材过程中，依据该标准和学校条件情况选择、设计符合标准要求的具体学习成果。

◆ 实际学习成果完成质量测评标准设计。各职业院校教师应该结合具体学习成果设计情况，按照模块 3 中给出的实际学习成果完成质量测评标准之测评指标要求，设计每项具体的评价标准/符合度要求。

(3) 任务及其测评标准设计要求

通常情况下,一个模块课程中有 3~7 个典型工作任务或工作过程。对于简单任务,不一定要制定测评标准,但对模块课程学习目标、学习成果起到重要支撑作用的任务,应该设计测评标准。可通过学生自测、学生团队互评、教师评价等方式,确认任务完成质量,分析发现存在的不足或问题,制定改进措施。

应根据任务学习目标制定任务测评标准,通过测评判断任务目标实现程度和实现质量。测评标准可按照定性测评、定量测评相结合方式进行。对于职业道德、职业素养等立德树人的测评标准,原则上应按照定性指标研究制定。

案例 23:

选自刘慧主编的《机械产品加工工艺编制与制作》(校本教材)中任务三"台钻主轴套筒的工艺编制与加工"。

(1) 任务学习目标

知识目标	技能、能力目标
1. 分析套筒零件的结构和技术要求 2. 分析套筒零件选择材料、毛坯及热处理方法 3. 分析选用套筒零件加工余量及工序尺寸 4. 分析选用套筒零件的常用夹具	1. 能正确编制套筒零件的加工工艺文件 2. 能合理、正确安排常用套筒零件的加工顺序 3. 能正确选用套筒零件的常用夹具及装夹方式 4. 能按照企业规范正确、安全地操作机床,并完成复杂套筒零件的加工任务

(2) 任务评价标准

项目	精度要求	配分	评分标准	检测结果	评分
加工工艺文件	符合标准,加工顺序正确	5	错一处扣 2 分		
夹具选择与使用	选择与安装正确	5	错一处扣 3 分		
尺寸公差	7	10	超差 0 分		
	$\Phi 50g$(1 处)	20	超差 0 分		
	$40+0.05/-0.015$(2 处)	25	超差 0 分		
	$M45\times1.5-7H$(2 处)	25	超差 0 分		
表面粗糙度	$Ra\ 0.8$	10	超差 0 分		
未注公差等级	IT 14				
数量	1				
时间	6 小时	—			
安全文明生产	1. 违反操作规程,损坏工具、量具、刀具等情况酌情扣 3~10 分 2. 出现安全事故判为不合格 3. 按照 8S 要求处理好环境和物品存在,视具体情况酌情扣 1~5 分				
合计		—		—	

案例 24:

选自董元林主编的《建筑装饰工程施工》（校本教材）中的任务"木龙骨吊顶装饰构造与施工"。

（1）任务学习目标。通过本任务的学习，你能实现以下目标：
- 理解木龙骨吊顶的装饰结构类型与原理；
- 能根据顾客需求和现场条件选择最佳的木龙骨吊顶材料、机具；
- 能按照木龙骨吊顶施工流程规范实施；
- 施工现场符合安全、环保和文明规范；
- 施工质量符合木龙骨吊顶质量验收标准和顾客要求，顾客满意。

（2）木龙骨吊顶质量验收标准及评价

序号	项目	石膏板允许偏差/mm	检验方法	标准	评分
1	表面平整度	3	用靠尺和楔形塞尺检查，查看不同部位的间隙尺寸差异是否在允许偏差范围内	25	
2	接缝平直	3	拉通线尺测量检查	20	
3	接缝高低	2	用钢直尺和楔形塞尺检查	20	
4	施工流程	违规一处扣3分	查看施工现场和施工记录	10	
5	施工现场	违规一处扣3分	查看施工现场安全、环保、文明和施工记录	10	
6	顾客满意	视情况加或扣2~5分	查看顾客沟通记录，与顾客交流验证	15	
合计	—	—	—	100	

5.5.2 立德树人与课程思政内容编写及案例

（1）立德树人是职业教育的根本任务

2012年11月8日《中国共产党第十八次全国代表大会上的报告》中指出："要坚持教育优先发展，全面贯彻党的教育方针，坚持教育为社会主义现代化建设服务、为人民服务，把立德树人作为教育的根本任务，培养德智体美全面发展的社会主义建设者和接班人"。立德树人也是职业教育的根本任务，要通过建立、完善"三全育人"工作体系，更好地完成这一根本任务。所以，必须将立德树人作为开发编写职业教育新型教材的内容之一进行系统策划。

在职业教育新型教材编写中，要注意将"德"（核心价值观、劳动精神、职业道德、职业精神等）与"才"（职业技能，职业能力）融合为一体，它们是高素质技术技能人才的一体两面。"立德"是根本，"树人"是核心，"树人"是在"立德"

指导下的实践成果[4]。立德树人教育不能停留在知识层面，要使学生对德的内涵理解并认同，情感认同之后道德内化才能真正发生，并转化为促进成才的行动。所以，要在职业教育新型教材中的不同内容领域、模块和功能域中进行系统策划，构建"知、情、意、行、果"渐进式立德树人与专业技术技能教育融合的新体系。

(2) 在新型教材中系统融入课程思政元素及其方法

课程思政是指以构建"三全育人"格局的形式将各类课程与思想政治理论课同向同行，形成协同效应，把"立德树人"作为教育的根本任务的一种综合教育理念。2019年1月24日，国务院《国家职业教育改革实施方案》中指出"使各类课程与思想政治理论课同向同行，努力实现职业技能和职业精神培养高度融合"。2019年3月18日，中共中央总书记、国家主席、中央军委主席习近平在北京主持召开学校思想政治理论课教师座谈会，并发表《思政课是落实立德树人根本任务的关键课程》重要讲话。2020年5月28日教育部发布《高等学校课程思政建设指导纲要》。所以，所有课程、新型教材中都必须与思想政治课同向同行地把课程思政、立德树人作为重要内容，不能偏离方向，不能落后于思政课程的主体节点和范围，以此实现立德树人根本任务[5]。

◆ 在新型教材中融入课程思政教育元素，应该进行系统策划与设计，将社会主义核心价值观、习近平新时代中国特色社会主义思想、社会责任与安全环保、中国优秀传统文化与职业道德、英雄人物与劳动模范，以及优秀企业员工工作场景再现与职业素养等方面进行系统设计，有重点、有选择地按照专业群、专业课程体系教材进行系统策划，然后再分解到每门课程教材中。避免跳跃式、重复式、缺乏主线等问题产生，要构建"知、情、意、行、果"渐进式立德树人与专业技术技能教育融合的新体系。挖掘课程思政元素是把每门模块化课程中隐含的思政元素挖掘出来，作为模块化课程教学的有机组成部分。

所以，不同类型、不同专业的模块化课程中隐含的思政元素是不一样的，与其职业类别、职业岗位和工作内容有着密切联系。以下学校公共课程、专业教育课程的思政元素挖掘重点可供参考，要根据每门课程的具体内容适度挖掘。

◆ 学校公共课程应注重在潜移默化中坚定学生理想信念、厚植爱国主义情怀、加强品德修养、增长知识见识、培养奋斗精神，提升学生综合素质。

◆ 专业教育课程应结合不同专业类的育人目标，深度挖掘、提炼专业知识、技能体系中所蕴含的思想价值、职业道德和精神内涵，从课程所涉及的行业、产业、历史和国家、国际等角度，挖掘具有知识性、人文性、安全环保、技术进步等的课程思政要素，有机融合到新型教材中。

a. 经济管理专业课程和新型教材编写中要注重挖掘国家战略、法律法规、诚实守信、公平公正、顾客理念等思政元素，引导学生深入社会实践，关注现实问题，培养学生经世济民、诚信服务、德法兼修的职业素养。

b. 工科类专业课程和新型教材编写中要注重挖掘科技自信、科学精神、民族自豪感、职业道德、职业素养、企业文化，以及科学思维、科学伦理、工程伦理等思政元素，培养学生精益求精的大国工匠精神，激发学生科技报国的家国情怀和使命担当。

c. 农林牧渔类专业课程和新型教材编写中要注重生态文明、农业现代化、绿色环保、大国三农情怀等思政元素，引导学生以强农兴农为己任，增强服务农业农村现代化、服务乡村全面振兴的使命感和责任心，培养知农爱农、高素质创新型技术技能人才。

d. 医学类专业课程和新型教材编写中要注重文化自信、社会责任、生命价值与敬畏生命、以人为本、精益求精和人文关爱等思政元素，培养学生"敬佑生命、救死扶伤、甘于奉献、大爱无疆"的医者精神，提升依法应对重大突发公共卫生事件能力。

◆ 实践类课程应注重学思结合、知行统一，勇于实践探索、创新和不折不挠、敢闯会创，增强创新精神、创造意识和创业能力，在实践活动中增长智慧才干，在艰苦奋斗中锤炼意志品质。

◆ 新型教材中立德树人内容设计编写案例如下。

案例 25：

选择"模拟电路的分析与设计"模块化课程标准，将课程思政要素作为模块化课程学习目标的内容之一。

	目标代码	课程学习目标	能力指标代码
B. 课程学习目标	M1	能够正确、有效地将数学、物理等知识应用于模拟电路分析设计中	AXy2
	M2	正确选择电子元器件，准确分析计算电路参数	EXy1
	M3	能用 Multisim 13.0 或高版本软件绘制电路图，并准确连接相关电子元器件、仪器仪表，进行虚拟仿真试验，测试电路基本参数	DXy1
	M4	正确设计、连接实际电路，借助常用仪器仪表测量电路基本参数	EXy1
	M5	能对仿真电路、实际电路检查分析、排除简单故障，解决一般电路问题	DXy2
	M6	具备分析电路和解决问题的基本能力，养成自主学习的习惯	BXy1
	M7	养成严谨求是的科学态度，诚实守信，遵守工程伦理和职业道德	AXy1 FXy1
C. 核心能力要素	沟通能力（A）	学习创新（A）	解决问题（A）	责任关怀（A）	职业素养（A）	专业能力（A）	合计
D. 要素权重	5%	10%	15%	5%	15%	50%	100%

案例 26：

任务：威海××电子有限公司是以生产组装各种规格、型号的手机充电器、电源板、可视电话机等产品为主的电子企业。最近，公司与青岛某电器商场的代表团围绕组装新型手机充电器的相关事项进行了友好、细致的商务谈判和技术交流，对客户的要求、价格和××电子有限公司的技术、生产能力等进行了充分了解。是否可以与青岛某电器商场正式签订每月组装10000套产品的合同呢？需要进行可行性分析和论证。

任务完成质量评价标准如下表所示。

评价项目		质量要求	分值	评价
A.完成学习任务/职业能力（100）	综合信息分析	对生产、技术、质量、成本等信息的综合分析处理恰当	15	
	信息收集	收集顾客方的信息有效、齐全，理解信息内容	10	
	查阅资料与自学	通过自主学习、查阅资料获得相关知识，并应用有效	10	
	企业信息了解	收集企业方的信息齐全、有效，理解信息内容	10	
	组装方案设计	组装工艺方案设计符合企业、顾客要求，效率最大化	7	
	生产能力分析	对企业分析准确，改进措施得当，报告内容完整	15	
	团队合作	有效合作，有效沟通，目标一致，完成小组任务	10	
	讲演与答辩	任务完成情况清楚，讲演有条理，答辩正确，提问题恰当	8	
	按时完成任务	保证质量，在规定时间内完成案例一和任务2.1、2.2和2.3	15	
B.知识与方法（100）	必备知识学习	完成学习性任务需要的必备知识全部掌握，应用有效	40	
	拓展知识学习	通过自主学习，掌握相关拓展知识，并适度应用有效	20	
	学习方法	自主学习、网络学习，查阅资料，师生互动学习等方法应用有效	20＋20	
C.职业道德与社会责任（100）	职业道德	精益求精，严谨细致，敬岗爱业，诚实守信，主动参与，环保安全，尊重顾客要求	50	
	组织管理	分工明确，控制有效，合作协调，相互支持	20	
	社会贡献	满足企业、社会、员工利益和顾客要求	30	

案例 27：

- "慎终如始，则无败事"是实现零缺陷应牢记的基本理念

（1）零缺陷质量目标。产品质量、服务质量达到零缺陷是顾客的最大愿望，也是企业追求的最高目标。为此，企业要制定零缺陷的质量目标，并慎终如始地去实现这一目标。

（2）老子曰："民之从事，常于几成而败之。慎终如始，则无败事"。一般人做

事，常常在快要成功的时候，反而失败了，这是因为在事情快要成功的时候常常疏忽大意的缘故。如果在事情的全过程中一直同开始那样谨慎重视、一丝不苟，就不会失败了。

做人、做事要善始且善终，这话虽朴实明了，但真正践行而一以贯之又绝非易事。"善始者实繁，克终者善寡"，魏征的告诫至今仍不乏借鉴作用。

（3）实现零缺陷目标的方法。实现零缺陷的方法就是"第一次就把事情做对，每一次都把事情做对"。

全国劳动模范，北京公交公司售票员李素丽根据自己工作经验总结到：认真做事只是把事情做对，用心做事才能把事情做好。

树立顾客至上的理念并落实到一言一行中，是处理好与顾客关系的关键。与顾客沟通分为签订合同前的交流沟通、产品组装加工过程中的交流沟通、产品交付后的交流沟通三个时间段。而签订合同前的沟通尤为重要，这直接关系到能否与顾客建立关系。但也要记住老子的名言：

"民之从事，常于几成而败之。慎终如始，则无败事"。

多学一点

割草的男孩——顾客满意

一位割草的男孩打电话给主人陈太太说："您需不需要割草？"陈太太回答说："不需要了，我已有了割草工。"

男孩又说："我会帮您拔掉花丛中的杂草。"陈太太回答："我的割草工也做了。"

男孩又说："我会帮您把草与走道的四周割齐。"陈太太说："我请的那人也已做了，谢谢你，我不需要新的割草工人。"

男孩便挂了电话。此时，男孩的室友问他："你不是就在陈太太那割草打工吗？为什么还要打这电话？"男孩说："我只是想知道我做得有多好！"

案例28：

- 以人为本与效率提高

中国历史上的人本思想主要是强调人贵于物，"天地万物，唯人为贵"。《论语》记载，马棚失火，孔子问伤人了没有，而不问马怎么样，说明在孔子看来，人比马重要。在现代社会，无论中外，作为一种发展观，人更重要、更根本，不能本末倒置、舍本求末。

但是，在有个别私营企业、外资企业，却将人、物颠倒，实施"以物为本"的处事原则，不顾员工的身心健康和利益，以追求经济利益为根本，导致一些不应该发生的安全事故发生；或者是不顾员工的身心健康和承受能力，加大劳动强度，导致职业病频发。学习本项目"生产性计划安排"内容过程中，需要结合企业的实际情况，编制生产计划、劳动定额等内容。在编制计划的内容时，既要坚持以人为本的原则，又要提高生产效率，有时这两者存在着矛盾。如何解决这一对矛盾是管理者的主要难题之一，即在不明显增加员工劳动强度、劳动时间的前提下，通过工艺改进、技术改进、设备改进以及 IE 方法，提高产品质量、工作质量或生产效率，降低成本。

以人为本不是让员工自由散漫，不加管理和约束。人都会有两面性，天生会有惰性的一面，大多是散漫的心态。要使人成才，就必须规范行为，统一步调，培养道德。

案例 29:

质量大师简介

均匀设计方法的创始人：方开泰、王元

对于复杂的实验设计问题，采用三次设计方法也需要更多的试验次数。如何办？

中国科学院的数学专家王元、方开泰经过多年潜心研究，发明了更为科学、简便、先进和有效的新方法——均匀设计方法，开创了设计实验的新纪元。

1978 年，我国一项军事工程在设计中提出了 5 个因素的试验，要求每个因素多于 10 个水平，而试验总次数不超过 50 次。如果采用正交设计，其试验总数将达 2800 多万次，显然不能满足要求。同样，在农业选种试验中也有水平数大于 12 的因素。实践向科学家提出了新的难题——如何用最短的时间和最少的次数达到完整全面的试验效果。

方开泰、王元两位颇具造诣的数学家经过潜心研究，决定把 50 年代末华罗庚等发展的数论方法应用于试验设计。3 个多月后，一个全新的试验设计方法——均匀设计法诞生了，并首次在几项国家航天工程的设计中得到验证。1981 年，由方开泰、王元合写的《均匀设计》一文在《科学通报》上正式发表。

40 年来，"均匀设计"已在国内广泛应用于军事工程、医药工业、化学工业、纺织工业、冶金工业、农业工程、电子工业等诸多的领域，取得了显著的成效。

案例 30：

选自表面贴装工业设计与管理课程第 2 讲"与顾客沟通及顾客信息手机"。

● 职业道德与信息安全

(1) 基本职业道德规范

关键点：顾客至上理念、员工成长基础、核心竞争力。

顾客至上、敬岗爱业和勇于探索是员工成长、发展和成功的关键要素。

诚实守信是为人之根本、从业之要德，诚实守信包括对企业、对顾客、对事业、对员工。

具体实例：山东某公司挑选 10 名员工到国外进修学习数字程控交换机制造技术，挑选的主要标准不是专业技术和外语水平，而是把忠诚于公司作为第一要素。

学生讨论：该公司为何这样做？

(2) 信息安全

顾客信息、企业信息的保密性、安全性，保密制度。

具体实例：山东××公司排版印刷系统产品涉密事件，3 名工程师被依法处理。

学生研讨：企业哪些信息需要保密？如何签署保密协议？

(3) 立德树人与新型教材题库训练融合设计

不仅要在新型教材编写内容中融合立德树人、课程思政相关元素，还应该在题库、实训训练等方面予以有效体现，形成完整的立德树人新型教材。

◆ 不同类型的题库可以从如下几个方面设计课程思政元素。

a. 源于企业的案例或训练题目中含有职业素养、敬业爱岗、职业规范等立德树人的内容要求。

b. 实践训练题目中要体现工匠精神、团队合作、安全、环保等要素。

c. 设计类题目中要体现质量理念、零缺陷要求、社会责任、创新等内涵要求。

d. 应用类、综合类题目中不要有标准答案，以培养学生的质疑、批判、分析问题和创新能力。

◆ 基于教材内容的拓展或挖掘，设计与教材内容、企业关联且隐含立德树人内容的作业题、训练题。以下作业题案例选自教材《表面贴装工艺设计与管理》。

案例 31：

项目一"收集产品组装的信息"中的"持续改进与训练题目"：

● 强化知识理解

1. 结合自身成长经历，谈一谈对"诚实守信是为人之根本、从业之要德"的理解，要真实想法，不要虚伪。

2."团队合作能力"与"独立工作能力"之间有无矛盾？结合自身体会谈一谈如何做到两种兼顾？

3. 如何理解顾客不满意的代价公式？企业、个人信誉的价值是否重要？为什么？谈一谈自己维护个人信誉的原则和方法。

● 实践训练任务

1. 举出实例或根据个人工作、学习体会，回答：在小组讨论发生争执时，作为组长应如何处理？是否会影响小组完成学习性任务的质量、速度等指标呢？

2. 结合本项目的实践体会，谈一谈你是如何与顾客进行有效沟通的？发生问题、争执时，你是如何化解的？

项目六"质量评价与改进"中的"持续改进与训练题目"：

● 强化知识理解

1. 如何防止重复犯相同的错误？实现零缺陷的基本途径是什么？

2. 理解"以顾客为关注焦点"和"持续改进"之间的关系。

3. 举例说明职业道德是学生职业能力的重要组成部分。

● 实践训练任务

1. 拟定一份企业员工（员工也是顾客）满意度调查表，并模拟进行调查、统计、分析，分析员工不满意的原因，提出让员工满意的改进措施。

2. 调研企业的中层、基层管理者，了解企业对就业学生的职业能力和职业道德等方面的要求情况，并进行分析，提出学院在教学方面的改进建议。

（4）教师自身言行的隐形教育尤为重要

◆ 教师应该以身作则，用自己的一言一行为学生树立榜样，实现隐形育人新格局。立德树人应纳入教师、教材、教法改革中进行系统设计，特别是教师在学生心目中的形象对学生的影响至关重要。职业院校教师必须严格遵守 2012 年 1 月份教育部发布的《高等学校教师职业道德规范》要求，还应从以下几个方面强化自身职业道德修养。

a. 在课堂中注意自己的一言一行，不能对学生产生任何负能量影响，而应该以正能量的形象呈现在学生面前。

b. 在授课过程中引入的课程思政元素应该是与授课内容密切关联的内容，包括时事政治及近期发生的社会、国际事件等，都要从正能量角度入手进行解读或研讨。

c. 教师在校内各个场所以及校外都应该注意自己的一言一行，这一点往往被忽视。比如，在教师办公室、与行政部门教师交流或产生冲突等，或一些习以为常的言行，都可能对学生产生负能量影响。而且这些负能量影响更加严重、危害更大，务必引起注意。

◆ 很多老师、学生认识钟南山都是从 2020 年疫情开始的，钟南山院士的事迹感动了很多中国人，甚至感动了外国人。在适宜的新型教材内容、课堂授课过程引入钟南山院士的事迹能够起到很好的立德树人教育效果，其中一个很重要的原因是学生们都亲自经历、体验了 2020 年疫情时代，以及从多种渠道了解、理解了钟南山院士的事迹。

作为普通教师，我对钟南山院士的认知、理解和崇敬源于 2003 年非典时期，他的事迹对我们很多人产生了影响。我在研究微课教学过程中多次研读钟南山院士的微课（获得 2013 年全国高校微课比赛特等奖），他的经验、职业道德水平、学术水平，以及朴实的语言、亲近的形象对我影响很大。2020 年疫情期间，钟南山院士到武汉调研和解决疫情问题，在没有火车票和飞机票的情况下，他在高铁餐厅临时座位上办公的照片，对我更是一种震撼式的影响。

所以，教师要获得更多、更有价值的立德树人、课程思政元素，一定要经常深入社会、深入企业、深入与专业有关的单位组织，亲自体验、交流才能由认知、理解到接受、内化为实际行动，职业能力才能得到提升。教育学生同样如此，在实践中理解、接受理论知识并内化为职业能力是最佳学习渠道。通过实践训练学会的理论知识和方法一般不会忘记，依靠死记硬背临时记住的知识很快就会忘记了。

5.5.3 创新创业能力培养与内容设计及案例

（1）创新与创业的内在关系

创新和创业是一对密不可分的、一体两面的有机整体，不是两个各自独立的事情。如果将大学生创新培养与创业培养割裂开，很难达到预期成效。如果理解、接受了创新与创业的内在关系，就容易理解为什么要求每门课程都要进行创新创业素质和能力培养，在新型教材编写中为什么要融入创新创业元素。

创业是创新的高级阶段，是综合试验、检验创新成果的重要阶段。要创业成功必须有创新的产品或者创新的经营模式，两者都具备是最佳的成功基础。如果既没有创新的产品，又没有创新的经营模式予以实施，有再多的资金也难以取得创业成功。

a. 创业是一种创新成果实践应用活动，创业成功是创新成果向广度和深度应用的结果。如果不具备工匠精神、工匠能力和相应的专业技术技能，就难以完成创新项目，创业就更难进行。如果没有开展创新研究和以实践项目为基础，工匠精神、工匠能力也是难以具备的。

b. 创新包括技术创新、方法创新、理论创新、管理创新等,创新是创业成功的基础[6]。没有创新而依靠模仿成功者创业经验是很难成功的。没有创新能力就没有创业能力。

所以,创新教育与训练必须贯穿于职业教育全过程,贯穿于各门课程中,以使学生逐步提升创新能力。这也是职业教育培养高素质创新型技术技能人才的重要基础措施之一。

(2) 创新训练方法及其案例

◆ 在新型教材编写中,创新训练和课程思政同样重要,同样要进行系统策划设计。包括专业群、专业课程体系中的创新教育系统策划,以及每一套新型教材中的系统策划设计。在新型教材中进行创新训练设计应遵循如下原则。

a. 基于已学习的教材内容基础,通过源于企业或社会需求的纵向延伸、横向拓展自然引出创新题目,引导学习进行创新研究与试验实践。

b. 在一门课程教材中,应该遵循从简单到复杂、从单一到综合的规律设计多个创新题目,渐进式培养学生的创新兴趣、素质和能力。

c. 开始不能把创新的范围界定得较大,应该从小范围、学生基础入手设计,逐步增大创新界定的范围。如果开始就要求国内发明专利、实用新型专利,很多学生就会退缩,对创新不感兴趣。

d. 一门课程、一个课程群、一个专业的最终创新题目的含金量、技术技能水平应该与国家资历框架标准中的等级对应,可以与具体学习成果相结合组织实施。

◆ 新型教材中的编写案例。

案例32:

本案例选自郭爱荣主编的《机械设计与制造基础应用》(校本教材)。

步骤四:创新设计

根据生活中所见笔筒产品,或查阅网上资料等,对笔筒做创新设计,并完成其零件图绘制。

步骤五:小组互评

完成图样检查、修改、完善,对照以下要求,小组成员互评,提出修改意见,自我再完成图样的修改和完善。

1. 图样版面设计:图框线绘画标准;版面整洁,无明显涂擦痕迹;图线粗细均匀标准;标题栏标准规范;技术要求规范合理。

2. 视图选择:主视图选择合理;视图表达清楚;视图数量、结构分布合理。

……

案例 33：

本案例选自王文华主编的《现代电气控制系统设计与装调》（校本教材）。

创新训练：威海某大厦要求统计进出大厦的人数，在唯一的大门内走廊里设置了两个光电检测器。当有人经过，就会遮住光信号，检测器就会输出 ON 状态，反之为 OFF 状态。设计一程序，统计某时间段进、出大厦和在大厦的人数，当大厦内人数达到 300 人，发出报警信号，人为干预报警停止。

请设计两个光电检查器的时序图，各种状态时输入/输出点地址，并绘制电路电气原理图。

（3）师生共同创新项目训练

目前，职业院校教师的创新能力还有很大的提升空间，学生的创新能力相对比较薄弱。所以，开展创新创业教育应该实施"企业、学校双元三方合作模式"，组建企业工程师、学校教师和学生三结合的创新项目团队。无论是源于企业的横向课题研究，还是源于职业教育系统的教育科学、教育教学改革等课题研究，都采取三方结合方式组织团队。三方在研究创新工作中相互促进、共同发展，使教师和学生的创新能力得到提升。

5.5.4 从学生角度组织语言编写教材及案例

（1）从多角度以学生语言用词编写新型教材之目的和意义

为什么孩子在幼儿园学习的图画书、小学生使用图文结合的教材都有很大的吸引力，促使孩子、小学生主动、专注学习，爱不释手呢？因为这些教材都是基于幼儿园孩子、小学生的认知能力水平和兴趣编写的，不是基于成年人、高中生编写的。

那么，为什么至今为止，职业教育教材很少基于职业院校学生认知能力编写，而是基于教师认知水平（学士、硕士、博士）编写呢？通过多年教学实践发现，多数高职专科专业的课程内容的深度、复杂程度、难度等比高中数学、物理、化学、生物、语文等课程容易，可为何职业院校学生不喜欢教材、不爱学、看不进去呢？这些问题值得我们系统分析。之所以将"多角度以学生语言编写新型教材"作为重要改革项目提出来，正是基于职业教育学生认知水平基础而做出的命题。所以，开展这项改革的目的和意义主要有以下几个方面。

◆ 是职业教育新型教材转型升级要求。职业教育教材必须从原来学科体系以教师的"教"为主导的教材类型，转为以学生的"学"为主导的多角度、学生语言用词撰写行动导向教材类型，以提升对学生的吸引力，让学生愿意看、愿意学，提升学生自主学习能力。

◆ 职业教育类型特征的需要。职业教育课程和教材内容都是源于职业岗位和工作过程，是以职业工作行动逻辑关系为主线构建"工作手册式"教材结构和内容，用职业岗位工作语言、社会活动语言进行编写，而不是用学科体系、学术语言和严谨的学术规范编写教材。

◆ 以白话文代替学术语言。以职业岗位的白话文、用行业企业语言和生活语言组织编写，学生更容易理解、接受。对于职业院校学生认知水平来说，严谨规范的学科体系教材犹如阅读文言文，多数学生看不懂、没兴趣。

◆ 通过对知识的理解内化为能力。要基于学生对知识和术语的理解、记忆能力现状，将行业企业职业岗位中常用的专业术语及其定义，用通俗易懂的白话文和生活案例进行解读，使学生在理解、接受的基础上，通过相应实践训练内化为职业能力，而不是死记硬背这些知识。

◆ 减少师生之间的代沟。通过以学生语言组织教材编写，同时教师也以学生语言进行授课，无形中减少了教师与学生之间的代沟宽度，在提高学生阅读、学习兴趣及吸引学生的同时，还会使师生关系变得更加融洽，甚至变为忘年交的朋友关系。

◆ 多角度多风格提高适应性。根据行业类别、职业岗位特征，从不同角度、使用不同语言风格设计编写新型教材，使显性育人和隐形育人模式相结合，历史与现实相结合，远处与近处相结合，有效构建新型教材中专业技术技能培养和立德树人融为一体的新格局。

（2）从不同角度入手编写新型教材的案例

案例 34：

本案例选自孙玲主编的《金融学基础与应用》（校本教材）。小 E 是一个学生，通过小 E 的相关活动引出学习内容。

任务导入："刷单"诈骗从给点"甜头"开始。

小 E 一直想找个兼职，在看到"刷单"招聘后与对方联系，对方让她下载了一个软件，接受语音培训。流程就是先垫付资金进行"虚拟"网购，交易完成后给买家好评，然后返还垫付的资金，根据好评和所购物品金额返利。但如果要接单，需先交 299 元押金，完成操作后退还。小 E 接了第一单 56 元的业务后，按要求操作收到了退还的货款和返利 10 元。紧接着又买了一个 200 多的物品，退还购物费后返还 20 元。小 E 高兴坏了，又下单了一件 1800 的货物，但这次返款并不顺利。

对方说由于频繁交易，系统发现异常，暂缓返款。小 E 提出先退还 299 元的押金，结果她被"拉黑"了……

课堂欣赏：《防骗进行时：电信诈骗骗术大揭秘》《经济半小时：斩断伸向校园的黑手》

课外推荐：《防范通讯网络诈骗公益广告》《今日说法：黑色邀约》

思考关键词：电信诈骗　校园贷　诈骗　高利贷　裸贷　担保

案例 35：

> 遇到难题多请教明白人啊！不气馁就行！

本案例选自《质量检验与质量管理》[2]，从企业员工的现场再现角度入手，以类似于讲故事的方式组织语言编写，并隐含地呈现出企业员工的职业道德和职业素养。

1. 影响打印机组装生产质量的原因分析

黄伯芸的难题也是 IE 工程师李淑芳的难题。

这天下午快要下班时，李淑芳打电话给黄伯芸，说："伯芸，快下班了，你邀请张馨予科长、张晓明二人，再加上我们四个线长，下班后开个'诸葛亮'碰头会，分析、研究影响生产线组装质量的各种原因，人多力量大么！"

"好主意，晚饭我请客，咱们边吃饭边开会，一举两得。"

会议在公司食堂 2 号招待间如期进行，按照每人 20 元标准，几个人围坐圆桌旁。黄伯芸作为东道主，首先对大家的光临表示感谢，并对张科长的支持深表谢意。而后直奔主题："各位，今天我们一边吃饭，一边帮助我解围，不能光吃不做哦！"

张晓明附和道："有什么话就直说吧，不要转弯子，我们大家都会尽力的。"

黄伯芸继续说道："我们 A 线不良率太高，且过程能力指数没有达到公司要求，今天，邀请大家帮助分析一下导致不良率高的原因，以便改进提高。"

B 线线长李冰怡也正在为此事犯愁："我也在绞尽脑汁，想法提高生产线质量，但现在效果不大，还是请张科长帮助我们指点一下吧。"

科长就是科长，毕竟经验多、方法多。张科长首先邀请大家喝一杯啤酒后，说道："大家不要受约束，随便想、随便说，想说什么就说什么，只要开口就行。建议不说话的要多喝一杯啤酒。"

很快大家的话匣子被打开了……

张科长不时地进行指点、引申、启发。

> 在工作中建立友谊，互帮互学，共同进步！

职业教育新型活页式、工作手册式、融媒体教材系统设计与开发指南

案例 36：

> 小白：师兄，听说学习 Android 需要 Java 做基础，你看我 Java 也学完了，你教教我 Android 移动开发呗？
>
> 师兄：挺好学嘛！就冲你这股热爱学习的劲头，这个师傅我当了！正好我们公司正在计划做一个跟手表相关的 App，主要想为腕表爱好者提供一个能够查看各种腕表信息、获取腕表资讯的平台，就用这个项目做你的第一个 Android 学习项目吧，我们就叫它"淘表"怎么样？
>
> 小白：太好了，师兄！我们赶紧开始吧。
>
> 师兄：先别急，先给你个任务，给你两天的时间想想这个 App 应该包含哪些功能？
>
> 小白：啊？一个功能要两天？师兄，别浪费时间了，你直接教我怎么做吧！
>
> 师兄：这你就有所不知了。项目开发可不光是写代码，你都不知道要完成的功能是什么，代码从何写起呀！写程序只是项目开发中一个阶段的工作，在写程序之前我们必须搞清楚要做的是什么？这就是项目需求分析。一个实际项目仅需求分析可能就要花费 2 个月甚至更长的时间，两天已经很短促。你赶紧着手考虑"淘表"的功能吧！两天之后再来找我。
>
> 小白边盘算着"淘表"的功能，随口应了一声"好嘞"，边走出门去……

师兄是上一届毕业生，并就业了。通过小白、师兄的交流活动等引出学习内容。

想一想：请分组讨论可以采用哪些方法进行需求分析？对于"淘表"App 可以设计哪些功能？

参考文献

[1] 罗肇鸿，王怀宁. 资本主义大辞典 [M]. 北京：人民出版社，1995.

[2] 王亚盛，吴希杰. 质量检验与质量管理 [M]. 天津：天津大学出版社，2011.

[3] 王亚盛，左翠红. 表面贴装工艺设计与管理 [M]. 北京：教育科学出版社，2012.

[4] 钟亮梅. 高职院校"三全育人"体制机制实践探索研究 [J]. 豫州师范学院学报，2020（4）：93-99.

[5] 王亚盛. 对职业教育新型教材的认识 [J]. 现代职业教育，2021（7）：8-10.

[6] 吴梦军，王亚盛，朱宏雁. 创新创业项目教学与创业公司经营结合模式研究 [J]. 中国成人教育，2016（10）：74-76.

模块 6

1+X 复合模式的课证融通方法与新型教材编写

导语：《国家职业教育改革实施方案》中提出"深化复合型技术技能人才培养培训模式改革，借鉴国际职业教育培训普遍做法，制订工作方案和具体管理办法，启动 1＋X 证书制度试点工作"；教育部、人社部等部门也相继发布了推动实施 1＋X 证书制度的具体文件和要求。目前，教育部已经累计发布四批共计 471 个 X 证书标准，为职业教育实施 1＋X 证书制度和 X 证书社会培训工作提供了一定数量的职业标准和保障条件。

从两年多各职业院校 1＋X 证书制度试点情况看，虽然取得了很多业绩和成效，部分院校学生、部分 X 证书考证合格率高达 90％以上，但仍然有需要改进的地方。比如教育部三令五申规定不能用 X 证书培训教材替换职业教育专业教材，培训不等于教育，在《职业院校教材管理办法》中也有明确规定，但是仍有一些院校和教师直接把 X 证书培训教材当作专业教材用于教学。教育部明确规定 X 证书由具备资质的企业负责证书标准的开发和培训，但部分 X 证书标准却是由职业院校为主导、在学科体系框架内进行设计开发的。

在新型教材编写方面，如何通过行业企业系统细致调研、分析，将 X 证书标准要求的各个条款融合到专业课程体系和新型教材之中，是职业院校教师，特别是专业负责人应该完成的重点工作之一。这项工作虽然开展两年多了，但部分专业带头人、骨干教师仍然摸不着头绪，不知如何下手。这是影响职业教育新型教材质量水平的关键问题之一。

为此，本模块将围绕"选择适宜的 X 标准设计模块化课程群""实施 1＋X 课证融通方法与新型教材编写"2 个方面进行分析和说明，使教师在系统理解、基本学会职业教育新型教材开发编写原理、方法和完成规范样张的基础上，结合 1＋X 证书标准要求进行细化、融合，为培养复合型技术技能人才提供高质量优秀教材。

6.1 选择适宜的 X 标准设计模块化课程群

6.1.1 目前 1+X 证书制度实施过程中的主要问题分析

(1) X 证书标准存在的缺陷和不足

教育部负责组织的 X 证书标准和人力资源和社会保障部负责的国家职业技能标准，在标准制定依据、标准结构、内容等方面都存在明显差异，哪种标准更好不便于做出判断，社会和企业对获取 X 证书的人才质量进行评价是最公平的判断。

人力资源和社会保障部负责的国家职业技能标准名称是"××××国家职业技能标准"，由人力资源和社会保障部相关部门组织专家负责开发设计，标准中对职业道德有宏观层面的内容要求，标准中分别对职业功能、工作内容、技能要求、相关知识要求等规定了具体内容。

教育部负责的 X 证书标准名称是"××××职业技能等级标准"，由符合资质的企业负责开发设计，标准中对工作领域、工作内容、职业技能规定了具体内容，没有"相关知识要求"内容。部分 X 证书标准对职业道德有中观层面的内容要求。由于没有对相关知识内容规定要求，因此教师开展课证融通工作难度增大；由于教师本来就缺乏职业实践能力，对职业技术技能需求理解不多，在这种情况下要做好课证融通工作实属不易。

部分 X 证书标准基本上是以职业院校为主体开发，部分职业技能要求条款明显地用学科体系课程语句进行表述，缺乏职业岗位工作语句描述；在职业技能要求中使用已经被淘汰的"熟悉""掌握"等不确定行为动词，导致技能要求难以界定和测评。

(2) 目前学校层面存在 1+X 证书制度实施设计问题

2012 年 11 月 8 日，时任中共中央总书记的胡锦涛同志在党的十八大报告中正式提出"把立德树人作为教育的根本任务，培养德智体美全面发展的社会主义建设者和接班人"；此后，习近平总书记围绕坚持立德树人这一教育的根本任务多次在不同场合作了许多重要论述，并提出了明确要求。部分职业院校和教师没有将"立德树人是教育的根本任务"落实到专业人才培养全过程中，没有建立和实施"三全育人"的立德树人教育教学体系，因此在实施 1+X 证书制度过程中出现顶层设计问题就不足为奇。主要问题表现如下。

◆ 2019 年 12 月 16 日，教育部发布的《职业院校教材管理办法》第三十条第（四）项明确规定"不得以岗位培训教材取代专业课程教材"。不过一些职业院校、教师没有开展课证融通工作，而是直接把 X 证书培训教材当作专业教材用于教学，将职业教育等同于职业培训，用培训代替教育。

◆ 部分 X 证书标准以职业院校为主导，在学科体系框架内进行设计开发。这种做法明显违背教育部相关文件规定，开发设计的 X 证书质量不高，没有彰显职业教育类型特征，也难以实现国家实施 1+X 证书制度之目的和目标。

◆ 专业人才培养方案拼盘化。将培训课程和培训教材直接作为专业课程体系中的一部分进行拼盘，不进行课证融通；人才培养目标、毕业要求中也没有体现出 X 证书标准相关要求，是否培养复合型技术技能人才、如何复合等都不明确。

◆ X 证书培训考证内容与专业课程内容不对接、不融通，院校单独对学生开展 X 证书培训，学生也不清楚相关规定。

◆ 接受培训的教师数量少，教师教学能力难以承担课证融通、课程标准修订和新型教材编写工作。整体教师队伍水平达不到 X 证书对师资水平和能力的要求。

◆ 一些 X 证书标准明显高于学校专业人才培养方案要求和课程标准要求，在课证融通、教育教学过程中降低了内涵标准要求，使考证合格率不高。X 证书培训和考试工作基本上是应试教育模式，部分学生考试结束后很快就忘得差不多了。

6.1.2　培养复合型技术技能人才的三种复合模式

（1）职业教育实施 1+X 证书制度的主要目的

《国家职业教育改革实施方案》第六条指出"深化复合型技术技能人才培养培训模式改革，借鉴国际职业教育培训普遍做法，制订工作方案和具体管理办法，启动 1+X 证书制度试点工作"。2019 年 5 月份正式启动了 1+X 证书试点工作。到 2021 年 3 月底，教育部负责组织实施的 X 证书已经正式公布了 471 个，人力资源和社会保障部负责组织实施的国家职业技能标准发布了 190 个。

2021 年 3 月 6 日，山东省教育厅《教育工作简报》（〔2021〕第 2 期）公布了 18 项重点工作。其中，第 4 项提出"全面推进 1+X 证书制度。继续按照公益性、成本补偿和成熟一个、发布一个的原则，尽可能多地核定证书考核费用标准，为不同专业学生提供'选择菜单'。研究制定措施，统筹用好政府培训补贴，奖补结合，支持学生考取职业技能等级证书。"自 2021 年 3 月份开始，山东省结束了 1+X 证书制度试点工作，开始进入了全面推广、普及应用阶段。

模块 4 中给出了职业教育五种专业类型及五种高素质技术技能人才培养目标，其中培养高素质复合型技术技能人才是实施 1+X 证书制度的主要目的。当然，实施 1+X 证书制度还可以培养高素质创新型技术技能人才；不实施 1+X 证书制度，可以通过企业调研后调整专业课程体系，培养高素质复合型技术技能人才。然而，实施1+X证书制度，学生可以通过考取X证书，证明具备复合型技术技能的水平等级和职业领域范围，能够很好地得到行业企业的认可，有利于提高就业质量。

(2) 培养复合型技术技能人才的三种复合模式与路径

◆ 复合型人才培养实施路径。职业教育可以按照"实施学分制→构建1+X融合课程体系→创新人才培养模式→课证融通设计→学生选择一种复合型技术技能人才方向→教育教学实施→学习成果测评"路径建立高素质复合型技术技能人才培养实施路径。

a. 实施学分制。首先要建立每个专业群、专业的学习成果体系和评价规程，在此基础上实施完全学分制。每个等级的X证书就是一个具有相应学分的学习成果，应通过国家学分银行进行学分认定、转换和积累。

b. 构建1+X融合课程体系。通过行业企业调研，确定X证书认可度和适用性，优选每个专业群、专业对应的X证书，按照培养复合型、创新型技术技能人才的需求设计不同课程体系，建立完善的学习成果体系和测评规程。

c. 校企合作创新构建适合每个专业、每个X证书特征的工学交替人才培养模式。

d. 对原专业课程体系中的相关模块化课程进行1+X课证融通设计改进，按照新型活页式、工作手册式、融媒体教材要求开发编写新型教材，并配套融媒体信息化教学资源库。

◆ 设计三种复合模式的人才培养方案。X证书标准是相对独立的开展职业培训的标准，培训考核合格后颁发X证书。"1"是指职业教育、学历教育，"1+X"则是指将学历教育与职业培训深度融合的一种课程体系结构模式。职业教育不等于职业培训，两者存在很多差异点，具体可查看模块4。

在构建1+X课程体系结构模式中，"X"可以是对"1"在纵向上进行深化，也可以在横向上进行拓展，或两者兼备，既纵向深化又横向拓展。因此，以职业教育的"1"为核心，与N个X证书结合，培养高素质复合型技术技能人才，就可构建横向复合、纵向复合、纵横综合复合三种不同复合型技术技能人才培养方案。

案例1：

▲ 横向复合模式：大数据与会计专业＋审计信息化应用，或/和＋财务共享服务，或/和＋政府财务与会计机器人应用。

工业机器人技术专业＋服务机器人应用开发，或/和＋服务机器人实施与运维。

▲ 纵向复合模式：统计与会计核算专业＋大数据财务分析，或/和＋企业财务与会计机器人应用。

工业机器人技术专业＋工业机器人集成应用，或/和＋工业机器人应用编程。

▲纵横综合复合模式：统计与会计核算专业＋审计信息化应用＋大数据财务分析，或/和＋薪酬管理＋企业财税融合大数据投融资分析。

工业机器人技术专业＋工业机器人集成应用＋服务机器人应用开发，或/和＋工业机器人应用编程＋服务机器人实施与运维。

◆教师应先行成为工匠型教师。一旦选定 n 个 X 证书与本专业融合，就要将 X 证书标准的所有要求内容全部融合到相应专业课程内容和课程学习目标中，并有效实施。教师先要获取中、高级 X 职业技能等级证书，并不断提高实践应用和实践教学能力，才能培养出高素质复合型技术技能人才。

一名学生可以选择 n 个自己感兴趣、不同职业岗位的 X 证书，为自己成为不同复合模式的复合型技术技能人才、工匠型人才奠定基础。

6.1.3 按专业群系统设计策划 $1＋X_B＋nX$ 复合模式

(1) 专业群 $1＋X_B＋nX$ 复合模式内涵要求

我在 2019 年 7 月份就预测，当 X 证书标准发布 1000 个左右时，经过 3 年左右试点，大约 2021 年底就会结束试点而进入全面推广应用的新常态阶段，并在多次专题讲座中提醒参加培训的教师做好准备。随着山东省教育厅宣布在 2021 年 3 月份结束试点进入全面推广应用阶段，预计伴随第五批 X 证书标准的公布，到 2021 年下半年教育部、各省市将会宣布 X 证书制度试点结束，并进入全面推广应用阶段。

为此，在高水平专业群建设过程中，已经具备了每个专业至少能够与 1 个 X 证书融合实施 1+X 证书制度。考虑到高素质复合型技术技能人才培养的实际需求，我们研究开发出一种按专业群系统策划设计 $1＋X_B＋nX$ 复合模式。

其中：

a."1"代表某个具体专业。

b."X_B"代表本专业必选的 X 证书，这个 X 证书代表本专业核心技术技能等级，高职专科学生必须通过考试获得中级证书，与毕业证书一起构成新"双证书"。学生也可以再获得高级证书，使其技术技能得到进一步提升。

c."nX"代表本专业可以选择 n 个 X 证书，一个专业群可优选 5~8 个。通过选择 n 个不同的 X 证书，专业群内每个专业基本上都能构建纵向复合、横向复合、纵横综合复合三种复合模式，据此编写不同模式的高素质复合型技术技能人才培养方案。

（2）应用案例分析

通常情况下，一个专业群由 3～5 个专业构成，以核心专业名称作为专业群名称。不同职业院校由于核心专业相同，专业群名称也相同，但构成专业群的具体专业会有较大差异，那么选择的 X_B 和 nX 个证书就会出现较大差异。这里以物联网应用技术专业群为例进行说明，见表 6-1。

表 6-1　物联网应用技术专业群的专业构成比较

学校名称	专业群档次	组成的专业	专业群人才培养模式
无锡职业技术学院	高水平学校 A	物联网应用技术,计算机网络技术,软件技术,电气自动化技术,智能控制技术	双主体两融合多通道人才培养模式
重庆电子工程职业学院	高水平学校 B	物联网应用技术,电子信息工程技术,移动通信技术,通信工程设计与监理,通信技术	"三共三享三自主"人才培养模式
九江职业技术学院	高水平学校 C	物联网应用技术,计算机网络技术,软件技术,应用电子技术,通信技术	分段实施、项目驱动人才培养模式

案例 2：

以物联网应用技术专业群为例，它由物联网应用技术、计算机网络技术、软件技术、应用电子技术、通信技术五个专业组建，设计 $1+X_B+nX$ 复合模式，如表 6-2 所示。

表 6-2　物联网应用技术专业群的 $1+X_B+nX$ 复合模式

专业地位	专业名称	X_B 专业必选的 X 证书名称	nX 专业群共建 n 个 X 证书
核心专业	物联网应用技术	物联网工程实施与维护	工业传感器集成应用,传感网应用开发,物联网智能家居系统集成和应用,物联网智能终端开发与设计,物联网安装调试与运维,物联网安全测评,物联网场景设计与开发
骨干专业	计算机网络技术	工业互联网实施与运维	
骨干专业	软件技术	Web 前端开发	
骨干专业	应用电子技术	物联网单片机应用与开发	
骨干专业	通信技术	物联网通信技术应用	

◆ 对于每个专业而言，除了本专业必选的 X 证书之外，可以选用其余 4 个专业的必选 X 证书和 7 个专业群共建 X 证书，以此可分别设计横向复合、纵向复合、纵横综合复合三种复合模式。如：

横向复合模式：物联网应用技术专业（＋物联网工程实施与维护）＋物联网智能终端开发与设计。

纵向复合模式：物联网应用技术专业（＋物联网工程实施与维护）＋物联网智能家居系统集成和应用。

纵横综合复合模式：物联网应用技术专业（＋物联网工程实施与维护）＋物联

网智能终端开发与设计＋物联网智能家居系统集成和应用。

◆ 以专业群为基础整体策划、设计模块化课程，分别把这 12 个 X 证书与专业群课程体系、专业课程体系中的相关课程进行课证融通，开发融通之后的模块化课程标准，并依据课程标准编写新型活页式、工作手册式、融媒体教材。

6.1.4　复合型与创新型专业模块化课程群设计

(1) 模块化课程群的定义及其作用

◆ 模块化课程群的定义。课程群是指在一个明确的学科或技术领域内，由 3～5 门在课程内容、理论知识、技术技能、学习目标方面密切相关的课程组成，并能够通过综合应用各门课程的知识、技能和能力完成更高水平学习成果或应用绩效的课程体系。

如果课程群中每门课程都是模块化课程，则这个课程群就是模块化课程群。模块化课程群具有以下几个特征。

a. 通常以一门模块化课程为基础，与群内其他几门模块化课程之间构成递进、包含、并联等逻辑关系。

b. 群内各门模块化课程均来源于一个行业职业或岗位群。

c. 群内每门模块化课程相对独立，都有各自的课程学习成果。

d. 每个课程群都可以设计一个或多个课程群学习成果。课程群学习成果的含金量等级、应用绩效、技术技能难度等明显大于群内各课程学习成果，实现 1＋1＞2 的预期绩效。

e. 模块化课程群学习成果的学分、学时应在群内最后学习的一门模块化课程学完后予以充分考虑。

◆ 构建模块化课程群的作用和目的。在英国高等教育、德国高等教育课程体系中，都隐含着课程群及其课程群学习成果的相关要求和规范做法。如英国女王玛格丽特大学按照学年设置课程群及课程群学习成果，学习成果分为 1 级、2 级、3 级和 4 级，每级学习成果均由"知识与理解（knowledge and understanding，KU）、心智技能（intellectual skills，IS）、动作技能（practical skills，PS）、迁移技能（transferable skills，TS）"构成。

在前几年职业教育领域课程建设过程中，曾经在精品课程建设基础上开展过精品课程群建设工程。如果没有课程学习成果、课程群学习成果与课程群建设配套进行，课程群建设便没有实际价值，也不能实现 1＋1＞2 的预期绩效。课程群建设不能是一种外在形式，而应该注重其内涵和作用。所以，构建模块化课程群的目的和作用主要有以下几个方面。

a. 职业教育专业群和专业学习成果体系是高素质高水平技术技能人才渐进式培养模式的重要组成部分，构建课程群是设计课程群学习成果的基础。

b. 通过课程群及课程群学习成果训练，能够使分散在各门关联模块化课程中的重要知识、技能和能力要素得到高水平综合应用，提升学生解决实际技术技能问题的层次和能力。

c. 促使专业课程体系中形成完整、有序的"模块课程→模块化课程→模块化课程群→专业整合性课程（顶石课程，capstone course）"课程链，为构建专业学习成果体系奠定基础。

(2) 专业群模块化课程群系统设计

◆ 模块 4 中给出了专业群五层级模块化课程体系，每个层级都应该设计 1～4 个模块化课程群及其课程群学习成果，表 6-3 可供参考。

表 6-3　专业群模块化课程群系统设计

项目	学校公共模块化课程	专业群公共模块化课程	专业核心模块化课程	专门类型模块化课程	企业特色模块化课程
必修课程群	1～2 个课程群	1～2 个课程群	2～3 个课程群	1～4 个课程群，只选修其中 1 个	每个企业 1 门特色课程
选修课程	1 个课程群或独立课程	1 个课程群或独立课程	1～2 个课程群或独立课程	—	—
课程总学分	20	20	60	30	20
说明	1. 专业总学分 150 分，五层次模块化课程的学分数供参考。 2. 企业特色模块化课程中包括：企业特色课程、整合性课程、毕业设计项目与设计报告。毕业设计项目与设计报告是专业学习成果的综合体现。 3. 每门模块化课程和模块化课程群均要设计学习成果并指导学生完成。 4. 选修模块化课程占 20% 左右的学分，但应准备 2～3 倍数量的模块化课程供学生选择学习				

◆ 制定模块化课程、创新成果、项目的学习成果含金量等级和相应学分，为实施完全学分制和技术技能积累、学生存储、学分转换等奠定基础。德国 24～30 学时折合 1 学分，学士 180～240 学分毕业，不同专业自定，硕士累计 300 学分可毕业（含学士阶段获得的学分）。建议每门模块化课程 3.5～6 学分，减少课程数量，增加每门模块化课程的学时，提升模块化课程学习目标实现度和学习成果质量水平，使学生每学完一门模块化课程有实际性收获、学习成果和成就感，提升学生自主学习能力和技术技能等级水平。

a. 制定每门模块化课程的学习成果和等级标准，高职三年制专科各门模块化课程学习成果含金量等级可按照国家资历框架标准中 4～6 级进行制定。

b. 按照 1 学分折合课内 16 学时加课外 10～14 学时制定课程学分。

c. 制定各种创新成果的统一学习成果等级标准和学分，基于等级标准可与课程学分互换、积累。

d. 制定各种项目成果统一的学习成果等级标准和学分，基于等级标准可与课程学分互换、积累。

（3）培养复合型技术技能人才的专业模块化课程群设计

培养高素质复合型技术技能人才是在完成学校公共模块化课程、专业群公共模块化课程和专业核心模块化课程基础上，通过专门类型模块化课程教学予以实现，再通过企业特色模块化课程进行升级和强化，使学生的专业学习成果含金量达到国家资历框架标准中学习成果6级水平（高职三年制专科）。以下案例可供参考。

案例3：

应用电子技术专业横向复合"电子产品生产制造与管理"模块化课程群，由电子产品生产与装配、电子制造质量检验与质量管理、电子设备操作与维护、表面贴装工艺设计与管理4门模块化课程构成。模块化课程群的预期学习成果是"电子产品或部件生产工艺设计与生产组装实施"，将4门模块化课程中的重点、关键知识、技能、能力和职业道德、职业规范等融合在一起，完成一种电子产品或系统产品中功能部件的生产工艺设计、工艺实施与设备操作生产、产品质量检验与问题改进等，生产出合格的产品，并完成学习成果设计报告。

（4）培养创新型技术技能人才的专业模块化课程群设计

培养高素质创新型技术技能人才是在完成学校公共模块化课程、专业群公共模块化课程和专业核心模块化课程基础上，通过专门类型模块化课程教学予以实现，再通过企业特色模块化课程进行升级和强化，使学生的专业学习成果含金量达到国家资历框架标准中学习成果6级水平（高职三年制专科）。通过以下案例进行说明。

案例4：

应用电子技术专业"创新型智能产品设计开发"模块化课程群，由电子产品故障诊断与维修、电子产品质量检验与可靠性试验、嵌入式产品系统设计开发、电子产品可靠性与可制造性设计4门模块化课程构成。模块化课程群的预期学习成果是"智能电子产品工业化设计与质量测评改进"，将4门模块化课程中的重点、关键知识、技能、能力和职业道德、职业规范等融合在一起，按照工业化产品的参数要求、可靠性指标要求和可制造性要求，完成一种智能电子产品的软件与硬件设计、虚拟仿真试验、产品指标检验与可靠性试验等，对设计中存在的问题进行改进，并完成学习成果设计报告。

6.2 实施1+X课证融通方法与新型教材编写

6.2.1 实施课证融通的目的与作用

（1）课证融通和教学实施层面存在的主要问题

◆ 没有学会课证融通的方法。由于部分院校和教师采用了X证书开发机构编写的培训教材替代课程教材，感觉课证融通麻烦就不去研究学习课证融通的方法。另外，部分教师没有参加相应培训，自己对课证融通理解不到位，也没有编写相应的课证融通教材。

◆ 专业课程开发碎片化。本来1+X课证融通应该是针对专业课程体系中各门相关课程和教材进行系统策划、融通设计和编写教材，由于工作量大、工作难度大、教师职业能力水平有限等实际问题，结果通过课证融通没有形成完整的专业课程体系，而是碎片化地对个别课程标准进行了修改，但教材没有变化，教师只在教案中做些碎片式调整。

◆ X证书的培训考试与学校学历教育的教学安排对接。部分职业院校不进行1+X课证融通的课程体系改革，而是采取X证书培训方式，单独增加课时，与培训机构合作完成对学生的培训工作，然后让学生参加证书考试。

◆ 1+X教学过程培训化。部分职业院校和教师按照培训模式组织1+X教育教学，以应试训练方式应对考证，考证合格率明显高于平均水平。但是，过度应试教育的弊端已经被社会所痛斥，学生考试能够取得高分数，但是考试过后遗忘得很快。应试教育难以实现教育的预期目标，学生的职业能力水平也难以得到提升。

（2）1和X的关系及实施课证融通之目的

1+X证书制度是一种全新的彰显职业教育类型特征的新制度，与以往职业资格证书制度不同，也不是职业资格证书的替代品或改进版。1+X证书制度在理论基础、概念、定位、证书开发建设主体、运行机制、管理模式等方面都发生了根本变化。1+X作为一个有机整体，成为职业教育类型特征和运行体系的制度基础。

◆ "1"和"X"之间既各自独立、又存在密切关系，是一个相互促进、相互完善的有机整体。具体逻辑关系如下所述。

a.学历证书"1"与职业技能等级证书"X"是基础与拓展关系，"1"是职业教育的基础、主体，"X"是对"1"的有针对性、引导性、先进性的技术技能拓展和补充。

b.1+X进行融通之后，才能共同构建完整的专业人才培养方案、课程体系，实现高素质复合型、创新型技术技能人才的培养目标。

c. "X"是职业培训的主体,可以独立开展职业培训。在没有"X"的情况下,"1"能够独立按照专业人才培养方案完成人才培养工作。

d. 在高水平技术技能人才培养进入常态化之后,"1"和"X"就自然融合为一体了。只是各个职业院校的具体人才培养类型不同,融合的X证书不同而已。

◆ 职业院校实施1+X课证融通的主要目的是借助行业企业力量尽快提升职业教育教学质量水平和人才培养水平。主要体现在如下几个方面。

a. 在十多年的职业教育改革中,职业教育产教融合、校企合作遇到很多制度性、社会性、利益性等方面的难题,一直没有很好地解决。借助行业企业力量开发实施X证书培训制度,不仅有利于调动企业参与职业教育的积极性、主动性,使企业从中直接受益,还能使职业院校、教师看到专业改革的方向、社会需求的技术技能等级水平,引导教师快速进行课程体系改革,开发高水平、高质量的新型教材。

b. 发挥企业对职业院校人才培养质量水平的监督作用,同时对各种X证书的含金量、社会认可度进行评价,通过市场机制淘汰低水平X证书和低水平职业院校的专业和毕业生。

c. 通过借助企业力量和市场机制,促使职业院校尽快将高质量、社会认可度高的X证书融合到专业课程体系中,快速提升专业人才培养质量水平,减轻由于职业院校教师职业能力水平不高导致的难以快速提升人才培养质量水平之压力、阻力。

(3) 进入X证书全面推广应用后的新常态

伴随职业教育改革工作的持续推进,专业群、专业课程体系在重构过程中会不断优化、更新、融合X证书,并且在国家资历框架标准和学分银行正式启用后,完全学分制就会得到普及,模块化课程群学分、模块课程学分、X证书学分的设定标准也会正式发布。通过这些改革,提升职业教育人才培养质量水平与国家资历框架制度的适应性,以达到学历水平与职业技能等级水平等值互认。

到2021年底,各省市将基本结束1+X证书制度试点工作,进入全面推广应用的新常态。进入新常态之后,如果职业院校1+X课证融通工作质量不高,教学质量、人才培养质量就难以提升,则会严重影响职业院校办学水平和社会声誉,2019年7月,教育部相关领导在工作会议上一再强调"不能按照试点的理念、意识和要求组织1+X证书制度试点工作",道理就在于此。

按照教育部相关文件规定,目前每个等级的X证书原则上是6~8学分。在专业群、专业课程体系中,每门模块化课程原则上按3.5~6学分进行设置。每学期按照25学分制定课程教学计划。学生完成150学分(含置换学分、选修课学分)学习任务,成绩合格就可以毕业,同时可考取相应的X证书。

6.2.2 实施1+X课证融通的五种方法与应用案例

(1) 课证融通原则与步骤

◆ 职业院校在课证融通工作中，都要遵循"保证X证书含金量，保证模块化课程和新型教材质量水平，学生学会学懂并具备标准要求的技能和能力"三原则，其目的在于在确保"1"和"X"证书含金量、质量水平的前提下，尽量不明显增加学生的课业负担，严把毕业生质量关。

◆ 实施课证融通的基本步骤如下。

第1步。学校以专业群为基本单位，在对专业对应的职业岗位技术技能需求和技术发展预测的基础上，按照专业群$1+X_B+nX$复合模式选择一组X证书。

第2步。按照纵向复合、横向复合、纵横综合复合或创新型设计每个专业的多元人才培养方案和模块化课程体系、学习成果体系及其等级。每专业必选的1个X证书应该与专业教学内容、人才培养目标密切相关、完全对应。再选择1~2个X证书进行课证融通，作为培养高素质复合型或创新型技术技能人才的专门类型模块化课程。

案例5：

某院校工业机器人技术专业课程体系中，专业模块化课程主要有工业机器人工作站系统集成、工业机器人现场编程、工业机器人认知与选用、工业机器人工装夹具设计、工业机器人自动线设计与装调、工业机器人机电装调与维修、电气控制系统设计与装调等7门。"工业机器人操作与维护职业技能等级标准"作为必选，"工业机器人操作编程职业技能等级标准"作为纵向复合，"工业机器人产品质量安全检测职业技能等级标准"作为横向复合。纵向复合和横向复合的两个X证书标准同时选用则构成纵横综合复合模式。

第3步。针对每个X证书标准条款要求，逐一与专业群、专业模块化课程体系中的相关课程进行对比分析，将关联的技能要求纳入相应模块化课程中，并分析选用适宜的知识点。

第4步。关于选择哪个等级的X证书标准的问题也很重要。在X证书设计中要求高级涵盖中级，中级涵盖初级。根据近3年院校试点情况分析，建议：

a. 中职院校选择初级标准。

b. 高职专科院校选择初级和中级，进阶式组织学习和实践训练，要稳健、卓有成效地开展这项工作，因为多数学校学生的职业能力和理论基础达不到直接学习和考取中级的要求。

c. 高职本科院校应该将初级、中级、高级标准要求都融合到相应课程标准和新型教材内容中，根据实际教学成效和模块化课程学习成果达成质量水平，可以在直接考取中级证书后再考取高级证书。

（2）课证融通的五种方法解读

将 X 证书标准条款融合到模块化课程中，进行课证融通的方法包括免修正、内容强化、内容修补、能力转化、新增课程五种。在确定了专业群、专业选取的 X 证书之后，专业群、专业负责人应组织骨干教师，对照 X 证书标准要求和模块化课程体系中的相关课程和新型教材内容，逐条、逐句与课程标准和新型教材进行系统对比、分析和确认，特别要注意深刻理解标准要求的内涵和外延，不要简单地望文生义、照猫画虎，否则会发生偏离，降低 X 证书的含金量和质量目标。

◆ 免修正：模块化课程中的知识点、技能点完全覆盖 X 证书标准要求，不需要对模块化课程进行修正。

◆ 内容强化：模块化课程中已有的知识点、技能点基本与 X 证书标准要求相同，但由于职业特殊性、X 证书标准要求较高或侧重点不同等情况，需要对模块化课程中相应知识、技能等进行深度、广度的强化处理，并落实到模块化课程标准、新型教材内容、实际教学教案和模块化课程学习成果的测评中。

◆ 内容修补：模块化课程中的知识点、技能点不能完全覆盖 X 证书标准中的要求，需要对模块化课程标准、新型教材、实施教案和模块化课程学习成果中的相关内容进行修正、补充、完善。

◆ 能力转化：模块化课程中的知识点能够满足 X 证书标准要求，但其技能、能力目标不能满足 X 证书标准要求，需要修正模块化课程标准、新型教材和模块化课程学习成果中的技能、能力目标，并增加或完善相应实践教学条件、改进实践教学方法等，将知识通过有效的实践训练内化为符合 X 证书标准要求的技能、能力。

◆ 新增课程：模块化课程体系中的各门模块化课程，如果难以覆盖 X 证书标准中的某一工作领域或相互关联的几个工作任务要求时，则需要新增一门或多门模块化课程，将其融合，同时要对原有专业模块化课程体系进行完善与修正。

（3）课证融通五种方法应用案例

案例 6：

软件技术专业模块化课程体系与《Web 前端开发职业技能等级标准》（中级）课证融通策划设计如表 6-4 所示。

表 6-4 专业课程体系与《Web 前端开发职业技能等级标准》(中级)策划设计表(局部)[1]

职业技能等级标准要求			软件技术专业模块化课程名称	课证融通方法
工作任务		职业技能/技能要求 S/知识要求 K		
静态网站搭建	2-1 静态网页开发	2-1-1 能熟练使用 HTML 制作静态网页 2-1-1-S1:能熟练使用 HTML 文本标签、头部标记、页面创建超链接、创建表格表单功能搭建静态网页 2-1-1-K1:掌握并熟练应用 HTML 文本标签、头部标记、页面创建超链接、创建表格表单功能	网页设计基础与实践	免修正
		…	…	…
		2-1-5 能使用 Bootstrap 前端框架开发页面 2-1-5-S9:能使用 Bootstrap 栅格系统、基本样式、组件、LESS 和 SASS、插件、Bootstrap 定制及优化、Bootstrap 内核解码开发响应式页面 2-1-5-K6:掌握 Bootstrap 布局、组件、基本样式、插件、组件的使用方法	Bootstrap 前端框架设计	新增课程
…	…	…	…	…
移动端静态网站开发	2-4 移动端静态网页开发	2-4-1 能熟练使用 HTML5 制作移动端静态网页 2-4-1-S1:能熟练使用 HTML5 新增语义化元素、页面增强元素与属性及多媒体元素等功能开发移动端页面 2-4-1-K1:掌握 HTML5 新增全局属性、结构化与页面增强、表单标签、多媒体元素的使用方法	HTML5 静态页面设计	内容强化
		2-4-2 能运用 CSS3 特性设计网站页面样式和结构 2-4-2-S2:略 2-4-2-K2:略	HTML5 静态页面设计	内容修补
		2-4-3 能使用 JavaScript 开发网站交互效果页面 2-4-3-S3:略 …	JavaScript 网页交互功能设计	能力转化
…	…	…	…	…

案例 7:

物联网应用技术专业模块化课程体系与《传感网应用开发职业技能等级标准》(中级)课证融通策划设计如表 6-5 所示。

表 6-5 专业课程体系与《传感网应用开发职业技能等级标准》(中级)策划设计表(局部)

工作领域	工作任务	职业技能	模块化课程名称	课证融通方法
1. 数据采集	1.1 模拟量传感数据采集	1.1.1 能根据各种传感器的基本参数和原理,运用信号处理的知识选择处理方法,根据需求科学地处理并检测信号。 1.1.2 能根据 AD 转换接口说明文件,运用 AD 采样技术,准确地采集电信号。 1.1.3 能根据电路原理图和传感器技术手册,运用电路基础知识,将 AD 采样获得的数据换算成相应的带单位的物理量	传感器技术与应用	1.1.1 免修正 1.1.2 免修正 1.1.3 内容强化

续表

工作领域	工作任务	职业技能	模块化课程名称	课证融通方法
…	…	…	…	…
2. 有线组网通信	2.1 RS485 总线搭建与通信	2.1.1 能根据接线图，运用 RS485 总线原理，搭建 RS485 总线并能检测是否正确搭建 2.1.2 能根据 ModBus 协议，运用串口通信知识，独立使用串口工具进行通信	物联网通信技术及应用	2.1.1 内容修补 2.1.2 能力转化
…	…	…	…	…

（4）根据技能要求选用知识点的方法与案例

◆ 对 X 证书标准中通用要求的理解与分析选用。包括第 1 批、第 2 批 X 证书标准中的职业道德相关规定、术语和定义两部分。这两部分内容在课程和新型教材编写中应该予以充分考虑，并选用适宜的知识点，使学生能够正确理解、合理应用，内化为职业技能和能力。

例如，在《Web 前端开发职业技能等级标准》中，对"职业道德"要求的内容中第 4 条是"能自觉遵守企业规章制度与产品开发保密制度"。这里，包括软件、信息技术类企业的通用、常用规章制度和产品开发保密制度，还有特殊企业的制度（如军工企业、国家机密企业等）。不仅要使学生知悉这些制度的主要内容，还要使其深刻理解为什么要保密。只有这样，学生在实际工作或 X 证书考评过程中，才能对相关信息进行分析，确认其是否属于保密范围，应该如何保密，仅靠死记硬背是难以做到这一条要求的。

对术语和定义部分，有些定义比较严谨，难以理解，在新型教材编写中应该增加解析和案例说明。有些术语必须死记硬背，有些术语理解其内涵并能表述清楚即可。

◆ 对照 X 标准条款分析选用相应知识点。在上述对比分析中，凡是需要进行内容修补、内容强化、能力转化、新增课程的 X 证书标准条款，都要对其认真研读，要分析、理解实现这项技能需要学习哪些陈述性知识点、程序性知识和策略性知识点，这是开发编写新型教材必备的工作之一。下面通过几个案例说明如何选用知识点。

案例 8:

《金财税务应用职业技能等级标准》融合到专业模块化课程中的具体方法。

第 1 步。进行课证融通策划设计，如表 6-6 所示。

第 2 步。对需进行内容修补、内容强化、能力转化的内容，需要对应模块化课程及其新型教材，进行补充、修改和完善。对应职业技能 1.1.1 要求的知识点选用如表 6-7 所示。

表6-6　专业课程体系与《金财税务应用职业技能等级标准》策划设计表

工作领域	工作任务	职业技能	模块化课程名称	课证融通方法
1.工商事项登记	1.1 五证合一登记	1.1.1 能够读懂企业工商营业执照上所反映的信息 1.1.2 能够根据企业工商营业执照使用规定，正确使用企业工商营业执照	1.原"会计事务代理与实践"，建议改为"工商企业成立与注销事务管理与实践" 2.对应编写新型活页式、工作手册式、融媒体教材	1.1 内容修补 1.2 内容修补 … 1.5 内容强化或新增课程
	1.2 企业设立登记	1.2.1 能够根据法人企业设立登记的相关规定，正确准备法人企业设立登记需要提交的资料。 …		
	…	…		
	1.5 企业注销登记	1.5.1 能够根据法人企业简易注销相关规定，正确收集整理法人企业注销应准备的相关资料。 …		
2.税务事项登记	2.1 设立登记信息采集	2.1.1 能够根据企业设立新户报道流程，通过电子税务局完成企业设立登记信息采集工作。 2.1.2 能够熟练地使用实名采集自助终端机完成企业办税人员信息采集工作。 …	"税费计算与缴纳"，建议对应编写新型活页式、工作手册式、融媒体教材	2.1.1 内容强化 2.1.2 能力转化
…	…	…	…	…

表6-7　金财税务应用相应模块化课程中选用知识点及新型教材编写要求

工作任务	职业技能	选用知识点	职业能力要求	完善内容及编写教材要求
1.1 五证合一登记	1.1.1 能够读懂企业工商营业执照上所反映的信息	1.五证合一 2.营业执照上各种信息及内涵定义	1.信息公开 2.有效利用信息开展工作 3.诚实守信	1.应补充、编写新型活页式、工作手册式、融媒体教材 2.职业规范与课程思政
…	…	…	…	…

第3步。编写具体知识点如下所示。

五证合一（陈述性知识点）：营业执照，组织机构代码，税务登记，社会保险登记证，统计登记证，这五个证照合并为一个，但各自的功能不变。每个证的功能、目的和作用要对应进行说明。

营业执照上的信息及内涵定义（陈述性知识点）：公司名称及起名要求，公司类型及内涵定义，注册资本及内涵定义，法定代表人及内涵定义，营业范围及如何编写，等等。

不同类型营业执照识别与解读（程序性知识）：分别给出3~4种不同类型的营业执照（如个体工商户、合伙企业、有限责任公司、股份有限公司、集团公司等）复印件，让学生识别、解析各营业执照中信息的内涵。

案例 9：

《界面设计职业技能等级标准》融合到专业模块化课程中，选用知识点、职业能力要求和新型教材编写要求如表 6-8 所示。

表 6-8　界面设计相应模块化课程中选用知识点、职业能力要求及新型教材编写要求

工作任务	职业技能	选用知识点	职业能力要求	完善内容及编写教材要求
1.3 版式设计基础应用	1.3.2 能掌握统一、节奏、对齐、平衡、留白、聚拢、层次、重复、对比、网格等实用版式设计法则	1. 这 10 种版式的定义、特点、使用场合、法则。 2. 这 10 版式的设计案例	1. 能根据给出的任务要求选择正确有效的版式进行设计。 2. 能有效解决客户要求与社会责任、法规之间的冲突	1. 编写新型活页式、工作手册式、融媒体教材。 2. 完善职业规范、职业道德、课程思政、法律法规与标准内容。 3. 补充国家对出版物思想性与价值观要求，对知识产权、肖像权保护要求
…	…	…	…
2.2 图形处理	2.2.3 了解各种 Web 图像格式的应用范围，掌握 GIF、JPEG、PNG、SWF、SVG 格式的导出选项	1. 导出操作方法。 2. Web 图像五种格式的定义、特征和应用场合。 3. 格式转换的原则与应用	1. 能进行识别并保护肖像权、知识产权。 2. 遵守社会价值观和出版物思想政治规范要求

案例 10：

《集成电路开发与测试职业技能等级标准》融合到专业模块化课程中，选用知识点、职业技能和新型教材编写要求如表 6-9 所示。

表 6-9　集成电路开发与测试相应模块化课程中选用知识点、职业技能及新型教材编写要求

工作领域	工作任务	职业技能	选用知识点	完善内容及编写教材要求
1. 职业素养	1.1 行为规范	1.1.1 能遵循 7S 管理方式。 1.1.2 能正确穿戴安全工业服装与装备 …	1.7S 内容、要求、原理、实施方法 2. 防静电原理，静电危害，防静电设施，防静电服装，设备防静电措施，静电检测等。 3. 服装式样安全与穿戴安全要求 …	1. 在专业相应课程中，分别补充完善知识点，并进行必要的职业能力实践训练。 2. 编写新型活页式、工作手册式、融媒体教材。 3. 完善职业规范、法律法规与标准内容。 4. 补充课程思政内容
…	…	…	…
2. 晶圆制程	2.2 晶圆氧化扩散	2.2.1 能识读氧化、扩散设备的运行参数。 2.2.2 能按照工艺要求完成氧化、扩散工艺的生产操作 …	1. 氧化与扩散炉的功能、参数内涵、参数设置方法，设备正确操作。 2. 晶圆清洗、烘干方法，晶圆装舟方法、进炉方法与要求。 3. 氧化源、N 和 P 型扩散源质量要求，使用方法，流量控制方法等 …

在编写每一个知识点过程中,应该根据每一条职业技能要求,编写陈述性知识点、程序性知识(如扩散设备的开启操作、温度检测、关机操作、氧化操作步骤、扩散操作步骤、晶圆清洗操作步骤等),有些程序性知识难以用语言表达清楚,需要配套必要的视频,以便在实际操作中不出现错误。

6.2.3 新型教材编写中融合 X 证书标准要求

(1) 新型教材设计编写中融合 X 证书标准要求的方法原则

按照上述 1+X 课证融通方法完成每个知识点、技能点、能力点和职业道德、课程思政要求后,再按照如下原则和方法增加到相应模块化课程的新型教材中。

◆ 在不改变新型教材结构框架、功能域和课程思政主题情况下,将需要增加的知识点、技能点、能力点和职业道德、课程思政元素分别添加到新型教材相应模块、任务、步骤和其他相关内容中,以实现内容修补、内容强化、能力转化的目的和要求。

◆ 不能将 X 证书标准要求中的某个"工作领域"或"工作任务"整体插到新型教材中作为一个独立的模块、任务等,这样做不是课证融通,是在编写培训教材。

◆ 根据 X 证书标准中技能点、能力点涉及范围大小,选择新型教材中适宜的模块化课程学习目标、模块课程学习目标、任务学习目标予以增加,并对应增加知识点及理论知识内容、职业道德、课程思政元素等。

◆ 在确定每一个知识点之后,应根据 X 证书标准中的技能点、能力点要求,结合企业调研分析后的职业岗位技能、能力点要求,综合分析确定每个知识点的类型(陈述性、程序性、策略性)和内容深度、广度等。具体按照模块 5 中 5.4 的相关要求进行设计、编写。

◆ 在新型教材编写中,涉及融合的 X 证书标准内容较多且集中的页面,可以设置二维码,将 X 证书标准、考证题样张、考试规则等相关内容进行融媒体链接;涉及内容少的页面原则上不用二维码链接。

(2) 新型教材编写案例分析

案例 11:

将《特殊焊接技术职业技能等级标准》(初级)中技能要求 1.1.1 及相关知识要求 1.1.1 融合到模块化课程新型教材《焊接技术基础知识与应用》中,如表 6-10 所示。

表 6-10 特殊焊接技术标准要求融合到模块化课程新型教材中

技能要求	知识点	能力点	新型教材中的模块	新型教材中的任务
1.1.1 能按照通用规范独立对T形接头平焊焊条电弧焊所用设备（包括使用前接线）、工具和夹具进行安全检查	1.1.1 T形接头平焊焊条电弧焊所用设备（包括使用前接线）、工具和夹具安全检查方法。 1.1.2 T形接头、平焊、焊条	1. 检查中一丝不苟，不能遗漏检查内容。 2. 发现问题按规定采取措施，不隐瞒、诚实守信。 3. 按照规范、标准检查	模块4：焊接方法与设备应用	任务4.1 焊接劳动保护与安全检查。 任务4.2 焊接接头与坡口选择。 任务4.3 常用焊接材料及选用。 任务4.4 焊接设备及选用

在任务4.1中，主要是焊接的通用安全规范和安全检查的内容、方法步骤和要求的知识。在任务4.2中，主要介绍T形接头和其他接头的形状、用途、焊接方式等内容。在任务4.3中，主要介绍常用焊接材料、材料性能参数、使用选择方法等。在任务4.4中，主要介绍焊条电弧焊接设备、氩弧焊机等常用焊接设备，以及工具、夹具等辅助设备，并增加焊条电弧焊接设备、工具和夹具使用前的安全检查方法、要求等。

此案例中，新型教材的模块、任务等结构不需要改变，将X证书标准要求的知识、技能和能力点分别增加、调整到相关模块和任务中即可，增加以后，对整体知识、技能和实践训练进行完善。

案例12：

将《汽车运用与维修职业技能等级标准》（初级）的"汽车独立与驱动系统综合分析技术"职业技能要求1.4.1和相关知识要求1.4.1融合到模块化课程新型教材《汽车发动机电控系统维修》中，如表6-11所示。

表 6-11 汽车运用与维修标准要求融合到模块化课程新型教材中

技能要求	知识点	能力点	新型教材中的项目	新型教材中的任务
1.4.1 能检查、测量和更换火花塞	1.4.1 火花塞的检查和更换流程。 1.4.2 火花塞工作原理及在系统中的作用	1. 按照职业规范操作，检查中一丝不苟，不能遗漏检查内容。 2. 更换新的火花塞，不能用旧的火花塞。诚实守信，质量为先	项目2：汽油机点火系统检修	任务2.1 同时式点火系统检修。 步骤1 进行高压火花测试… 步骤6 火花塞的检测。 步骤7 火花塞的检修

在任务 2.1 中，整体介绍同时式点火系统检修，包括电路工作原理、主要元件功能参数和作用、整体检测判断故障位置、元件单独检测判断元件故障、元件更换等。

参考文献

[1] 王亚盛，赵林.1+X证书制度与书证融通实施方法探索［J］.中国职业技术教育，2020（6）：13-17.

模块 7

新型教材评价标准及规划教材申报要点分析

导语： 职业教育作为一种与普通教育同等重要的教育类型，所使用的教材类型也必然与普通教育教材类型同等重要。职业教育教材改革不是在普通教育学科体系框架下的教材改革，而是基于职业教育类型特征进行的革命性、颠覆性的改革。因而，职业教育新型教材开发设计的理论依据、内涵特征、体例结构、功能参数、方法等，都应该进行系统性的研究、探索，这是一个全新的、创造性的、"摸着石头过河"式的复杂探索过程。

自 2019 年 1 月 24 日国务院发布《国家职业教育改革实施方案》，首次提出"新型活页式、工作手册式教材"新概念，到 2021 年 2 月教育部相继发布多个与教材建设有关的文件，对职业教育新型教材给出多种不同的名称，如"活页式、工作手册式新形态教材""科学严谨、深入浅出、图文并茂、形式多样的活页式、工作手册式、融媒体教材""活页式、工作手册式、数字教材等新型教材"等，职业教育新型教材一直没有准确的定义和内涵特征解读。我们职业教育及相关领域的专家应共同研究、探索，不断创新，尽快定义职业教育新型教材内涵特征，制定质量标准，以便推广应用。

本模块将围绕"新型教材质量评价标准与聚焦点、优秀教材奖和规划教材申报及要点分析、优秀教材奖和规划教材申报准备工作"3 个方面进行分析和说明，使教师在开发编写职业教育新型教材方面，有明确、详细的标准作为依据和参考，并以未来申报国家级、省市级优秀教材奖、规划教材为新型教材建设质量目标，进行高质量、系统策划和设计，全面提升职业教育新型教材开发编写质量，为培养大批高素质高水平技术技能人才奠定坚实基础。

7.1 新型教材质量评价标准与聚焦点

7.1.1 新型教材质量评价的理论依据

(1) 国外相关教材质量标准的研究情况

◆ 赵明辉、杨秀莲研究了德国教材质量相关标准情况[1]。2013年德国国际教材研究所出版的《教材质量：教材标准指南》是一套完整、系统的教材质量评价标准，具有很好的学习借鉴价值。该标准由7个一级指标和43个二级指标构成，每个二级指标都有细化规定。7个一级指标分别是：教材体系质量标准（含1个二级指标），学生适用性质量标准（含3个二级指标），主题单元质量标准（含3个二级指标），教材内容质量标准（含16个二级指标），教学设计质量标准（含13个二级指标），语言结构质量标准（含3个二级指标），电子资源质量标准（含4个二级指标）。

◆ 徐涵对德国中等职业教育教材建设进行了研究[2]，德国中职教育教材主要依据《职业培训条例》和各职业的框架教学计划，由出版社组织合适的专家进行编写。各州文化教育部门对教材质量审核的主要原则是：

a. 必须与国家和各州教育目标保持一致，不能与相关法律法规产生矛盾；
b. 必须与各职业的框架教学计划在目标、内容要求和标准等方面保持一致；
c. 应符合学生的身心发展对学习和教育教学的要求；
d. 学习内容应符合科学性、规范性和职业性要求；
e. 学习内容中不能出现性别歧视、生理缺陷歧视、种族歧视和宗教歧视。

◆ 翟志峰、董蓓菲对美国第三方教育评价机构——教育报告组织2017年发布的从幼儿教育到K12教育的教材的质量评价标准进行了系统研究[3]。该标准有以下几个特点：

a. 教材评价指标与美国课程标准——共同核心州立标准具有很好的一致性；
b. 对学习活动指标的设计能很好地支持师生发展；
c. 制定了基于信息证据的严格规范的教材质量评价程序；
d. 采用以文字、图、表相结合的方式，全面展示对教材质量的评价结果；
e. 设计的各一级评价指标（关卡）有明确逻辑顺序，前面指标不合格，则停止对后续指标评价，整个评价终止。

◆ 王晓丽对美国、英国、墨西哥等国家中小学教材质量评价的基本特征、发展趋势等进行了系统研究[4]。这些国家以教育学、社会学、文化学、质量管理学、心理学等作为制定评价标准的理论依据，在教材评价范围方面包括教材文本内容质量、使用过程质量、使用结果效用，将学生、教师在教材使用过程中的情况作为评价指标之一，强化教材应用成效在评价体系中的比重。

♦ 陆燕飞、郭杨对国外职业教育教材开发和管理进行了系列研究[5]。德国依据《职业培训条例》开发编写教材,日本依据《养成训练教科书、教材的编著要点》开发编写教材,英国由出版社根据国家职业资格标准组织专家编写教材。一般情况下,出版社或教材开发机构根据企业、用人市场的需求,组织有丰富教学、实践培训经验的一线教师编写教材。

♦ 2016年美国开始推行K12教育教学的"下一代课程科学标准"(简称NGSS),全面推行课程教学的"学科核心思想、科学与工程实践、跨学科概念"三维学习目标,2017年发布了《下一代课程科学标准教材初级评价的基本标准》(1.0版本和1.1版)[6],在标准中制定了5项创新指标,分别是:

a. 理解现象并设计解决问题的方案;

b. 三维学习;

c. 构建K12学习进度规划;

d. 与英语语言艺术和数学保持一致性;

e. 所有标准适合所有学生。

在对每个创新指标进行规范性定义基础上,均设计了对应NGSS课程标准的"少"和"多"两组各4~6项具体质量评价指标。

虽然该标准是针对K12教育课程教材制定的,但其5项创新指标及其内涵要求对我们构建职业教育新型教材质量评价标准具有很好的借鉴意义和理论参考价值。

(2)国内相关教材质量标准的研究情况

目前,国内还没有关于职业教育教材质量方面的权威性、法规性标准作为开发编写新型教材的理论依据和质量评价标准依据。部分专家学者从不同角度对职业教育教材质量标准进行了理论研究,值得我们学习和借鉴。

♦ 华东师范大学终身教授石伟平博士在"什么样的教材是'好教材'——关于职业教育教材评价的理论思考"专题讲座中,对职业教育"好教材"的标准分别从价值定位、性能分析、水平认证和质量保障四个方面提出了质量要求,并将职业教育教材分别作为物品、服务、工具而对应提出产品质量(教材实物)、过程质量(学与教过程)、结果质量(使用效果)三个维度,具有很好的理论价值和应用价值。其中:

a. 价值定位实现教材质量评价思维的转向,由以往注重产品质量转向对产品质量、过程质量和结果质量的综合质量评价;

b. 性能定位实现教材质量评价标准的构建,包括内容、设计、制作、应用和特色5个大类和价值性、逻辑性等教材质量评价指标;

c. 水平定位实现教材质量评价尺度的制定，包括内容、设计、制作、应用和特色 5 个大类的 5 个等级水平，进行累计统计评价；

d. 质量保障实现教材质量评价制度的变革，依据《职业院校教材管理办法》和教育部相关规定，组织四方面专家进行评价。

◆ 徐国庆教授提出了职业教育教材设计的三维理论。将职业、知识和学习分别作为笛卡尔坐标系中的 X、Y、Z 坐标，构建了职业教育教材体系分析的三维理论，以坐标系零点为起点，职业的坐标值在 X 轴上从相关、任务、项目上逐步增大，知识的坐标值在 Y 轴上从理论、实践、经验上逐步增大，学习的坐标值在 Z 轴上从叙述、对话、活动上逐步增大。据此，基于职业、知识和学习三维坐标值可以构建 27 个典型的职业教育教材类型，其中最常用的类型有"相关·理论·对话""任务·实践·对话""项目·实践·活动"等 5 种类型[7]。三维理论是一种创新探索，在理论模型中对相关、任务、项目等 9 个典型要素的定义及其坐标值大小排序，是否符合社会科学、教育科学领域中相关定义和共识，能否有效指导职业教育教材研究开发，还有待于深度研究和实践验证。

◆ 吕玉曼、徐国庆研究了职业教育活页式教材质量评价[8]，认为职业教育活页式教材应该以教材内容取向为教材质量评价的主体要素，内容是教材质量评价体系中的核心维度，是一部优秀教材的灵魂，其权重应在 70% 以上。内容取向应该建立教材设计思想、知识质量的评估、学习原理的应用三维框架体系，教材形式取向（新形态、装订方式、版面设计等）不应该占过大比重。活页式教材本质是以职业能力清单为最小模块的教材内容组织的优化，教材中每个模块的内容独立、可撤换、可更新，且不破坏教材内容的整体结构。

7.1.2 新型教材质量评价的 20 个聚焦点

鉴于德国、美国等国家 K12 教育、职业教育教材质量评价标准在系统性、科学性、理论性和应用性等方面的优势特征和实际应用业绩，我们吸收其适合中国国情的有益内容，结合国内相关专家学者的研究成果和建议，提出了研究开发职业教育新型教材质量评价标准体系需要关注的 20 个聚焦点，并以此作为新型教材质量评价指标的框架主体。

（1）评价教材系统质量方面的五个聚焦点

◆ 系统性。基于职业教育类型特征要求，新型教材开发设计是一项系统工程。应在专业群课程体系、专业课程体系重构和成果导向课程标准制定的基础上，基于职业岗位工作过程系统化进行专业群、专业的新型教材体系整体策划、系统设计，每本教材都是专业群新型教材体系中的一个二级子系统，应设计每个子系统的输入/

输出接口，满足教材内容系统性、关联性和目标性要求。

◆ 逻辑性。教材宏观、中观体例结构和微观内容结构符合学生学习规律、职业工作程序、产学研结合逻辑、职业能力提升与职业成长规律，教材中各模块课程之间遵循职业岗位工作过程系统中相关工作模块之间的工作逻辑关系。

◆ 整体性。教材体例结构整体布局合理，模块、任务、项目、单元的名称规范正确，内涵明确。以专业群或专业为设计单位，系统策划设计各教材的功能布局、系统接口和特色要求。与教材配套的信息化学习资源类别安排、布局排列科学合理，内容质量、内容数量满足课程学习目标和相关要求，内容分配合理，链接完整。教材内容取向和形式取向分配合理，有利于学生自主学习和实现课程学习目标。

◆ 三教性。教师、教法、教材改革是职业教育改革突破口，"三教"改革之间存在密切相关性，在教材设计中应体现出"三教"改革相关成果以及相互关联的系统策划设计的内容，使"三教"构成一个有机整体。

◆ 关联性。专业群、专业教材体系中各教材之间、各教材中关键知识点、技能点、能力点和职业道德、职业素养之间具有递进、应用、强化等相互逻辑关系，使系统性知识点、技能点、能力点具有跨职业、跨岗位、跨学段、跨水平、跨教材、跨模块的特征，这些特征在教材设计中应充分体现出来，实现相关知识、技能、能力和职业道德、职业素养在专业群或专业内的连续性、递进性预期学习成果。

（2）评价教材设计质量方面的五个聚焦点

◆ 创新性。包括训练学生的研究探索能力、创新性思维、创新能力的案例、思路和方法。在组织学生创新训练中将批判思维与建设思维相结合。

◆ 功能性。新型教材的活页式装订方式，改变了教材单一功能布局。版面布局设计采取"四位一体"呈现模式，每个专业群、专业教材体系系统策划设计功能域，实现新型教材功能升级、扩展和转变。

◆ 目标性。基于学校、专业群、专业人才培养目标和课程学习目标构建目标链，教材内容符合对接目标链要求，通过教材内容、模块学习成果和课程学习成果训练实现课程学习目标，将知识内化为职业技能、能力和职业道德、素养。

◆ 教育性。教材内容体现中国特色社会主义核心价值观和社会文化认同，校企合作实现立德树人之教育根本任务。挖掘深藏在专业、职业内容中的课程思政元素，课程思政内容正确适宜，涉及国家政治、价值观、国际关系等的内容，要正确选择。要体现职业教育类型特征、职业道德、工匠精神和先进职业思想理念，实现"随风潜入夜，润物细无声"的育人功能。

◆ 学习性。将行动导向学习方法与教材结构、内容结合。参照"111微课内容结构模式"设计每个模块、项目或任务：开头设计一个案例、企业难题等，引出一个主题学习内容,通过一个实践训练任务强化知识理解,并内化为职业技能、职业能力等[9]。

(3) 评价教材内容质量方面的五个聚焦点

◆ 科学性。基于职业工作模块设计模块课程及教材内容,按照完成工作模块中的工作需要的职业技能、能力和职业道德、职业素养要求设计"必需、够用、适度"的陈述性知识、程序性知识、策略性知识和课程思政知识点。陈述性知识符合科学规律,理论依据充分、合理。程序性知识符合行业企业共识、职业规范、相关标准。策略性知识能引导学生解决相关技术技能问题,培养创新创造能力。

◆ 正确性。教材中所有的技术理论、原理、方法、标准、程序等知识点渠道来源明确,内容正确无误,没有争议或歧义,符合国家相关法律法规、技术标准、规范等要求。对新技术、新知识和有歧义的内容,需要进行解析,培养学生质疑、分析和判断能力。

◆ 规范性。教材内容符合相关职业规范、社会道德规范、技术标准,符号、公式、代码、缩写、图、表、计量单位符合国家相关标准、行业标准规定,语言用词、语句结构、文字、动词、专业术语、名词和政治敏感词的使用符合相关标准和规定,不能使用有歧义、歧视性语言和不规范的网络语言进行表述。

◆ 先进性。陈述性、程序性、策略性知识应具有适用性、科学性、先进性,不能对被淘汰的、落后的或过时的知识、技能、能力进行传授,应引入行业企业最新、最先进的适用理论、技术、工艺、标准等内容,适当引入前瞻性知识,为学生指明职业发展方向和创新创造的目标追求。

◆ 职业性。教材中设计的案例、工作任务、职业能力、训练题目、学习成果等,均来源于行业企业,并经过整合、修正、凝练,使其高于企业,具备普适性、先进性和适用性特征。遵守职业标准、职业道德、职业规范,按照职业工作程序、步骤设计工作手册式内容,将陈述性、策略性知识融合于必要工作环节中。

(4) 评价教材适用质量方面的五个聚焦点

◆ 可读性。从学生角度组织语言用词进行编写,通俗易懂,具有故事性、真实性和吸引力,并隐含育人内容;语言表述规范,但不要太学术化。设计必要的图片、逻辑图、表格等,图文并茂,便于自学、理解和模仿。复杂内容应链接学习资源,通过动画、视频、仿真、深度解析等方法提高学习效果。教材布局设计要美观,栏目清晰易辨、颜色搭配适宜、有效。

◆ 灵活性。按照一级目录或模块课程来编排,每个模块或项目内容完整,相对独立,可撤换或更新,不影响教材整体质量要求;每个模块的输入/输出要求明确,接口规范;在一个专业或者专业群不同的模块化课程中,有的模块可能被重复使用,能够灵活构建符合职业逻辑的模块化课程。

♦ 普适性。基于国家、省市规划教材或校本教材之目标，优化设计教材内容，使其在相应行业领域、国家或省市区域内具有普适性、先进性特点，能够有效推广应用。通过不同模块分类设计，满足不同生源、不同院校、不同水平的教师的需要。

♦ 便捷性。在学生使用教材学习和教师使用教材开展教学过程中，能够按照职业岗位需求、教学计划与条件对每个模块进行独立使用，具备可拆卸、可组合、可插页、可增减等特点。对复杂内容、深化拓展内容以及图像、动画视频等内容，在纸质教材页面相应位置做出标记，通过二维码与信息化资源库一一对应链接，满足使用要求。资源库资料体例结构与纸质教材相对应，便于查看学习。

♦ 结果性。学生使用该教材，可显著提高学习兴趣和自主学习能力；模块学习成果、课程学习成果达成质量符合课程标准要求和学生期望，课程学习目标得到有效实现；教师对教材中隐含的课程思政育人要求、行动导向教学方法、创新创造要求，以及专业技术技能要求应深度理解，并在教学实施过程有效把控和应用，能发挥出不同教学风格和特长；教师能基于预期学习成果选择设计具体学习成果，高质量实现课程学习目标。

7.1.3 研读文件制定教材评价标准及要点解读

(1)"摸着石头过河"的基本方法

没有新型教材质量评价标准，就难以有效指导教师开展教材改革和开发编写新型教材工作。不同专家、教师对职业教育类型特征以及新型活页式、工作手册式、融媒体教材的定义和内涵理解不同，开发编写的教材存在多种模式，甚至出现一些矛盾、冲突或曲解。目前，开发编写新型教材虽然是一项"摸着石头过河"的探索试验工程，但是必须在确定"河及其位置、河的宽度及对岸位置、河水流向及波浪范围、河水浑浊度"等看得到的基本属性和参数基础上，再研究、探索和试验如何过河、河中是否有明确的石头，以及石头大小、基本位置、石头的稳定度、河床基材及牢固度、不同位置的河水深度、漩涡暗流等未知项和相关参数，以确定是踩着河中石头赤脚过河，还是以河中的石头为基石搭建简易桥过河。

"摸着石头过河"是一种现实的、存在诸多不确定因素的解决复杂问题的基本方法之一，必须在明确和理解已知因素基础上进行研究探索，而不是盲目、无章法地开展研究探索。因此，开发编写职业教育新型教材，应该先明确哪些是已知因素，哪些是隐藏的未知因素，风险有哪些，如何防范风险的发生等，在此基础上，再设计新型教材开发的步骤、方法、标准等，否则很难取得预期成效。

(2)开发设计新型教材质量评价标准的主要依据

我们研究开发职业教育"新型活页式、工作手册式、融媒体教材"质量评价标准，主要依据国务院和教育部相关文件、教育部职业教育教材建设基地对新型教材研究情况、国外教材质量评价标准、国内相关专家学者对教材质量评价标准研究情况，以及近两年来我们进行理论研究、实践探索取得的业绩和经验。

◆ 2019年1月份我们开始系统学习《国家职业教育改革实施方案》，深刻理解"建设一大批校企'双元'合作开发的国家规划教材，倡导使用新型活页式、工作手册式教材并配套开发信息化资源。每3年修订1次教材，其中专业教材随信息技术发展和产业升级情况及时动态更新"等相关要求的内涵，明确了"双元"合作、"倡导使用""新型""活页式""工作手册式""并配套""及时动态更新"等关键词语的现在内涵、发展内涵和未来目标内涵。在明确各阶段目标内涵基础上，研究制定现在应该如何做、阶段性目标和终极目标的具体内容要求等，并注意及时学习教育部相关文件，把握和抓住相关的新解析和进展要求，不断修正新型教材开发的方向、路径和目标，避免走弯路或出现方向性错误。进而，在申报"双高"紧张而兴奋的过程中，还要挤出时间研究探讨《教育部 财政部关于实施中国特色高水平高职学校和专业建设计划的意见》中"深入推进习近平新时代中国特色社会主义思想进教材进课堂进头脑，大力开展理想信念教育和社会主义核心价值观教育，构建全员全过程全方位育人的思想政治工作格局，实现职业技能和职业精神培养高度融合""组建高水平、结构化教师教学创新团队，探索教师分工协作的模块化教学模式，深化教材与教法改革，推动课堂革命"等与新型教材密切相关的内容要求及其内涵，探索立德树人与"三教"改革之间的逻辑关系，为辨明教材改革的方向、路径和制定教材改革目标提供依据。

2019年6月，研究制定了由4个一级指标、6个二级指标、16个三级指标和51个指标点组成的《新型活页式、工作手册式校本教材质量评审标准》，并以此作为校本教材质量评价标准，同时也是指导教师开发编写两批42套校本新型教材的指导文件。我们将研究设计的"四位一体"呈现模式、新型教材六大基本特征、"三教"改革系统策划、1+X课证融通方法、模块化课程构建方法等创新成果全部纳入标准条款中。

2020年1月，在组织专业带头人、骨干教师开发编写校本新型教材并进行校内试用的过程中，我们及时学习《职业院校教材管理办法》各条款要求，对诸如"本办法所称职业院校教材是指供中等职业学校和高等职业学校课堂和实习实训使用的教学用书，以及作为教材内容组成部分的教学材料（如教材的配套音视频资源、图册等）"等定义，以及其他新要求进行逻辑分析、内涵解读，对初步确定的新型教材改革目标、路径进行了及时修正，并研究制定了相应改进措施，确保新型教材改革方向正确、目标更加清晰完整。同时对《新型活页式、工作手册式校本教材质量评审标准》进行了第一次修订，指标点增加至58个，总体框架不变。

2020年9月，在制定的《新型活页式、工作手册式校本教材质量评审标准》基础上，结合教育部等九部门制定的《职业教育提质培优行动计划（2020—2023年）》文件中关于"推动更多职业学校参与1+X证书制度实施，服务学生成长和高质量就业""加强职业教育教材建设"的具体要求，对"推动更多""服务学生成长""教材统一使用""创新教材形态""融媒体教材""全部使用新近更新"等新要求进行了系统性深度理解，对《新型活页式、工作手册式校本教材质量评审标准》进行了二次修订，总体框架不变，指标点增加至60个，对部分指标点进行了修正。

2020年12月，在对2019年9月教育部《关于组织开展"十三五"职业教育国家规划教材建设工作的通知》中"探索开发课程建设、教材编写、配套资源开发、信息技术应用统筹推进的新形态一体化教材""注重满足分类施教、因材施教需要，主动服务项目式、模块化教学等"等相关要求进行重新学习基础上，对比分析、学习教育部办公厅《关于公布"十三五"职业教育国家规划教材书目的通知》文件，对"严格教材选用""及时修订更新""巩固建设成效"要求条款以及"严格落实""不断丰富""充分发挥"等强化要求及其内涵，提出的原因、预期目标等进行了系统分析、研讨判断，为进一步完善职业教育新型教材质量评价标准以及依据标准开发编写高质量、高水平的新型教材提供前瞻性、科学性的充分依据。

◆ 国家教材建设重点研究基地（职业教育教材建设和管理政策）主任徐国庆教授领衔的2019年度教育部重点规划项目"我国职业教育教材现状分析及教材呈现方式创新研究"取得了阶段性研究成果，并分别于2020年6月和2021年1月两次向教育部相关领导、专家汇报中期研究成果及进展情况。这些研究成果主要体现在如下几个方面，并作为开发新型教材质量评价标准的参考依据之一。

a. "活页式"教材的本质是教材内容组织模式的变革。将模块化思想植入职业教育"活页式"教材单元设计中，灵活实现教材内容随时更新、模块置换等功能。"手册式"教材的本质是教材内容结构的完善，将传统的以教师的教为主导和以学生学为主导结合起来，构建职业教育特征要求的教材结构[10]。

b. 职业教育教材建设存在"碎片化思维严重、系统化思考缺失、项目式行动推进困难"关键障碍，应形成学科式的结构化思考方式，作为职业教育教材建设中的突破思路，建立职业教育教材"理念、研究、设计、开发、使用、管理"的理论思维空间[11]。

c. 教材具有产品属性，教材生产过程具有复杂性。教育主管部门、企业、出版社和教师个人等不同的教材生产环节，各自的目的差异很大，导致教材生产环节中的联动特征和内涵也有差异[12]。

d. 提出职业教育教材应以内容取向为主导，按照教材设计的思想、知识质量的评估、学习原理的应用三个维度，以及各维度中适合的教育思想、知识选择的质量、合理创建情境等8项具体要求建立教材质量评价标准[13]。

◆ 天津中德应用技术大学姜大源教育名家工作室秘书长闫智勇博士及其团队在系统学习德国职业教育工作过程系统化课程基础上，对职业教育教材也进行了相关研究工作。其研究成果主要体现在如下几个方面，并作为开发新型教材质量评价标准的参考依据之一。

a. 每个学习场（以前称为学习领域）就是一门课程，由具有串行、并行、递进或包容关系的5～7个学习情境构成，有效培养学生的自迁移、近迁移和远迁移职业核心能力。

b. 每个学习情境由多个学习性工作任务构成，并与具有一定含金量的参照系（由工作的对象、内容、手段、组织、产品和环境构成，以前称为六要素）相匹配。

c. 基于每个典型工作环节建立普适性工作过程，按照资讯、计划、决策、实施、检查和评价六个步骤组织教学活动。同时，分别将陈述性知识、程序性知识和策略性知识融合在不同步骤中，形成理论与实践行动一体化的教学内容。

d. 在"学习场→学习情境→学习性工作任务→典型工作环节"的四个层级及其关系中，如果对参照系含金量进行降级处理，则学习场的系统性将被分解，最终成为模块课程。反之，如果对参照系含金量进行升级处理，则使离散的职业行动系统化，最终成为专业或专业群。

◆ 我们在系统研究学习中国特色职业教育，特别是高等职业教育类型特征、新型教材内涵定义和开发逻辑、路径、方法等方面，一是深入系统理解国务院和教育部相关文件精神内涵，理解新型教材"是什么、为什么、怎么做"，从理论到实践层面搞清楚；二是学习借鉴德国、美国等教育发达国家的标准、经验和做法，甄别其实施背景、环境条件和人文差异等，不是照搬、模仿，而是吸收精髓，结合国情进行改进、完善；三是学习、理解国内专家学者的零散研究成果及其特征；四是结合我们近两年的理论研究、实践应用成功经验与失败教训等。研究成果主要体现在如下几个方面，并作为开发新型教材质量评价标准的参考依据之一。

a. 职业教育作为一种教育类型，到现在还没有从普通教育类型中真正独立出来，成为特定的职业教育类型。因此，职业教育转型是首要任务，同时还必须满足产业转型升级对高素质高水平技术技能人才的大量需求，在转型的同时要实现升级。

b. 职业教育新型教材改革建设与职业教育转型升级同步进行，两者之间存在很多密切相关的内在联系。因此，职业教育教材改革不是孤立事件，而是系统工程。这一点与德国、美国等教育发达国家的职业教育教材、教学方法等有很多差异。所以，提出了新型教材基本开发路径与步骤，即：市场调研→专业群构建→专业群课程体系→专业课程体系→OBE课程标准→新型教材开发编写→教学设计→

教学试用→评审改进出版。

c. 高等职业教育是中国特色职业教育类型中的一个层次，国际上没有与我们相同的高等职业教育这种类型层次。我们必须分别研究学习德国的职业教育、高等工程教育以及美国的社区学院教育、培训特色，结合中国国情进行借鉴、吸收和引进。

d. 我国职业教育的主体——教师和学生的基础能力较弱，这是我们开展职业教育改革、"三教"改革和新型教材开发必须面对的现状、条件和困境。

e. 对"新型""活页式""工作手册式""融媒体"及"图文并茂""模块化课程""教师分工协作开展模块化教学""立德树人""创新创业"等与职业教育新型教材开发编写密切相关的专门术语，进行了规范定义、内涵解析，正确用于指导、分析。

f. 分别对工程类、管理类、文科类、医学类专业的基础课程、专业课程和学校公共基础课程等对应的新型教材进行研究试验，设计了新型教材内容"四位一体"的基本呈现模式。根据不同课程、职业岗位分别设计实践训练内容，使"工作手册式"得到有效落实与实现。

（3）分析确定开发设计新型教材质量评价标准的已知和未知要素

在国内外各种院校的专业认证标准、教学工作质量标准、教材质量评价标准等定性表述的标准文件中，通常有偏宏观的定性标准和偏微观的定性标准。宏观定性标准具有适用范围广、评价内容与对象丰富而灵活、为执行标准留有更多创新和发挥特色的空间等特点，但也容易使执行标准的组织机构和评价机构对标准要求的理解产生分歧；而微观定性标准的优点、不足与宏观定性标准正好相反。

在研究开发新型教材质量评价标准过程中，不仅要考虑定性标准要求的宏观、中观、微观特征，还要明确各个已知要素及其内涵，确定预判未知要素及其风险。

◆ 主要已知要素包括：培养目标及分解目标、毕业要求与指标点、课程学习目标、课程标准、职业工作模块、职业工作六要素（参照系）等。

◆ 主要未知要素包括：模块课程或项目课程、知识点、标准规范、职业技能、职业能力、课程思政元素、创新创业元素、教材体例结构、预期学习成果、教材功能、版面布局、教学方法、教学使用效果等。

（4）开发设计职业教育新型教材质量评价标准（试行）

◆ 基于上述研究分析，按照定性表述为主、定量表述为辅和以中观表述为主导，必要时向宏观或微观延伸的原则，在《新型活页式、工作手册式校本教材质量评审标准》基础上进行系统完善和第三次修订，修订后的名称为《职业教育新型活页式、工作手册式、融媒体教材评价标准（试用）》，包括5个一级指标、8个二级指标、16个三级指标和70个指标点。具体内容如表7-1所示。

表 7-1 职业教育新型活页式、工作手册式、融媒体教材评价标准（试用）

一级指标	二级指标	三级指标	评价标准(70 个指标点)
设计质量 20	系统设计 12	专业群整体性 3	按专业群"学校公共课程、专业群公共课程、专业核心课程、专门类型课程、实习企业特色课程"五层次课程体系要求确定课程和教材名称,开展教材建设;系统设计教师、教材和教法三者之间的关系并在教材中予以体现,专业各门课程建设与相关教材开发同步推进;体现"夯实基础性理论,强化普适性技能,突出新岗位针对性,促进专业持续发展性"的指导思想
		课程逻辑 3	采用模块化、项目化课程方式设计课程和教材,原则上每门课程由5~7个模块课程(模块、项目)构成;教材中各模块/项目之间层次分明,结构清楚,符合职业规范要求;每部教材突出实训导向、一体化教学要求;课程/模块/项目之间逻辑关系明确,能够系统性培养学生的职业能力
		学习成果 3	每个模块/项目结束后设计一个代表本模块/项目综合水平的预期学习成果;每门模块化课程原则上设计一个代表本课程综合水平的预期课程学习成果;在设计的预期学习成果中要包括学习成果名称、核心内容、学分、危险度及其他相关要求
		四位一体模式 3	各类教材均按"活页教材＋活页笔记＋实践训练＋功能插页"四位一体呈现模式策划、编写,其中:工程类教材是岗位工作训练,管理类教材是职业应用训练,公共基础类教材是专业(群)应用训练;实践训练页分别是工作手册式、应用训练页或设计报告或调研报告、专业(群)应用训练页或设计报告
	立德树人 8	思想水平 4	教材中的思想观点正确,无政治性和政策性错误,涉及中国台湾、香港、澳门地区时应按照国家规范用词进行表述;突出立德树人为根本,注重培育和践行社会主义核心价值观,融入课程思政相关内容;对学生创新精神、创新能力、工匠精神、职业精神、专业精神的培养要贯穿始终,崇尚劳动光荣、技能宝贵、创造伟大;融通中外先进科学的概念范畴、理论范式和话语体系,防范错误政治观点和思潮的影响;符合知识产权保护等国家法律、行政法规,不得有民族、地域、性别、职业、年龄歧视等内容,不得有商业广告或变相商业广告
		协同育人 4	体现校企深度合作的职业教育理念,融入企业先进文化、质量文化、中国优秀传统文化,体现行知合一、工学结合;实行校企双主编负责制,参编人员团队结构合理,应包括相关学科/专业领域专家、教科研人员、一线教师、行业企业技术人员和能工巧匠,每部教材编写团队人员8~10人为宜;主编、参编应符合《职业院校教材管理办法》相关规定
内容质量 40	实践导向 9	职业特征 5	必须对源于企业职业岗位、真实产品以及工艺、方法、操作规程、标准等进行典型化处理、教学处理和规范;注重以真实生产项目、典型工作任务、案例等为载体组织教学单元;学习训练载体、学习成果载体源于企业和社会需求,具有职业性、实用性、典型性、可操作性特征,符合行动逻辑、工作逻辑、产学研融合逻辑要求;结合职业能力培养和毕业要求设置不同水平和要求的内容,凸显项目教学、任务驱动、案例教学等特点;引入吸收企业的岗位手册、培训教材、工作规范、安全规范、典型案例及其他相关资料并改进,增强教材内容的实用性、职业性和先进性;与X证书,其他有效的职业资格证书进行有效衔接
		行动导向 4	对接国际先进职业教育理念,突出理论和实践相统一,强调实践性;在教材结构编排方式上,采用模块化、项目化、任务式结构,遵循行动导向或任务驱动教学模式的需求;以活页式,工作手册式为主要形式,把学生应知应会的概念、定律、参数、状态等融入项目/任务实施的工作过程、步骤中,行动导向教学方法隐含在内容和体例结构中

续表

一级指标	二级指标	三级指标	评价标准(70个指标点)
内容质量 40	先进正确 10	内容完整 4	普适性技能、基础性理论涵盖完整,能准确地表达本课程应包含的知识和能力要素,有机反映其相互联系及发展规律,结构严谨;以重点和关键理论、方法、观点为主要内容,原则上不添枝加叶;需要通过详细解析、案例进行说明时,根据其重要性设计二维码与教材的信息化学习资源链接,配套的信息化学习资源完整、丰富,纸质教材与资源以二维码对应链接形成融媒体教材系统,便于自学,并提高学习成效
		内容正确 2	基本理论、原理和方法阐述正确,没有专业性错误,用通俗易懂的语言表述难以理解的概念;引用事实、案例要源于企业或其他专业权威媒体,描述清楚、准确;引用的数据、图表、材料可靠,并规范性引用标注;技能操作、安全规范、工艺流程要求明确,表述准确,符合国家和行业标准
		内容先进 4	反映本课程改革和教材建设的最新成果,必须将行业企业发展所需的比较成熟的新知识、新技术、新工艺、新标准、新规范等内容纳入教材中;当新技术、新内容与专升本、职业资格/职业技能等级考试相抵触时,应根据专业毕业要求和培养目标内涵要求综合考虑教材内容的取舍
	教学水平 12	成长规律 4	符合技术技能人才成长规律和学生认知特点、学习特点和学习逻辑要求,内容由浅入深,操作由单一到综合;设计多段进阶式训练题目和晋级,促使学生能经常取得阶段性收获,激发学生自主学习欲望,有利于提高学生实践操作能力和创新能力
		自主学习 4	具有丰富的基于企业生产工艺、工作过程等完成典型工作任务的工作页或过程卡,引导学生在实践过程中记录和填写;具有考核标准和评价表格,对学习成果有记录、有反馈;每个项目或任务结束后设计适宜的创新创业问题,引导培养学生的自主学习能力、创新能力和创业素养
		结构完整 4	教材的体系结构设计合理,项目化/模块化教学结构清晰,任务导入(来源于企业和社会需求)自然,学习目标明确;项目/任务实施规范,相应的预期学习成果内容完整,参考文献齐全且著录准确
	文图水平 9	学生角度可读 5	体现突出学生主体的设计理念,语言通俗易懂,简明流畅,条理清晰;基于学生基础水平从学生学习角度进行表述,叙述生动,可读性强;图表设计清晰、准确,图文并茂,配合得当,生动活泼,形式新颖;利用好行业企业资源和网络资源,将各种相关标准、结构图表、动画图片纳入数字化资源中进行链接,教材中呈现重点、要点,丰富教材的内容
		内容规范 4	书稿体例统一,文字规范,符合语法规则;在学习目标、学习成果、任务、项目表述中,名词术语准确,动词应用准确,不能使用模糊、不确定动词进行表述;文字、符号、图形、数字、计量单位使用以及名称、名词、术语等符合国家有关技术质量标准和规范
特色创新 8			体系结构及内容、形式有别于同类教材,便于学生自学,体现工作手册式,富有特色与创新;充分体现工学结合的人才培养思路,注重培养学生可持续发展的能力和职业迁移能力;合理、有机融入立德树人、课程思政内容,培养学生自主学习能力、创新能力和职业素养提升之成效显著
排版质量 2			按照出版社要求确定页面尺寸结构,排版格式规范,符合出版社规定的排版指标要求;排版布局合理、紧凑,充分利用有效页面,减少教材整体页数;每个专业各门课程教材的版式要规范、统一,字体、字号、序号等使用合理,能恰当反映本书内容;图、表、段落、表示符号应用合理,重点突出

续表

一级指标	二级指标	三级指标	评价标准（70个指标点）
教学使用质量 30	教学使用 18		教学使用前按照专家组评审意见进行改进完善；学生使用、阅读和自学效果好，对学生有明显吸引力；配套学习资源查看方便，二维码链接快速准确、有效，学习资源有助于学生学习和业绩提升；学生能方便利用教材的各种功能开展学习，有助于学习效果提高；教师能有效理解教材中隐含的行动导向具体教学方法，并正确应用于教学中；为教师发挥个人教学特长提供一定空间，有助于教师提高教学积极性和教学成效；教师能根据预期学习成果设计适宜合格的具体学习成果，有效实现课程学习目标
	教学成效 12		使用本教材后学生课程学习成绩显著提高，学生的学习兴趣、自主学习能力、思想道德和创新能力得到明显提高；完成的实际学习成果含金量符合预期学习成果要求，合格率高于70%；对学习后续相关课程在学习兴趣、自主性以及知识、技能和能力等方面有明显支撑作用
总体评价			

◆ 基本评审原则与方法。本标准虽然是按照百分制进行设计，但在使用过程中，不能按照每本新型教材的各级指标得分相加来确定质量水平和判断是否合格。作为职业教育新型教材，其必备的六大内涵特征必须充分体现出来，不同类别的教材其特色也要体现出来。因此，实行各级指标相加的百分制与一票否决相结合的评价方法，才能有效保证新型教材质量水平符合标准要求。

a. 满足下列情况之一的教材即被否决：

- 16个三级指标中有4个三级指标实际得分≤70%；
- 8个二级指标中有3个二级指标实际得分≤70%；
- 5个一级指标中有2个一级指标实际得分≤70%；
- 出现以下情况中的一种：政治观点错误，没有立德树人内容，没有预期学习成果设计，没有四位一体模式，没有创新教育内容设计，非工作手册式，学科式教材的修补。

b. 在没有出现a.被否决的情况下，按照教材评审实际得分进行排序或确定出等级。总分低于70分为不合格，优秀、良好等级分数根据实际需求确定。

(5) 新型教材质量评价标准（试行）的要点解读

在《职业教育新型活页式、工作手册式、融媒体教材评价标准（试用）》中，将职业教育教材质量评价的理论依据、20个聚焦点融合在70个指标点中，使评价标准理论依据充分、涵盖面适宜、重点突出。现对标准中部分不易理解的指标、指标点进行解读，便于教师更好地理解和应用。

◆ 教材开发编写需要对专业群建设情况进行整体策划和考虑。高职院校"双高"建设计划中将专业建设纳入专业群建设中，将专业群建设作为今后的发展方向和重点。所以在专业群课程体系中，应按照"学校公共课程＋专业群公共课程＋专业核心课程＋专门类型课程＋实习企业特色课程"构建五层级专业群课程体系。每一层级内的各课程之间应存在密切关联的逻辑关系，两个层级之间、两个层级内部分课程之间也存在密切逻辑关系。所以在新型教材策划设计时要充分考虑这些密切相关的逻辑关系，处理好输入/输出接口要求。

◆ 教材开发编写必须与课程建设同步进行，要体现出"夯实基础理论、强化普适性技能、突出新岗位针对性、促进专业持续发展"的指导思想，把指导思想落实到教材中。这个提法跟以前不太一样，所以培养高素质高水平技术技能人才，首先在开发编写教材方面，就要做到夯实基础性理论，基础理论没学会、不牢固，就难以实现创新能力培养。要强化普适性基本技能，把基础理论和基本技能、能力学会、学扎实，然后才能学会创新知识、复合知识和相应职业能力，才能对应新岗位、新技术，才能去完成相应的工作任务。同时，能够很好地促进学生毕业以后的个人职业发展和学校、专业的发展。学生发展和专业发展是相互关联的，如果学生不能得到持续发展，专业发展就是空头理论。所以我们编写教材时，要把这个指导思想落实到教材里。当然，针对具体某一本教材来说，这四个方面侧重点可以有所差异。

◆ 模块化课程中设计的模块课程数量和逻辑关系要清楚。一门模块化课程对应的新型教材设计 5～7 个模块比较合适，过多、过少都不好。因为，培养学生自迁移能力需要 2～3 个模块，培养学生近迁移能力需要 2～3 个模块，培养学生远迁移能力需要 1～3 个模块。通过一门模块化课程学习训练，使学生逐步具备自迁移、近迁移和远迁移能力，5～7 个模块课程是最佳安排，也同时考虑到活页式装订不宜超过 210 页这样一个物理指标。

◆ 在进行"四位一体"呈现模式设计中，工程类、专业类课程教材比较容易实现这种模式要求，而学校公共课程、专业群公共课程实施起来有点难度。产生难度、问题的原因是没有按照职业教育类型特征重新构建专业群、专业课程体系，而是在原来普通教育的学科体系框架内对课程、教材进行修补或原封不动。职业教育设计课程和教材的逻辑起点是职业岗位，落脚点也是职业岗位。每一门模块化课程都与工作模块有完整的对应关系。所以，如果还要开设高等数学、大学语文、物联网专业导论、机械制图等公共课程，就要分两种情况进行处理。一是把这些课程中的关键、重要的知识点分解到来源于工作模块的各模块化课程中，使其知识点在工作中得到应用。二是对这些课程进行专业群或专业应用改造，使其成为职业基础课，以开设本课程的目的为主体设计课程学习目标和实践训练内容，实现"四位一体"呈现模式和理论实践一体化课程、教材。

◆ 在立德树人方面特别强调，教材内容中涉及中国台湾、香港、澳门地区的相关内容时，包括用这几个名字的时候，一定要注意按照国家相关规定来进行规范表述，千万不能犯政治错误。有些教师可能不太注意这个问题，一旦教材印刷试用，出现问题就是政治问题。在立德树人教育、课程思政、价值观教育等方面特别强调劳动光荣、工匠精神。

◆ 教材内容正确。涉及的专业技术、标准、新技术、复合性理论知识等方面一定要正确，不能出现错误。为什么强调这个要求呢？在现实中发现，部分教师编写的教材很多内容是从网上直接下载或抄袭其他书、教材的内容，内容中有一些专业性错误却不知道或没发现，直接放在自己编写的教材里，这会误导学生。另外是内容先进要求，作为专业教师必须知道、识别、理解行业企业的新技术、新工艺、新标准、新规范等，及时引入教材中。

◆ 编写教材必须遵守相关法律法规和学术规范，按照《中华人民共和国著作权法》《信息与文献　参考文献著录规则》（GB/T 7714—2015）标准等要求，规范引用并标识清楚，不能抄袭、盗版，网上引用的内容也要按照标准要求进行标注。要遵守学术道德规范，教师首先要带头，并对学生进行教育指导，以身作则，起到示范引领作用。

◆ 为什么把排版质量作为一个一级指标提出来呢？按照教育部《职业院校教材管理办法》相关条款规定，职业教育新型教材编写完成后，经过校内组织评审、改进后，需要在相应学生、教师中进行不少于一个学期的教学试用，试用后教师、学生对新型教材给出书面评价和改进意见，改进完善后才能通过出版社审查、出版。因此，要求校内试用教材必须具备和正式出版教材要求相同的内容布局、排版和装订等，教材主编要承担出版社责任编辑的工作职责，所以主编一定要对排版质量负责。

7.1.4　新型教材编写的组织管理与评审

（1）职业院校有效推进新型教材开发编写工作的基本步骤

职业教育新型教材开发编写工作是一项系统工程，与学校领导及教师对职业教育改革、职业教育转型升级、"三教"改革等工作的思想认识、新理念理解与落地工作等有密切关系。因此，职业院校要做好新型教材开发编写工作，不能按照以往的思路、做法和要求把相关文件转发到各二级学院、系部，然后在会上对教师们宣读一下完事，而应该对职业教育新型教材开发编写工作存在的理论问题、工作方法、编写步骤等进行系统分析，做出有针对性的学校新型教材研究开发编写工作方案。以下基本工作步骤可供职业院校在系统推进新型教材建设工作中参考。

第一步，宣传和培训。以启蒙培训、宣传为主导，重点围绕职业教育转型升级、"三教"改革和专业群建设等，使相关领导、教师明确理解新型教材开发编写是一项系统工程，明白并理解、接受"三教"改革、新型教材开发编写的新思想、新理念和新方法，激发教师参加教材改革的兴趣、信心和工作积极性，促使教师主动参与到新型教材开发编写团队中开展工作，而不是被动参与或追求个人眼前利益。

第二步，立项与审批。各二级学院、系部组织教师成立新型教材开发团队，在进行专业群、专业课程体系重构基础上，分工协作，按照计划分批开展新型教材编写工作。将初步策划方案、工作计划、预期成效等进行研讨确认后，申报学校教务处立项、审批。学校组织校内外专家参照《职业教育新型活页式、工作手册式、融媒体教材评价标准（试用）》相关条款要求、学校专业群建设情况等进行评审，通过立项评审后，组织团队教师、企业参与人员开始完善专业群、专业建设和课程标准开发，以及新型教材策划、设计和编写工作。

第三步，编写与指导。学校应成立职业教育教材开发与使用管理工作委员会，经常调查、理解各团队在新型教材开发编写过程中存在的问题、疑惑等。各团队应该定期进行内部交流研讨，及时解决一些小问题、容易解决的问题。主要问题、难点问题及时向学校反馈。应聘请校内外专家对编写过程中存在的重要问题、工作难点等进行专题培训、现场答疑指导，使各种问题得到及时解决，避免初稿审核中存在各种严重问题而导致审核不合格。

第四步，院系优选申报。各二级学院、系部应制定主编、参编、主审人员工作职责和质量标准等相关制度，实施新型教材主编、主审负责制。内部评选优秀新型教材初稿上报学校进行比赛、评选和答疑。

第五步，学校分级评审。学校组织校内外专家对各院系上报的优秀、参赛教材初稿，按照标准进行严格、规范、科学的评审、答辩，提出完整的修改意见和评价结论。

第六步，研讨改进推广。各主编按照专家提出的改进意见组织团队教师进行研讨、改进。有歧义的内容应主动与评委沟通，达成一致意见后执行。被学校评为优秀的教材团队，在院系内向其他团队宣传推广经验，进行指导。

第七步，教学应用试验。被学校评审为合格（不含合格）以上等级且修改完善，得到学校和专家确认后，进行内部印刷装订，安排至少4个班级进行教学应用试验。多个学校合作开发的教材应在每个学校都选择班级进行试用。

第八步，完善总结出版。在新型教材教学试用过程中，应进行及时指导、检查，对发现的问题进行分析并提出改进措施，确保试验应用工作稳步推进。试验应用结束后，应征求任课教师、学生的真实意见、使用效果等，并进行持续改进、完善，与出版社协商出版事宜。

(2）校内评审团队组成及评审人员资格要求

根据教育部《职业院校教材管理办法》第二十条并参考第十四条、第十五条相关规定，结合学校具体情况，选拔校外合格人员组成教材评审专家组。教材参编、主审人员不能作为评审专家，坚持教材编、审、评分离制度，遵循回避原则，确保评审工作公平公正和评审工作质量水平。

评审专家组以5人或7人为宜，包括相关学科专业领域专家、教科研专家、一线教师、行业企业专家等各至少1人。专家组成立后，由专家组成员推选1人为组长负责评审工作。评审专家组人员应满足如下条件。

◆ 政治立场坚定，拥护中国共产党的领导，认同中国特色社会主义，坚定"四个自信"，自觉践行社会主义核心价值观，具有正确的世界观、人生观、价值观，坚持正确的国家观、民族观、历史观、文化观、宗教观，没有违背党的理论和路线方针政策的言行。

◆ 遵纪守法，有良好的思想品德、社会形象、职业道德、师德师风，没有违法违纪记录或在社会上的负面影响。

◆ 有较高的文字水平，熟悉教材内容、语言风格和以学生为中心，具有从学生角度进行语言表述的能力，能够熟练运用中国特色的话语体系。

◆ 坚持正确的学术导向和学术规范、学术道德，政治敏锐性强，能够辨别并自觉抵制各种错误政治观点和思潮。

◆ 熟悉职业教育教学规律和学生身心发展特点，对本学科专业有比较深入的研究，熟悉行业企业发展与用人要求。有丰富的教学、教科研或企业工作经验，一般应具有副高级及以上专业技术职务（技术资格），新兴行业、行业紧缺技术人才、能工巧匠可适当放宽要求。

（3）校内评审工作程序和基本要求

如果多所职业院校和企业合作编写新型教材，由主编所在院校负责组织评审工作。学校应提前制定评审工作方案，包括评审时间、地点、专家人员资格条件、评审工作规程和相关工作纪律要求等。重点工作建议如下。

◆ 评审专家组组长应提前组织专家对各三级指标、指标点进行审核，研讨不易确定尺度的指标点，确定统一的评审尺度。

◆ 建议每位评审人员负责3～4个三级指标的评审，对评审指标的内涵要求掌握同一尺度，对所有参加评审教材进行系统评审，并记录评审中发现的优点、缺陷和问题点。对每个三级指标进行评分。

◆ 最后汇总各评审专家的打分、评审记录，进行综合评价，确定综合得分。

◆ 对有异议、难以确定结果的指标点，应与主编进行交流沟通、答疑析疑，形成最终评审意见。

◆ 应保留评审记录和答疑记录。

（4）校内评审结果处理

◆ 在完成新型教材初稿并经过各院校评审、推荐的基础上，学校组织专家按照上述要求进行评审。重点依据《职业教育新型活页式、工作手册式、融媒体教材评价标准（试用）》中第1～4个一级指标进行评价。

如果存在的问题较多、被评为不合格，则必须进行彻底改进、完善后进行二次评审、改进。

◆ 学校分管负责人应根据评审专家组提出的修改意见，要求教材主编一一做出改进，并将改进后的结果报学校审核确定。

◆ 只有通过校内评审达到合格以上（不含合格）质量标准要求的新型教材，才能进行试用，要确保使用的过程质量和教学成果质量，避免、减少因教材质量导致的负能量影响。

◆ 新型教材经过教师教学试用、改进后，应该再次报学校，并由学校组织专家按照《职业教育新型活页式、工作手册式、融媒体教材评价标准（试用）》全部要求进行评审。对试用教师、学生的试用意见进行确认、分析，对教学成效进行确认、分析，对初次评审专家组提出的修改意见的落实情况进行审查，最终提出评审意见和改进建议。

7.1.5 新型教材试用与改进完善

（1）新型教材校内外试用安排原则与要求

学校应对评审、改进完善后符合试用要求的新型教材安排教学试用和审读。

◆ 选择4个以上班级进行教学试用，多个学校合作编写时，每个学校至少选择1个班级进行试用。合计参加试用的学生不少于120人。

应安排1名参编教师和多名未参编教师分别教学试用，以未参编教师试用为主。重点了解未参编教师对新型教材的使用能力和教学效果，为在国内、省内各职业院校推广应用奠定基础。

试用前，主编应对参加试用的教师、学生进行适当培训，让教师和学生理解新型教材改革的目的、内容和正确的使用方法，避免教师和学生错误使用教材，提高教材试用效果和获取相关信息的真实性、有效性。

◆ 应安排有新型教材对应职业岗位的5～7个合作企业的工程技术人员对教材进行审读，并提供书面评价、改进意见。

（2）试用过程的指导服务、听课与督导

主编应制定新型教材试用工作方案，报学校审批后组织实施。在试用过程中应重点做好以下几项工作。

◆ 试用期间定期、分别组织 4～6 次由任课教师、学生参加的座谈会，采取问卷调查、座谈交流等形式，了解新型教材试用情况，并解答教师和学生在试用过程中存在的问题、疑虑等。

◆ 组织参编教师、非参编教师和专家到每个试用班级听课至少 5 人次，并分别在开始之后 1～2 周、中间、结束前 1～2 周听课。听课教师要做好听课记录，包括对教师授课、学生学习等情况的记录。对听课情况进行总结、点评，提出改进建议。

(3) 持续改进与协商出版

新型教材试用结束，学校应组织非参编教师、专家进行调查，采取问卷调查、座谈和书面总结等方式，系统了解试用教师、学生对新型教材的试用情况，包括优点、收获、不足和问题等。

对所有试用教师、学生的评价意见分别采用适宜的数理统计工具进行科学分析。根据统计分析结果，对每套新型教材做出书面改进建议，限时完成改进并进行验证。

改进后应由学校党委进行最后把关、审查，并出具最终代表学校党组织的审核意见。其中意识形态属性较强的新型教材还应送往省级党委宣传部门，并由其牵头进行政治把关。

建议由学校统一安排与相关出版社协商出版事宜，对每个专业群、专业的新型教材做出统一出版规划、布局设计、封皮设计等，彰显专业（群）特色，为后续申报国家规划教材、省市规划教材，甚至申报国家优秀教材奖奠定坚实基础。

7.2 优秀教材奖和规划教材申报及要点分析

7.2.1 《职业院校教材管理办法》要点解读

《职业院校教材管理办法》是教育部牵头制定并经国家教材委员会全体会议审议通过、报中央教育工作领导小组同意后正式发布的，是代表国家意志的文件。《职业院校教材管理办法》包括"总则、管理职责、教材规划、教材编写、教材审核、出版与发行、选用与使用、服务与保障、评价与监督、附则"共 10 章 40 条内容，是一份系统完整、严谨规范、逻辑清晰、方便执行的文件。本书前七个模块中对部分条款要求结合相关内容进行了解读，在本模块中针对一些重要的隐含要求进行解读，便于深度理解与执行。

(1) 对职业教育新型教材内容的底线要求

◆ 第十二条总要求是"教材编写依据职业院校教材规划以及国家教学标准和职业标准（规范）等，服务学生成长成才和就业创业"。这里的"职业院校教材规划"是指今后教育部、人力资源和社会保障部制定的国家职业院校教材规划，包括国家"十四五"或国家职业教育提质培优行动计划方面的职业院校/职业教育教材规划。"国家教学标准和职业标准（规范）"是指今后仍然有效实施的标准，而已经作废的标准不再作为教材编写依据。"服务学生成长成才和就业创业"是将学生成长成才作为第一目的，就业创业作为第二目的，这一点与以前相关文件中将"就业创业"作为首要目的并制定就业创业目标要求是有区别的。同时，也充分明确了"服务学生成才成长"是"落实立德树人根本任务"的重要内容之一。

◆ 在第十二条中提出了编写教材应符合的5方面要求，这5个方面的要求是职业教育新型教材编写中的底线要求、最低要求。其中：

a. 第一条要求中有8个指标点。新型教材中应充分体现出这8个指标点的要求，不同类型课程对应的教材，在体现这8个指标点时可以有所侧重，并与教材内容相吻合，不能生硬插入不适宜的课程思政要素，否则难以实现预期的育人成效。其中，第8个要求是所有新型教材都应实现的育人目标要求。

b. 第二条要求中有5个指标点。新型教材都应该分类、分别体现出相应的指标点要求。

c. 第三条要求中有6个指标点。新型教材都应该体现出这6个指标点的要求。非专业课程的教材也应该在理论与实践相统一方面进行创新改革，围绕开设本课程的目的、课程学习目标，设计必要的、适宜的、来源于行业企业、社会组织方面的系列实践训练项目、任务等，强化实践训练，将知识内化为职业能力。学校公共基础类课程可以通过"认知、情感、意志、行动、结果"五个阶段系统学习训练实现课程学习目标。其中"认知"是关键，认知是情感、意志、行动实现的必要前提[13]，最终通过"行动"将"认知"的理论知识内化为职业能力、职业道德和职业素质，通过育人"结果"测评课程教育教学质量，五个阶段紧密相连、环环紧扣、缺一不可。所以，在策划编写新型教材中，不能只注重"认知"内容要求，而忽视其他四个阶段的内容要求。

d. 第四条要求中有4个指标点。新型教材都应该体现出这4个指标点的要求。其中，"图、文、表并茂"不是指图、文、表越多越好，而是必需且难以用文字表述时，用图、表表述更直观和便于学习理解。如果图、表中的内容不能反映出预期学习效果或看不明白，则应该更换或去掉。

在第4个指标点中，应该按照现在新要求将其改为"倡导开发使用新型活页式、工作手册式、融媒体教材"。这里的"倡导"不是可做可不做，而是因为新型教材还没有普及，现在是刚刚开始，所以使用"倡导"而不是"必须"。仅要求"开发"没有"使用"要求，适用于最初提出新型教材阶段。而《国家职业教育改革实施方案》中提出"倡导使用新型活页式、工作手册式教材"，所以到2021年就要充分考虑使用问题了，边开发边使用。"活页式"和"融媒体"不仅包含新形态要求，而且还对配套的信息化多媒体学习资源库在内容、布局、使用等方面提出了纸质教材与信息化教学资源库之间融媒体的隐含要求。

e. 第五条要求中有3个指标点，新型教材编写都必须遵守。

(2) 国家、省市和学校承担新型教材规划和编写任务分析

根据第五条至第九条要求规定，职业教育新型教材在规划、编写、出版和使用等方面的要求与以前有很大差异，规定中提出了很多新要求。综合分析后认为，国家、省市和学校在新型教材编写规划方面的任务如下。

◆ 国务院教育行政管理部门负责全国职业院校教材建设规划、管理和控制工作，负责制定专业教学标准、职业资格（职业技能）标准等国家相关职业教育的标准。同时，依据国家标准规划、组织相关人员开发编写职业教育教材。国务院教育行政主管部门重点负责规划、组织职业院校编写"公共基础必修课程和专业核心课程教材"，根据需要规划、组织开发编写"服务国家战略的教材和紧缺、薄弱领域的教材"。

根据2015版教育部《高等职业学校专业教学标准》中对课程的规定，每个专业平均有4门公共基础必修课和7～8门专业核心课程对应的教材，由教育部、人力资源和社会保障部负责全国统一规划并组织人员编写。这部分教材约占专业课程体系对应教材数量的50%。

◆ 各省市教育行政主管部门负责落实国家规划教材编写、审核等各种事务，制定相关政策，负责组织省市教材编写工作。省级教育行政部门重点规划、组织"体现区域特色的公共基础选修课程和国家规划教材以外的专业课程教材。"

根据2015版教育部《高等职业学校专业教学标准》中对课程的规定和目前各省市职业院校开设课程情况，每个专业平均开设2～3门公共基础课和5～6门其他专业课程。因此，由各省市教育主管部门负责省市统一规划、组织人员编写的新型教材数量约占专业课程体系对应教材数量的40%。

◆ 职业院校按照国家、省市要求，组织教师编写教材和审核，制定学校政策。在国家和省市级规划教材不能满足需要的情况下，职业院校可根据本校人才培养和教学实际需要，补充编写反映自身专业特色的教材。这部分约占专业课程体系对应教材数量的10%。

(3) 职业教育新型教材选用及管理要求

第二十九条至第三十一条中规定了教材选用原则和选用要求，它是各职业院校今后选用新型教材必须遵守的规定。对以下3个方面进行解读说明，以便职业院校能够理解并有效执行。

◆ 对"教材选用单位须组建教材选用委员会"的内涵理解。在一所职业院校内，与新型教材相关的重要工作可包括"教材立项审批、教材质量评审、教材选用、教材问题处理"等几个方面，如果每项重要工作都建立一个委员会是否合适？是否就代表学校重视这项工作呢？建议按照"精简机构，完善工作职责，强化工作质量"原则，职业院校可建立"教材建设与选用工作委员会"，依据国务院教育行政部门相关文件规定并结合院校工作需求，制定委员会在新型教材"立项建设、培训指导、质量评审、选用、过程监控、问题处理"等方面的工作职责、权限、工作程序和纪律规范等，系统、完整地组织开展好职业院校教材建设与使用工作。

◆ 对"不得以岗位培训教材取代专业课程教材"的内涵理解。职业教育不是职业培训，职业教育和职业培训在目的、目标、对象、内容等方面有很多不同要求，而使用的教材在学习目标、内容、体例结构、立德树人、教学方法等方面也有较大差异。因此，不能用岗位培训、X证书培训、人社部的国家职业技能标准培训教材取代职业教育专业课程教材。

◆ 对"不得选用盗版、盗印教材"的内涵理解。以前，多数职业院校由教务处教材科统一负责教材订购工作。由于存在一些价格、经济方面的问题，现在有些职业院校由教务处统一规定教材名称、主编、出版社和版次，由学生自己购买。这样，就会存在一个问题，即一个班级的个别学生按照规定购买了教材，其他学生拿着教材到打印社进行复印，价格相对便宜，内容又完全相同。因此，职业院校应在保证新型教材选用质量、遵守版权保护的前提下，处理好价格关系，确保学生满意。

（4）职业教育教材被停用的几种情况

第三十八条规定了职业教育新型教材出现9种情况之一，则相应教材必须停止使用，并采取必要的处理措施，涉嫌犯罪时依法追究刑事责任。其中，下列三种情况需要深度理解。

◆ 对"教材所含链接内容存在问题，产生严重后果"的内涵理解。在以往精品资源共享课程、在线开放课程和新形态教材建设中，都配套了大量的多媒体资源库，它们在实际教育教学过程中起到了较好的作用和教学效果。但是，由于资源库中各种形式、类别的资源数量非常多，部分资源内容质量、资源链接有效性等存在的问题，往往被出版社、评审专家所忽视。在实际教学过程中有些问题逐步被发现，造成一定不良影响。所以，各职业院校、主编和主审人员一定要注意这个问题，制定相关制度，确保从新型教材开始策划设计、各个资源开始准备阶段，就对每一个资源的质量按照标准进行建设和审核，确保新型教材和配套信息化学习资源库的质量水平,避免在使用过程中出现问题。

◆ 对"盗版盗印教材"的内涵理解。一是新型教材主编、参编人员和所在院校应对使用本教材的各职业院校进行调查,并通过出版社了解教材销售情况。据此可以预测是否有被某些学校、教师或学生盗版、盗印的可能性。二是发现自己学校的学生或教师有盗印、复制、复印教材的情况,必须采取有力措施予以制止,并按照相关知识产权保护规定进行处理。

◆ 对第三十八条中第(八)款要求的理解。在教育部"十三五"国家规划教材相关文件发布以前,部分出版社出版了各类"十三五"规划教材,很容易误导职业院校对教材的选用工作。2020年12月8日发布的《教育部办公厅关于"十三五"职业教育国家规划教材书目的通知》(教职成厅函〔2020〕20号)文件中,对"十三五"国家规划教材的标识及使用做出了明确规定,各职业院校及教师应按照规定选用教材。

7.2.2 优秀教材奖相关文件解读与申报要点分析

(1) 评选原则及工作要求的综合理解

《国家教材委员会关于开展首届全国教材建设奖评选工作的通知》中规定,国家教材奖于2020年进行首次评选,以后每4年评选一次,由国家教材委员会主办、教育部承办。其中,对2020年首届评选工作制定了6条评选原则和4条工作要求,这些原则和要求都不难理解。但需要强调和深度理解的要点有以下几个方面。

◆ 参选教材内容应充分体现出正确导向,将政治方向和价值导向、立德树人成效作为评选推荐的首要标准。因此参选教材内容中如果没有很好地融入立德树人、课程思政相关的教育元素,也就没法体现出立德树人成效,就很难得到推荐和获奖。所以,在开发编写职业教育新型教材过程中,必须把立德树人、课程思政相关元素有机、正确地嵌入教材相关内容中。即使不准备参加国家教材奖评选,也不能忽视这条要求,否则在教材试用之前学校组织专家评审过程中就会被判定为不合格。

◆ 在"坚持正确导向"原则的4个"鼓励"要求中,根据申报教材内容特点及对应的产业企业技术发展趋势,教材内容至少要体现出第1个"鼓励"要求和第2个、第3个中的一个"鼓励"要求,否则就没有明显优势和竞争力。

◆ 在"坚持质量为先"原则中,明确要求"优中选优、宁缺勿滥"。这个原则与"十三五"职业教育国家规划教材申报原则有所不同,不能依据"十三五"国家规划教材申报通知书和公布评选名单通知中的要求来推测、理解优秀教材评选的原则、要求和最终实施结果。因为这两类文件发布的历史背景、条件、目的等有所不同,执行结果也会有差异。

(2) 职业教育教材参评条件与解读

在文件附件2中规定了职业教育教材7条参评条件要求,分别针对其中的要点解读如下。

◆ 第(一)条中的两个"坚持"和一个"能够"的要求内容是参评教材必须做到的。5个"体现"要求的内容中,"体现党的理论创新成果特别是习近平新时代中国特色社会主义思想"必须通过课程思政元素在教材中予以体现。其余4个"体现"要求则可以根据不同教材类型、内容特点尽量在教材中都体现出来。而"弘扬劳动光荣、技能宝贵、创造伟大的时代风尚"要求是职业教育课程教材必须充分体现出来的,是职业教育区别于普通教育的主要特征之一。

◆ 第(二)条中有7项要求,在职业教育教材中都必须体现出来。其中,"突出职业教育、继续教育类型特点,深化产教融合、校企合作""强化行业指导、企业参与""鼓励'双元'合作开发教材"三项要求,如何在一套教材中体现是需要进行探索研究的。除了在教材编写团队、主审人员及其分工方面予以体现外,还可以在配套的信息化学习资源中予以充分体现,并将教材开发编写融入专业群建设、专业课程体系建设、课程标准建设等职业教育系统改革之中。"有效激发学生学习兴趣和创新潜能"要求是教材改革的重要目的之一,前面的6项要求都是路径、措施、方法,都是为实现这个目的而提出的要求,在教材中要通过相关内容逻辑关系设计、实践训练设计、学习成果设计等予以体现。

◆ 第(三)条中各项要求比较容易理解,但要注意公共基础课程教材不仅要体现学科特点,更要突出其职业教育特色,要将理论知识、思想理念等结合相应专业群、专业内容进行基本应用训练,基于"认知、情感、意志、行动、结果"五个阶段系统学习训练,将知识内化为职业能力,为后续学习专业课程提供内在动力。

◆ 第(四)条中有3项要求比较容易实现,但"鼓励活页式、工作手册式、数字教材等新型教材"的内涵和以前国务院、教育部相关文件中的表述差异较大,这句话很明确地将职业教育教材分为活页式教材、工作手册式教材、数字教材三种独立的教材类型,且这三种都是新型教材。数字教材作为一种教材类型,包括纸质教材数字化(电子教材)、多媒体数字教材、互动式数字教材、集聚式数字教材4个层级。而我们认为"活页式、工作手册式"是一种职业教育教材类型,是从教材的外显特征和内核特征两种典型模式进行表述的,不是两种类型。关于这种观点有待于进行深入的理论研究和实践验证。

◆ 第(五)条和第(六)条中的相关要求容易理解,但"选用广泛"可能对小众专业核心课程教材、学校或行业特色课程教材产生不利影响,这些课程教材通常需求数量少,即使内在质量再好,也不会被广泛选用。

◆ 第（七）条中的要求本身是正确的。但是，教材主编、主审和评委是否能将《中华人民共和国著作权法》（以下简称《著作权法》）中相关要求落实在教材编写、审核中，是一个有待于研究解决的问题。根据国家 2021 年 6 月 1 日起实施的最新版本的《著作权法》相关规定，有以下几个重要事项需要注意。

a."文字作品"具有著作权，属于《著作权法》保护的范畴。而法律、法规和国家机关的决议、决定、命令和其他具有立法、行政、司法性质的文件，官方正式译文，以及单纯事实消息、历法、通用数字、通用表格和公式不具有著作权，也不受《著作权法》保护，可以在相关作品中自由引用。

b."改编、翻译、注释、整理已有作品而产生的作品，其著作权由改编、翻译、注释、整理人享有，但行使著作权时不得侵犯原作品的著作权。"在编写教材过程中，如果引用其他作品的相关内容，必须按照国家 GB/T 7714—2015 标准规定进行正确标注。大面积引用时应主动与被引用作品的著作权人协商支付报酬。

c."为学校课堂教学或者科学研究，翻译、改编、汇编、播放或者少量复制已经发表的作品，供教学或者科研人员使用，但不得出版发行。"在这种情况下使用其他作品内容时，可以不经著作权人许可，不向其支付报酬，但应当指明作者姓名或者名称、作品名称，并且不得影响该作品的正常使用，也不得损害著作权人的合法权益。

d. 有下列侵权行为的，应当根据情况，承担停止侵害、消除影响、赔礼道歉、赔偿损失等民事责任。

- 没有参加创作，为谋取个人名利，在他人作品上署名的；
- 歪曲、篡改他人作品的；
- 剽窃他人作品的；
- 未经著作权人许可，以展览、摄制视听作品的方法使用作品，或者以改编、翻译、注释等方式使用作品的。本法另有规定的除外。

(3) 国家教材奖相关要求对开发编写新型教材工作的启示

现在系统学习理解国家教材奖评选相关文件，能够从中发现对 2024 年第二届国家教材奖评选、"十四五"国家规划教材申报起一定方向性引导作用的隐含信息，对教师开发编写职业教育新型教材具有非常重要的前瞻性指导意义。

◆ 新型教材必须坚持中国特色社会主义核心价值观和政治方向，必须充分、有效体现出立德树人教育内容，且有实际教学育人效果。编写的新型教材若不满足该要求，则会成为出版社对拟出版新型教材质量评价、参加相关教材评奖一票否决的条件之一。

◆ 基于职业教育类型特征要求，普及推广应用"新型活页式、工作手册式、融媒体教材"和"数字教材（重点是集聚式数字教材）"两种主要类型。

● 文件中以"坚持""体现""遵循""满足""反映""具有""符合"等行为动词引出的要求，是必须做到、且今后一直应该做到的要求内容。以"强化""鼓励""突出""强调""充分"等行为动词引出的要求，说明必须要做、但现在做得还不好，如果现在做得很好就是竞争优势和特色。但是，通过今后几年改进，这些要求就会成为普及性、必须的要求，你做得好是应该的，但不是特色、优势。

● 在编写教材、评审教材等相关文件中，这是首次提出"须符合国家有关著作权等方面的规定"。因为在实际出版的各种教材中，抄袭、盗版等问题并没有解决好，侵犯了著作权人的权利，更是国家在国际上依法治国、实施"一带一路"倡议需要解决的重要问题之一。所以，今后开发编写新型教材、出版教材都必须遵守《著作权法》相关规定。

7.2.3 规划教材申报要点及评审结果分析

2019年10月9日，教育部发布了《关于组织开展"十三五"职业教育国家规划教材工作的通知》（教职成司函〔2019〕94号），该文件主要依据《国家职业教育改革实施方案》和"双高"建设计划相关文件中关于深化职业教育"三教"改革的要求而制定。由于教育部《职业院校教材管理办法》是在2019年12月16日发布的，因此教材管理办法中的很多规定要求没有在该文件中体现出来。同时，对教师、教材、教法之间存在的密切逻辑关系也没有充分认识，只考虑了校企"双元"合作开发教材。

（1）教育部"十三五"国家规划教材申报文件要点解读与启示

● 在"指导思想"中有4项具体要求，其中，前两项要求是职业教育新型教材实现立德树人和基本内容要求，必须在教材中予以充分体现。如何实现"突出职业教育的类型特点"要求呢？首先要清楚并理解职业教育类型特点有哪些、哪些特点能够也必须在教材中得到体现、不同类型课程教材应该重点体现哪些职业教育类型特点等问题。同时，要清楚地知道指导思想不是可有可无的要求，是贯穿于整个教材申报工作、教材内容、评审工作中的主线要求。

● 在"建设原则"中有4项具体原则要求，每一项都容易理解，也很重要，在教材申报中不能忽视。其中部分要求的内涵理解与启示如下。

a. 在第（一）项原则中提出"适应专业建设、课程建设、教学模式与方法改革创新等方面要求，保障教材质量"要求，隐含着职业教育新型教材是一项系统工程，应该与专业人才培养目标及毕业要求、课程体系及课程标准、教学方法密切相关，在教材开发与编写内容中得到适度体现，这是教材质量标准中不可缺少的主要组成部分之一。因此，不能孤立地编写某一本教材。

b. 在第（三）项原则中提出"探索开发课程建设、教材编写、配套资源开发、信息技术应用统筹推进的新形态一体化教材"要求，这一条要求不仅体现出职业教育新型教材是一项系统工程，而且明确要求将信息化技术应用到配套的多媒体学习资源开发设计和线上线下结合、移动学习、泛在学习模式，以及行动导向教学方法中，新形态体现在多方面、多角度、多内容中。

c. 在第（四）项原则中提出"针对职业教育生源多样化特点，完善开发机制，注重满足分类施教、因材施教需要"的要求，这是教材开发编写中的一个创新点。首先需要根据生源多元化分出3~4个类型或层次，在新型教材及其配套信息化学习资源库中设计分类的学习内容，有公共内容和学习目标要求，有不同类型学生的学习内容和学习目标。将培养高素质技术技能人才作为底线要求，分类设计课程教材中培养创新型、复合型技术技能人才的对应内容。

◆ 在"遴选重点"中给出了4个方面的重点教材，如果申报的教材属于遴选重点专业、课程对应的教材，在申报书中应明确进行说明，以引起评委重视。有关两个问题分析如下。

a. 随着今后1+X证书制度普及，课证融通的职业教育教材不一定是重点遴选教材，必须在融通基础上结合其他遴选重点要求进行创新创造。

b. 新型活页式、工作手册式、融媒体教材和集聚式数字教材是今后职业教育教材的两种重要类型的教材，按照模块化课程要求设计教材体例结构，以教师团队分工协作模式开展教学工作。

(2) 教育部"十三五"国家规划教材申报书填写要点及问题分析

教育部没有统一规定的"十三五"职业教育国家规划教材申报书样版，只给出了"十三五"职业教育国家规划教材申报新型参考范围，各出版社根据对相关文件、附件内容的理解设计申报书格式、栏目和要求。通过系统研究机械工业出版社、化学工业出版社、高等教育出版社、中国农业出版社、电子工业出版社的不同类型教材申报书、部分申报教材内容，得出申报书填写要点分析解读，并对存在的问题进行分析说明。

由于"十三五"职业教育国家规划教材申报范围是2017年1月1日至2019年10月9日之间正式出版的教材，《国家职业教育改革实施方案》、教育部"双高"建设计划相关文件、规划教材申报文件以及申报书中规定的很多内容要求，多数拟申报的教材都难以实现，且只能按照出版教材的实际情况填写。

◆ 基本信息栏目。申报教材名称按照实际出版教材名称填写，但有很多教材其名称和内容都是普通教育学科体系框架内的，不能彰显职业教育类型特征。另外，主编、参编人员没有企业人员参与。部分申报书中对主编人员的主要教学经历、科研教研、企业实践经历等信息存在缺陷、错误、造假等问题。

◆ 适用信息栏目。一本教材的适用对象只能是高职专科、中职、高职本科、普通本科中的一类，不能适用于两类或两类以上，更不能适用于普通本科。这是职业教育类型特征、职业教育体系特征所决定的。如果是学校公共课程教材或专业群公共课程教材，可以适用于多个专业。如果是专业核心课程教材，原则上只适用于一个专业或两个密切相关的专业。

◆ 特色信息栏目。在"教材简介"中，字数应控制在1000字内，不能直接把教材中的简介抄录下来，要充分体现本教材哪些方面满足申报文件提出的相关要求。

在"特色与创新"中，对照申报文件要求结合实际教材特色进行撰写，一般选择3～5个特色与创新点进行重点说明，每个特色或创新点要独立一段撰写。必要时每个先用一句话高度概括并彰显特色内涵作为小标题，然后进行重点说明和解析，使评委一目了然。特色与创新栏目在400～600字范围内比较合适。

在"教材配套资源"中，要列表说明已经完成的各种信息化多媒体资源，标明资源名称、类型、数量等信息，包括相应网址、链接查看方式或标识等，便于评委随时查看。这部分内容很重要，不能缺少微课视频、相关图片、进阶式训练题库、拓展学习资料，必要时应配套虚拟仿真、VR等学习资料。

◆ 使用情况栏目。在"使用情况"中，应该通过出版社进行销售信息统计，包括使用教材的学校数量、学生数量以及5～7个代表性学校名称、专业等信息，使其充分体现该教材使用人数多、受益面广等情况。

在"使用效果"中，应对出版社、相关学校任课教师、学生等使用效果情况进行总体说明，并分别选择3～5份使用教师、教务处和出版社的使用评价作为进一步补充说明。另外，将出版社说明使用效果书面资料及5～7所学校任课教师、学生、教务处使用教材效果的书面资料作为佐证资料。

在"教材获奖情况"中填写每一次获奖的基本信息，包括获奖名称、颁奖组织名称、获奖等级和时间等。如果没有获奖，用一句话说明即可。

◆ 下一步工作思路栏目。这一部分内容很重要，却常常被填报人员所忽视。这是因为：

a. 按照申报文件的各项要求，申报教材可能存在较多缺陷、不足和问题点，那么，就必须在这部分内容中，对今后改进教材质量的工作计划、时间和预期效果等进行详细说明。

b. 即使申报教材的质量很好，完全符合申报文件的各项要求，也应该在这部分内容中对今后进一步改进提高及增加新技术、新标准、新理论等进行说明。

c. 必须在这部分内容中对配套信息化教学资源库内容每年进行补充、更新和完善计划做出规划说明。

d. 目前，完全符合职业教育类型特征的"新型活页式、工作手册式、融媒体教材"或"集聚式数字教材"出版发行的数量不多。所以，应该在这部分内容中对今后如何改进做出工作计划和预期成效进行说明。

e. 还应该对新型教材服务体系建立完善进行说明。包括提供新型教材在教学使用、教学方法指导、具体学习成果选择设计及课程评价等方面，如何向其他学校教师提供培训、咨询服务进行说明，建立教材交流网站或微信群等。

(3) 入选"十三五"职业教育国家规划教材及教材名称分析

根据《教育部办公厅关于公布"十三五"职业教育国家规划教材书目的通知》（教职成厅函〔2020〕20号）及附件中的规划教材书目，按照教材名称中能够体现教材主要理论内容、实践内容的关键词进行分类统计分析，据此初步确定教材类型，得到相关数据如表7-2所示。

表7-2 "十三五"职业教育国家规划教材书目中不同类别教材统计分析表

关键词	中职			高职专科			高职-中职占比差
	内含	结尾	占比/%	内含	结尾	占比/%	
教程	67	31	6.27/2.90	282	112	**9.97/3.96**	3.70/1.06
概论	9	9	0.84/0.84	45	25	1.59/0.88	0.75/0.04
基础	162	56	**15.15/5.24**	276	66	**9.76/2.33**	−5.39/−2.90
技术	132	40	**12.35/3.74**	398	118	**14.07/4.17**	1.73/0.43
管理	39	17	3.65/1.59	213	53	7.53/1.87	3.88/0.28
案例	26	2	2.43/0.19	44	1	1.56/0.04	−0.88/−0.15
指导	15	7	1.40/0.65	42	16	1.49/0.57	0.08/−0.09
设计	74	13	**6.92/1.22**	249	58	**8.80/2.05**	1.88/0.83
开发	2	1	0.19/0.09	46	9	1.63/0.32	1.44/0.22
项目	23	0	2.15/0.00	128	0	**4.53/0.00**	2.37/0.00
应用	80	18	**7.48/1.68**	224	46	**7.92/1.63**	0.44/−0.06
实训	49	20	4.58/1.87	112	16	3.96/0.57	−0.62/−1.31
施工	17	6	1.59/0.56	57	11	2.02/0.39	0.43/−0.17
维修	43	21	4.02/1.96	30	8	1.06/0.28	**−2.96/−1.68**
检修	21	9	1.96/0.84	29	20	1.03/0.71	−0.94/−0.13
合计	759	250	71.00/23.39	2175	559	76.91/19.77	5.91/−3.62
总数		1069			2828		

◆ 根据对教材名称分析和教材中实际内容抽查分析，初步推测教材名称结尾词是"教程""概论""基础""技术""管理""案例""指导"或名称中内含这些关键

词的教材，部分是基于普通教育学科体系教材或适当修补、增加了部分例题。

在这些以理论为主导的教材中，中职合计为450本，占总数1069本的42.10%，以这些关键词结尾的、纯理论教材有162本，占15.15%。高职专科合计为1300本，占总数2828本的45.97%，以这些关键词结尾的、纯理论教材391本，占13.83%。

◆ 教材名称结尾词是"设计""开发""项目""应用""实训""施工""维修""检修"或名称中内含这些关键词的教材，初步推测基本上含有不同比例的实践教学内容，但教材内容中有些不是来源于职业岗位工作，仍然是基于学科体系进行体例结构和教学内容设计。

在这些含有实践内容的教材中，中职合计为309本，占总数1069本的28.91%，以这些关键词结尾的、实践性教材88本，占8.23%。高职专科合计为875本，占总数2828本的30.94%，以这些关键词结尾的、实践性教材168本，占5.94%。

(4) 入选"十三五"职业教育国家规划教材的类别分析

在教育部《关于组织开展"十三五"职业教育国家规划教材工作的通知》中，规定了申报"十三五"职业教育国家规划教材的遴选重点为"服务现代农业、先进制造业、现代服务业、战略性新兴产业和地方特色产业，国家战略和经济社会发展急需紧缺领域，民族传统技艺领域等相关专业，以及农林、地质、矿产、水利、养老、家政等苦脏累险行业相关专业的教材"。根据实际评选出来的结果，对入选的中职1069本、高职专科2828本教材所属主要类别进行初步统计，并与遴选重点、部分入选较多的相同教材等进行对比分析。

◆ 入选教材分类统计分析见表7-3。

表7-3 入选教材分类统计分析表

分类	中职		高职专科		遴选重点类别
	数量	占比/%	数量	占比/%	
财经商贸大类	**187**	**17.49**	532	18.81	—
装备制造大类	171	16.00	450	15.91	先进制造业
电子信息大类	211	19.74	384	13.58	战略新兴产业
公共基础课	0	0.00	**218**	**7.71**	—
交通运输大类	**114**	**10.66**	201	7.11	—
土木建筑大类	45	4.21	200	7.07	—
教育与体育大类	83	7.76	137	4.84	—
旅游大类	83	7.76	116	4.10	—

续表

分类	中职		高职专科		遴选重点类别
	数量	占比/%	数量	占比/%	
医药卫生	56	5.24	108	3.82	—
文化艺术	42	3.93	106	3.75	现代服务业
农林牧渔大类	27	2.53	101	3.57	现代农业,农林
公共服务与管理	**16**	**1.50**	31	1.10	养老,家政
水利大类	**0**	**0.00**	28	0.99	水利
资源环境与安全	**4**	**0.37**	22	0.78	地矿
合计	1039	97.19	2634	93.14	

按照国家税务总局及国家相关税务法规规定,现代服务业包括:研发和技术服务、信息技术服务、文化创意服务、物流辅助服务、有形动产租赁服务、鉴证咨询服务。现代农业包括农业、林业、牧业、水产业。

◆ 相关大类中部分相同或基本相同的教材数量分析。

a. 财经商贸大类不是遴选重点,其相关专业的教材入选率高职达18.81%,居首位,中职达到17.49%,居第二位。在高职532种入选教材中,10种及以上教材合计103种,占财经商贸大类的19.36%。其中基础会计与会计基础18种,市场营销教材13种,经济学基础、会计信息化各11种,审计务实、跨境电商、财务会计、连锁营销、财务管理各10种。在财经商贸各专业中,很多专业课程对应的工作岗位国家都有严谨规范的工作要求和知识、技能要求,在这类课程和教材中进行创新难度非常大,创新空间也很小。

b. 电子信息大类是遴选重点,其相关专业的教材入选率高职为13.58%,中职为19.74%,居首位。在高职384种入选教材中,10种及以上相同或相近名称的教材合计79种,占电子信息大类的20.57%。其中,JAVA程序设计教材15种,C语言程序设计教材13种,计算机网络技术、Photoshop教材11种,SQL Server数据库、网页设计制作、单片机技术各10种。

c. 交通运输大类不是遴选重点,高职入选201种,入选率为7.11%,其中汽车维修经营教材31种,占比15.42%。中职入选114种,入选率为10.66%,其中汽车维修销售类101种,占比88.60%,汽车维修类教材相对其他交通运输类教材的占比较高。奔驰、宝马、大众、一汽、上汽等各大汽车公司都有规范的4S店,汽车公司通常对汽车故障检测、维修、日常保养和营销工作等都有规范的方法步骤、操作规程和工具使用等。今后,再编写这类教材很难进行创新,缺乏竞争力。

7.3 优秀教材奖和规划教材申报准备工作

7.3.1 优秀教材奖申报选题与申报准备工作

(1) 申报教材选题重点范围分析与准备

◆ 2021 年新增且是服务于国家重点支持行业产业的专业课程新型教材。如农林牧渔大类的"饲草生产技术、林草生态保护与修复、中兽医"等专业，资源环境与安全大类的"生态地质调查、无人机测绘技术、智能环保装备技术"等专业，水利大类的"智慧水利技术、水生态修复技术"等专业，装备制造大类的"智能机电技术、船舶智能焊接技术、智能网联汽车技术"等专业，这些新专业课程的新型教材应该抓紧开发编写、试用和出版。

注意：新增专业的新型教材在 2021 年上半年前正式出版并投入使用，才能在 2024 初申报前满足最少使用 2 年的规定。

◆ 服务于国家重点支持的行业产业的专业群、专业课程新型教材。如"197 个国家高职专业群""600 个左右省域高职高水平专业群""3000 个左右国家优质中职学校专业"，这些专业群、专业课程的新型教材也是今后申报国家教材奖重点选题的范围。

◆《职业教育提质培优行动计划（2020—2023 年）》相关任务中重点开发建设任务对应的新型教材，也可作为重点选题范围。如：

a. "推进本科层次职业教育试点"且服务于国家重点支持行业产业的高职本科专业课程的新型教材。

b. 在"推进 1+X 证书制度试点"工作中通过课证融通、课程融通建设开发课程的新型教材。

c. 在"面向公共基础课和量大面广的专业（技能）课，分级遴选 5000 门左右职业教育精品在线开放课程"中，开发编写的新型教材。

d. 与"遴选 1000 个左右职业教育'课堂革命'典型案例"配套使用的、且将"三教"改革进行系统融合的新型教材。

e. "遴选 10000 种左右校企双元合作开发的职业教育规划教材"是"十四五"职业教育国家规划教材中的一部分，同时也是申报国家教材奖的重要来源。

f. 在"面向公共基础课和量大面广的专业（技能）课，分级遴选 5000 门左右职业教育精品在线开放课程"建设中，配套开发设计的新型教材。

◆ 2020 年 1 月初国家教材委员会印发了《全国大中小学教材建设规划（2019—2022 年）》，教育部专家在解读文件时指出：高等职业教育教材将适应新形势，瞄准国家战略需求，围绕人工智能、大数据、区块链、网络空间安全、环境科学、海洋科学、能源科学等领域，集中力量编写一批新教材。

（2）申报书内容要求的分析理解

首届国家教材奖申报虽然已经完成了，但在这里认真研究申报书中的相关栏目和要求，有助于理解对评奖教材的最低要求，结合职业教育转型升级、"三教"改革的深入发展及其改革成果，预测2024年第二届国家教材奖申报要求及其变化，以便提前做好准备，并将其落实到教材改革及新型教材开发编写工作中，全面提升满足职业教育类型特征要求的新型教材质量水平、教育教学应用成效。

在填写申报书相关栏目时，如果有字数限制，且是网上填写表格申报，则不能超出规定字数，一般控制在规定字数的90%～95%比较合适，因为网页设计字数限制是按照标准字符设计，不是按照汉字字数设计的。不能少于规定字数的80%。一般情况下，建议先按照要求进行充分展开、多写、细写，不断完善。最后再根据字数要求进行凝练、提升、压缩，将内容的精华提炼出来，且符合字数要求。

◆ 在"教材简介"栏目中给出的基本要求是"包括编写理念、编写团队特点、配套资源情况、信息技术使用情况等内容。字数不超过800个汉字"。填写时不能少于这四个方面的内容，如果还有更好的内容需要介绍，也可以用简练明确的语言进行表述。

a.在教材编写理念方面，要根据本书模块1中给出的新理念，结合具体申报教材的类型、特点等进行策划，选择最关键、最重点的3～5个新理念点进行说明。也可以根据职业教育新型教材的"活页装订方式""立德树人根本任务""行动与成果导向""融媒体信息化资源""以学生为中心""高于企业的载体"六大基本特征选择新理念，说明在申报教材中是如何落地实现的、实现成效。

b.在编写团队特点方面，应该根据《职业院校教材管理办法》中的相关要求，必须校企合作、多学校合作，由职业教育和专业技术技能专家担任主编，8～10人组建编写团队。对于涉及复合型人才培养、多职业领域内容的教材编写，必要时可以适当增加到15人。团队特点主要体现在"双主编、优秀校友参与、多企业多学校合作、专家领衔、团队优势互补、年龄与职称梯队结构、学历经历互补结构、学缘结构"等方面。

c.在配套资源情况方面，要体现出信息化技术在教学资源中的合理应用，如果不受字数限制，可以列出重要资源清单和数量。包括多媒体资源、微课视频、VR、虚拟仿真训练、进阶式训练题库、创新创造训练题库、学姐学哥作品集、企业社会难题招标，以及相关专业网站、企业网站等。这些资源一定要通过二维码与纸质教学相关页面栏目链接，实现融媒体资源。

d.在信息技术使用情况方面，要合理有效使用，充分发挥信息技术在解决形象思维、立体思维、影视信息，以及多维度、深层次表述等内容方面的作用，不是越多越好，不要顾此失彼、产生负能量作用。在制作视频、微课教学资源时，应注意视觉、听觉收集分析信息的功能结合，以最大限度发挥视频资源的作用。

◆ 在"教材设计思路与内容编排"栏目中给出的基本要求是"简述教材结构设计、内容编排和版式设计等内容，字数不超过1000个汉字"。这里主要从以下几个方面进行重点表述。

a. 在教材设计思路方面，一是如何将"活页式""工作手册式""融媒体"有机结合构建新型教材结构和内容，二是如何将"以学生为中心、职业能力为本位、学习成果为导向、促进自主学习能力提升"的教材设计思路落实到教材结构和内容设计中。

b. 在教材结构设计方面，按照职业工作逻辑和学习迁移理论要求，将职业企业"工作手册式"的操作规范与学生学习逻辑、职业成长规律等相结合，根据工作过程系统化、工作模块对应设计模块化课程和模块课程，并设计模块化课程学习成果、模块课程学习成果，分别对学生进行递进式系统训练。可参照六步法设计每个模块课程中的微观结构。以"做中学"及四个阶段为主线设计教材结构，递进式培养学生职业创新能力、职业复合能力。

c. 在教材内容编排方面，以职业能力为本位，根据模块课程对应的职业工作模块，对完成工作任务必须具备的职业能力、技能和职业道德、职业素养进行细化分解，将支撑职业能力、技能和职业道德、职业素养有效实现必须学习的陈述性知识点、程序性知识点作为教材中每个模块、任务中的必备知识点。如果考虑学生职业发展和职业能力扩展、延伸，则对应增加横向能力扩展需要的知识点，以培养复合方面的技术技能和能力，或对应增加纵向能力延伸需要的知识，以培养研究创新方面的技术技能和能力。

d. 在教材版式设计方面，基于活页式装订实现"更新内容、活页笔记、插页换页、分模块学习使用、增加教材功能"和新型教材的内容设计方面的3个"活"、教材使用方面的3个"活"。同时，还要将源于企业高于企业的学习载体、职业道德、职业规范和工作程序，通过"工作手册式"微观结构方式，基于职业工作逻辑、学生学习逻辑、产学研创逻辑进行版式设计。

◆ 在"教材特色与创新"栏目中给出的要求是"对教材编写、内容设计、呈现形式、教材使用等方面的特点与创新进行归纳与提炼，字数不超过1000个汉字"。这部分内容必须根据申报教材的实际内容、特点和质量水平进行提炼、撰写。一是对照国外同类优秀教材进行比较分析，分析确定申报教材基于中国特色社会主义和职业教育类型要求的创新点和特色。二是对国内职业教育领域正在提倡的新理念、新思想、新模式等如何落地并在新型教材中充分体现出来进行分析，凝练出申报教材的特色与创新点。具体来说，可从以下 6 个方面进行分析说明。

　　a. 在教材编写方面，以学生为中心的微观结构设计、语言表述特点，以及适于学生认知特点和基础水平的非学术化、通俗易懂的内容情节设计和表述方式，将课程思政元素、创新创业理念、专业知识有机融合在内容情节中。

　　b. 在内容设计方面，基于职业能力培养、职业关键能力培养为本位，将"必需、够用、适度"的陈述性知识点、程序性知识点和策略性知识点，与"工作手册式"的工作程序、工作步骤融合为一体，以"做中学"为主导形成"做→学→再做→再学"的渐进式教学做一体化学习内容结构。

　　c. 在呈现形式方面，应避免普通教育学科体系教材严肃、严谨等的学术特征导致的教材可读性、吸引力困境，应该将"活页教材、活页笔记、功能插页、实践训练"相结合，构建四位一体的教材内容呈现模式，同时将"六大功能域"与呈现模式相结合，必要的图、表、文字配合得体有效，使新型教材内容呈现灵活、多样，图、文、表并茂，从而提高对学生的阅读吸引力、理解接受力。

　　d. 在立德树人方面，是对所有教材的统一要求。一般而言这不是申报教材的特色和创新点，但目前却是职业教育新型教材编写的难点、重点，如果能在这方面有所创新和突破，且预期或实际教学育人效果显著，就可以作为教材特色或创新点申报。

　　e. 在创新创业方面，是职业教育转型升级、培养高素质创新型技术技能人才对课程学习目标、新型教材内容的新要求。因此，在教材开发编写过程中，应根据职业岗位工作难题、教材内容等进行深度延伸或广度扩展，以此引出不同难度的创新题目训练学生，在创新训练过程中，通过克服困难、精益求精、失败与挫折等训练项目，培养学生的创业基本素质。可以根据不同类型教材在内容设计、教学方法、实践训练等方面进行创新。

　　f. 在教材使用方面凝练创新点、特色，首先应在教材设计理念、内容选择、结构设计方面入手，将行动导向教学方法中适用的具体方法与教材相关内容进行融合，根据生源多元化特点，对教学方法、教材模块内容、模块课程学习目标等进行分层，并在教材使用和教学实施中予以体现。作为申报教材主编，应该定期组织各学校教师进行使用方法培训，使其特色与创新得到发挥，提高教育教学成效。

　　◆ 在"教材实践应用及推广效果"栏目中给出的要求是"简述教材在教学中实际使用情况，在课程优化、教学模式与方法改革创新等方面的教学成果，以及教材推广情况与社会影响。字数不超过 1000 个汉字"。这部分内容比较重要，教材设计编写的内容再好，如果不能实现预期教育教学效果，则很难证明教材质量好。教材质量水平是由教材实物的质量、学与教的过程质量、教学成效的结果质量构成的，三种缺一不可。虽然过程质量、结果质量与具体授课教师职业能力有很大关系，但是，教材开发编写内容质量、内容中隐含着的教学方法、学习成果训练、各种逻辑关系处理等对授课教师提高教学成果质量、过程质量有重要的支撑关系。

(3) 2021 年及今后应抓紧开发、应用新型教材

从目前部分省市推荐给教育部的申报国家教材奖的教材简介，以及对部分被使用过的教材的质量分析可以看出，有部分被推荐的教材与教材奖评审要求还存在差距，但由于评选指标数量不能浪费，只能被推选上报。但基于"坚持质量为先""优中选优、宁缺勿滥"原则，不会为了完成预期评选数量指标而降低评选标准。

所以，在开发编写职业教育新型教材过程中，一定要依据国家优秀教材奖评选要求、申报书中各个栏目的内涵要求等进行系统策划、研究分析和开发编写。同时，还应该考虑到第二届国家优秀教材奖评选标准在某些方面会提出更高、更多的新要求，要与时俱进，不断改进完善，为第二届申报国家优秀教材奖打好基础、做好充分准备。尽快将首批新型教材投入试用、出版，并每年修改完善一次，始终保持在职业领域内的高水平、创新和特色。记住：**机会都是给有准备的人预备的！**

7.3.2 规划教材申报选题与申报准备工作

(1) 从教育部公布的"十三五"职业教育国家规划教材文件中得到的启示

2020 年 12 月 8 日，教育部办公厅发布《关于公布"十三五"职业教育国家规划教材书目的通知》（教职成厅函〔2020〕20 号）。这个文件与以往公布评选结果的通知有着明显的差异，提出的 4 条要求值得认真研读，只有理解文件的内涵要求，才能为 2021 年及今后申报"十四五"职业教育国家规划教材、"十四五"省市规划教材做好充分准备。

◆ 在"严格教材选用"要求中，分别对各省市教育行政部门、各职业院校提出了要严格落实、执行《职业院校教材管理办法》中赋予的教材管理、选用职责和工作要求，优先选用"十三五"规划教材。这一条不仅是对省市教育行政部门、职业院校提出的工作要求，更是对职业院校教师开展立项编写新型教材、出版教材、选用教材等系列工作的要求。同时，随着时间推移，国家、省市级规划教材会陆续推出，这为教师开发编写新型教材提供了新机遇、机会，一定要早做准备，抓住机遇主动开展工作。否则，经过 3~5 年之后，教师主编新型教材的机会将大大减少。

◆ 在"规范标识使用"要求中，对有关出版单位正确规范使用"十三五"职业教育国家规划教材标识提出要求。同时，也提醒了职业院校、教师在选用教材时要擦亮眼睛，准确识别相似、假冒"十三五"职业教育国家规划教材标识，以及今后的"十四五"职业教育国家规划教材、"十四五"职业教育省市级规划教材标识。警示部分教师、出版社不能钻政策空子，要做到遵纪守法，规范开发编写、使用职业教育新型教材。

◆ 在"及时修订更新"要求中,对各教材编写职业院校、教材主编和出版社今后不断改进更新教材提出了要求,并不是入选了"十三五"职业教育国家规划教材就高枕无忧了,而是应该:

a.注重吸收产业升级和行业发展需要的新理论、新知识、新技术、新工艺、新方法、新标准等,对入选的"十三五"国家教材内容进行每年动态更新完善。

b.不断丰富相应数字化教学资源库,对资源库的资源进行持续改进、完善,提高资源质量水平、资源利用率。

c.对使用教材和资源库的教师、学生进行咨询、调研,通过咨询、培训、指导等方式向师生提供优质服务。

d.经常征求使用教材的教师、学生对教材的使用意见,包括优点、不足和问题等,以便研究产生问题的原因,并制定改进、提高措施,持续提升入选教材和配套数字化教学资源库质量。

◆ "巩固建设成效"的3条要求要引起重视,这3条要求隐含着一些信息需要理解和应用。对这3条要求解读如下:

a.各教材编写职业院校、主编和出版社应本着精益求精的原则高度重视教材质量提升,充分发挥教材铸魂育人作用。这里的"精益求精""高度重视"隐含着入选教材还存在的一些不同程度的缺陷、不足等不容忽视,特别是"立德树人""课程思政"方面在入选教材中的体现、作用有待于进一步提高。所以,入选教材在质量方面有很大提升空间,必须抓紧时间研究改进。同时,也启示教师、学校和出版社,今后开发编写职业教育新型教材,不能将入选教材作为样板照猫画虎,而是要按照相关标准、要求开发编写教材,严把新型教材质量关口。

b."十三五"国家规划教材使用两年后,将按程序参加复核,对综合内容更新、使用评价等情况达到要求的将按照有关规定转入"十四五"国家规划教材书目。这条要求隐含地告诉我们,一是入选教材并没有完全符合"十三五"职业教育国家规划教材质量标准要求,只是相对较好而已。二是提醒我们"十四五"职业教育国家规划教材评选质量标准将高于"十三五"职业教育国家规划教材要求。所以,今后开发职业教育新型教材,不能仅仅满足于"十三五"职业教育国家规划教材标准要求及首届国家教材奖评审标准要求,要深入研究学习《职业院校教材管理办法》及后续教育部相关文件精神,按照更高、更科学的标准,高质量地开发编写教材。

c.有关教材管理部门将建立入选教材质量抽查、发行使用核查等长效工作机制,保证"十三五"职业教育国家规划教材建设成果。这一条要求提醒我们,教育部、省市教材行政管理部门不仅会在今后一年中定期抽查教材质量、教材使用质量和违规问题,还会通过一年左右的实施,总结经验,持续改进后延续到今后"十四五""十五五"职业教育国家、省市级规划教材的质量监控、使用管控工作中，逐步形成一种教材质量管理控制的新常态。所以，各职业院校、教师必须转变心态、牢固树立质量至上理念，严格规范职业教育新型教材开发编写质量、使用过程质量和应用成果质量。

(2) 以国家优秀教材奖为目标编写"十四五"职业教育国家规划教材

各职业院校及教师，如果认真研读《职业院校教材管理办法》《国家教材委员会关于开展首届全国教材建设奖评选工作的通知》《教育部办公厅关于公布"十三五"职业教育国家规划教材书目的通知》，就会发现，随着职业教育转型升级和"三教"改革的深入推进，以及新型教材理论研究、开发路径和方法的日臻完善，《职业院校教材管理办法》中规定的各项要求会在其生效后3年内全部落地生根、开花结果，相关部门还会根据3年左右的实践情况对管理办法中的部分内容进行修正完善。

我们在研究开发职业教育新型教材过程中，要有前瞻性、科学性思维，以《职业院校教材管理办法》为基准，接受并理解后续相关文件中拓展性、深化性、改进性的新要求，据此建立新型教材开发编写质量标准，并不断完善改进。

◆组建教材开发编写团队，进行任务分工，开展好行业企业调研工作，系统策划设计新型教材开发编写工作方案，实行校企合作"双主编"负责制。注意做好以下几项重点工作。

a. 遴选重点及要求。参照申报国家教材奖的遴选重点和范围，同时要考虑行业覆盖面宽，行业特点鲜明，要对"十三五"职业教育国家规划教材入选书目进行甄别研究，不要只看表象不知其理。

b. 在建立新型教材质量标准方面，按照本模块中表7-1给出的标准，结合教育部关于国家教材奖申报、"十三五"职业教育国家规划教材相关文件要求，制定完善编写教材的具体质量指标、要求，并分工到每个参编人员落实质量职责。

c. 根据教材编写团队成员能力基础、编写工作中遇到的难题，及时组织参加相关培训、学习研讨、咨询专家等活动，确保新型教材编写质量水平。

d. 申报时间短任务重。通常情况下，教师接到申报文件到申报截止日时间较短，有时不超过10天，时间仓促，导致细节构思不足，研究不深，没有时间调研，对申报文件中提出的新要求理解不到位，也难以在教材中予以充分体现；填写申报书时粗糙、马虎、应付，逻辑关系出现混乱或错误，重点不突出，问题较多。因此，计划申报"十四五"职业教育国家规划教材的学校和教师应该尽早做好准备。

e. 信息化教学资源配套不足。如果是改版申报，已有的信息化教学资源应该完整、先进，实现融媒体系统，改版后适当补充。如果是新出版或签订合同拟出版的教材，配套的信息化教学资源不完善，但至少要有70%以上的必备、重要资源，其余资源应做出计划在半年内补充完整。

f. 定期召开团队成员会议,及时督导工作进展,解决存在的问题,确保编写工作高质量按时完成。

g. 做好教材内部评审、试用、改进完善、出版等工作。

参考文献

[1] 赵明辉,杨秀莲.德国教科书质量标准的框架及启示[J].外国中小学教育,2017(8):33-41.

[2] 徐涵.德国中等职业教育教材建设与管理及启示[J].比较教育研究,2018(4):101-107.

[3] 翟志峰,董蓓菲.美国教材评价标准的指标和方法[J].全球教育展望,2019(5):91-104.

[4] 王晓丽.国外教材评价:基本特征、发展趋势及启示[J].课程·教材·教法,2016(9):107-113.

[5] 陆燕飞,郭杨.国外职业教育教材开发与管理的经验及启示[J].职教论坛,2018(12):42-45.

[6] Get to Know he Standards[EB/OL].https://www.nextgenscience.org/get-to-know,2021-05-19.

[7] 徐国庆.职业教育教材设计的三维理论[J].华东师范大学学报(教育科学版),2015(2):41-48.

[8] 吕玉曼,徐国庆.教材质量评价的内容取向[J].教育发展研究,2021(1):41-48.

[9] 王亚盛,丛迎九.微课程设计制作与翻转课堂教学应用[M].北京:机械工业出版社,2016.

[10] 李政.职业教育新形态教材:内涵、特征与编写策略[J].职教论坛,2020(4):21-26.

[11] 宾恩林.职业教育教材建设的关键障碍、突破思路及实践路径[J].教育与职业,2020(9):89-96.

[12] 王璐,徐国庆.产品视角下职业教育教材生产模式的价值研究[J].职教论坛,2020(4):33-37.

[13] 钟亮梅.高职院校"三全育人"体制机制实践探索研究[J].豫章师范学院学报,2020(8):93-99.